多维视角下的农村体育研究

鲁 丽 裴东景 杨 蘅 著

中国水利水电出版社
www.waterpub.com.cn
·北京·

内 容 提 要

随着时代的发展，人们对生活的需求也有所提升，体育运动成为现如今人们所关注的一项活动，农村也不例外，因此本书就针对农村体育的相关研究进行了论述。本书首先介绍了体育运动发展的基础知识；其次论述了体育文化基本理论与农村体育发展概况；然后分别对农村老年人体育生活、多视角下的体育、城镇化进程中的农村体育、新农村建设的体育、不同视角下的农村体育、生态环境下农村体育、不同城市的农村体育发展以及基于民族地区的农村体育进行了详细阐述。

本书既可供高等院校体育专业的高年级本科生和研究生参考，也可供从事体育教学工作的人员参考阅读。

图书在版编目（CIP）数据

多维视角下的农村体育研究／鲁丽，裴东景，杨蘅
著. -- 北京：中国水利水电出版社，2019.1（2024.8重印）
ISBN 978-7-5170-7325-3

Ⅰ.①多… Ⅱ.①鲁… ②裴… ③杨… Ⅲ.①农村-
群众体育-研究-中国 Ⅳ.①G812.42

中国版本图书馆 CIP 数据核字（2019）第 009804 号

责任编辑：陈　洁　加工编辑：张天娇　封面设计：王　伟

书　　名	多维视角下的农村体育研究 DUOWEI SHIJIAO XIA DE NONGCUN TIYU YANJIU
作　　者	鲁　丽　裴东景　杨　蘅　著
出版发行	中国水利水电出版社 （北京市海淀区玉渊潭南路 1 号 D 座　100038） 网址：www.waterpub.com.cn E-mail：mchannel@263.net（万水） 　　　　sales@waterpub.com.cn 电话：（010）68367658（营销中心）、82562819（万水）
经　　售	全国各地新华书店和相关出版物销售网点
排　　版	北京万水电子信息有限公司
印　　刷	三河市元兴印务有限公司
规　　格	185mm×260mm　16 开本　15.25 印张　378 千字
版　　次	2019 年 4 月第 1 版　2024 年 8 月第 3 次印刷
印　　数	0001—3000 册
定　　价	64.00 元

凡购买我社图书，如有缺页、倒页、脱页的，本社营销中心负责调换

前 言

作为农业大国，"三农"问题一直是中国社会发展的基本问题。自从"建设社会主义新农村"的重大战略被提出之后，农村问题已然成为全面建成小康社会的关键问题。作为中国群众体育发展的重点和难点，农村体育也成为中国体育研究的热点之一。知古晓今，史实为鉴，在进行社会主义新农村体育建设时，有必要对多年来农民体育的发展历程进行认真的回顾与梳理，从中发现规律，汲取营养，使中国的农村体育得到更好的发展。

就中国目前的情况而言，农村人口多达几亿，因此，农村人口素质的高低对中国的民族素质产生直接影响。农村经济的发展以及物质文化水平的提高都离不开农民自身的素质。因此，在农村开展各种体育活动、普及各种体育文化知识，不仅能够提高农业劳动的效率，而且还能够带动农村经济的快速发展。

农村体育是新农村建设的重要组成部分，对于提升村民素养以及形成科学文明的生活方式具有重要作用。此外，农村体育建设在整个社会协调发展的过程中具有一定的现实意义。因此，分析中国农村体育的现状和原因，提出促进新农村建设和农村体育发展的对策，可以使农村体育得到更长远的发展。加大对农村和欠发达地区文化建设的帮扶力度，广泛开展全民健身运动，促进群众体育和竞技体育全面发展是当前体育发展的重点。开展农村文化体育活动，丰富农村精神文化生活，也是党和政府高度关注的重大命题。

关于农村体育建设的研究，中国还是相对缺乏的，并且，农村体育建设也没有在全国范围内得到普遍的推广。因此本书结合当前体育建设的形势以及农村体育发展的现状，对农村体育进行了多角度的论述和分析。

总体而言，本书具有以下特点：首先，本书逻辑清晰，能够给读者展现一个非常清楚的知识框架；其次，本书对农村体育进行了多角度分析和论述，论述了不同角度下农村体育活动的基本情况，并且对其之后的发展进行了简要论述。

本书共分为十一章。第一章首先介绍了体育、运动与体育运动的关系，其次对体育心理学与体育运动的魅力等相关知识进行了详细分析。第二章从体育文化的产生与发展、特征与作用等方面论述了体育文化的基础理论知识。第三章主要介绍了现在农村体育发展的基本情况，比如农村常见的健身项目、场地供给等。第四章主要对农村老年人的体育生活进行研究分析。第五章从不同的角度对体育活动进行介绍,比如休闲体育活动、阳光体育活动等。第六章到第十一章分别对城镇化进程中的农村体育、新农村建设中的农村体育、不同视角的农村体育、生态环境中的农村体育、不同城市的农村体育以及民族地区农村体育的相关知识以及发展进行分析论述。

作者在写作的过程中,翻阅了大量资料,并且就有些问题咨询了相关专家,以求提高本书的价值。毕竟,由于作者能力有限,本书可能还存在一些不足之处,希望广大读者批评指正。最后,诚挚地感谢在本书写作过程中给予作者帮助的广大亲友!

目　录

第一章 体育运动的发展和探究

体育作为一种社会现象，是和人类社会的产生和发展相联系的。从原始社会起，人类的一部分有意识的体力活动，或者说，原始社会的体育就是作为一种教育手段、娱乐方式和军事训练而存在的，它和劳动生产紧密结合，具有群众性和竞技性的显著特点。现代体育发源于19世纪的英国，它是工业革命的产物，同时对工业化社会起到了促进作用。现代体育的发展形成了竞技体育与非竞技体育两大类。在体育结构上存在竞技体育、学校体育和群众体育三大部分，它们三者属于不同的范畴，既有共性，也有特性，既有区别，又有联系，它们相互影响，互为依赖，构成了现代体育的整体。

第一节 体育、运动与体育运动

人们通常说的体育，是指广义的体育，或称之为体育的总概念，如"体育事业""体育工作者"。在中国，比较正规的用法是把"体育运动"这个复合词作为体育的总概念，如"发展体育运动，增强人民体质""体育运动委员会"。按照外文，"体育"和"运动"是两个词，国外在用法上往往要加一个连接词，即"体育和运动"。大家把连接词略去了，这本来在汉语中是允许的，如"文化教育""方针政策""战略战术"和"拥政爱民"等，就是把两个互有联系的不同概念接合在一起形成了一个复合词。但是，由于大家省略了连接词，造成了概念上的模糊，往往把"体育"和"运动"混为一谈，例如最常见的就是把"运动场"称为"体育场"，"运动训练"称为"体育训练"，"运动成绩"称为"体育成绩"，这样的例子不少，都是由于概念不清所造成的。弄清概念决不仅仅是为了解决某些名词术语的含义，更重要的是为了如实地反映客观事物一般的本质特征。它关系到国人认识现代体育的发展规律和趋势，对于研究和制定体育的方针政策有十分重要的意义。现在不妨介绍一下国外对"体育"和"运动"两个概念的研究和发展情况。

一、体育

日本秋田大学工藤英三发表的《近年来美国的体育概念》一文中认为："体育"（Physical Education）一词产生于19世纪，美国从上世纪末到21世纪，确定它的概念为"通过身体进行教育"，但随着时间的推移，这一定义被许多体育家批评为过分抽象。通过收集1960—1976年22位著名学者著作中关于体育的定义，研究了这一概念的发展趋向，可以将其分为三个阶段。从1960—1963年，学者们沿用了传统定义，以为体育是

"通过身体进行教育",如 1960 年邓肯和澳特森的著作中写道:"体育是一种通过身体活动的教育方法,这些活动的选择和进行应充分注意到它们对于人类生长、发育和行为的价值。"1964—1970 年,有些学者对体育提出了一种新的定义:"人类运动的技艺与科学。"例如,费尔辛和齐格勒的定义认为:"体育是把运动作为一种技艺、科学和有意义的过程来进行学习"(费尔辛),"体育的普通定义是作为志愿和有目的的人类运动的技艺和科学"(齐格勒)。在 20 世纪 70 年代,学者们似乎在确定"体育"的定义时离不开"人类运动"这个词。例如,1975 年弗洛斯特写道:"体育这里所指的是关于运动中个人所出现的动作和学习的改变和适应。"此外,还有一些定义是有代表性的,如 1965 年《韦氏大辞典》对体育的定义是:"体育是整个教育的一个方面,它采用运动活动和有关经验从心理上、体力上、道德上、精神上和社会上来使个人充分发展,使其成为他国家和世界上的一个有用的公民。"1975 年出版的《比较体育》一书中,作者贝奈特等人对体育所下的定义是:"一般认为,体育是教育的一个方面,它的目的在于通过如游戏、运动、艺术体操、体操、舞蹈等有关的身体活动来为最大限度发展个人能力所做的最大贡献。"美国作家米歇勒在 1976 年发表的《美洲体育》一书中,对体育一词所下的定义是:"体育是作为学校课程实施的,在身体练习、体能、健康习惯和卫生等方面的系统讲授。"国际体育名词协会在 1974 年出版的《体育名词术语辞典》中将体育的概念属性归在教育类,基本含义是系统地运用从事身体练习的一切形式,主要目的在于提高人的合乎社会需要的生物潜力的活动。该辞典对这个词的说明是:"体育锻炼的本质是生理学的,方法是教育学的,效果是生物学的,组织和活动是社会性的,中心是人。"它是属于为上述目的而广泛利用身体练习这一领域的基本范畴。日本新修的《体育大辞典》(1976 年版)对体育的解释是:体育就是在有助于从多方面培育人品的意图之下,针对身体所产生的属于教育性质的影响,尤其在学校、俱乐部、家庭、工厂等社会形态中得以实现。苏联的《体育百科全书》(1963 年版)认为,整个说来,体育是教育的一个方面,是体能全面发展、形成和提高人的主要运动技能和本领的有计划的过程。

从以上举出的这部分材料来看,对体育这个词的确是众说纷纭,还缺乏统一的定义,但也可以看到有几点共同的提法:例如,一致承认体育是教育的一个手段和不可缺少的组成部分;体育是通过身体练习,特别是运动手段来进行教育;体育不仅可以发展身体能力,而且也是培养道德品质和养成健康与卫生习惯的手段;体育是一个有目的、有计划、有组织的身体教育过程。

二、运动

这里所指的"运动"接近 sport 这个词,或者称为竞技运动、竞技体育。关于 sport,最早是由拉丁语 disport 演变而来,古代法语是 dcsport,从语源学来分析,它是指"离开原来的工作,把心放到其他活动中去"的意思。在印欧语学的各种语种中,几乎都一致音译这个词,日语也采用外来语音译。1979 年 6 月 20 日在《体育报》上发表过《关于 sport 的概念》一文,介绍了英、法、德、西、俄、日六种文字的体育辞典和百科全书对 sport 所下的定义,概括起来,运动是以提高成绩和以竞赛为目的的身体练习。笔者很赞同两位加拿大学者多纳德·盖一伊和安德烈·基里翁在 1978 年对运动所下的定义:"运动是根据规则和以取胜为目的的竞赛性和娱乐性的活动。"《体育名词术语辞典》上对运动的解释是："专门的竞赛活动，在这个活动中，个人或集体为了充分发挥形态机能的心理能力——具体表现为本人或对手的纪录被超过——而紧张地从事各种身体练习。"该辞典在说明中指出，运动与体育属于同一领域的不同范畴，必须区别对待，又不否认两者相互联系，这首先是由于采用的都是身体练习这一相同的手段，而方法又显然是个别进行的。从以上列举的材料来看，体育和运动的区别是显而易见的，它们属于同一领域的不同范畴，相互又有密切的联系。

三、体育运动

"体育运动"这个概念难于理解。通常，人们认为这是一种身体的活动。但是，人类的祖先拿着木棍寻找食物或对抗野兽时，并没有进行体育运动；同样，学生早晨起来为了不错过公共汽车而跑向车站的行为也不是体育运动。体育运动不仅是单纯的身体活动，还是一种游戏，人们出于兴趣，在活动中使自己得到满足。或者说，这是一种比赛，为了相互较量，分出胜负。

体育运动这个概念形成于英格兰，表示"消遣"或"打发时间"。1828 年由旅行作家皮克勒·穆斯考引入德语中。现代的大众体育运动在最近 200 年的时间里才得以发展——随着现代工业社会的形成、工作时间的固定、业余时间的增多和人们要求放松的心理而形成。"群众体育运动"这种现象直到 20 世纪才出现。

体育运动有不同的形式。不同的时代和民族产生了不同的运动项目。古罗马时代的战车赛、日本的相扑，或者是当今风靡全球的职业足球，都反映出时代最新的特点。这些体育运动的共同之处在于，它们是在观众面前根据固定的规则进行的。只有这样，才能比较运动员之间的成绩。在国外，特别是西方国家，也将体育运动称为身体娱乐或闲暇体育。所谓身体娱乐，就是娱乐中的体育活动。《韦氏大词典》对"娱乐"一词的解释是："在劳累后进行体力和精神的恢复。"笔者认为在中国，属于群众体育的范围、不属于体育和运动的文娱体育活动均可列入，如工间操、打太极拳和健身跑都属于这一类。苏联把欧美的这种身体娱乐也作为群众体育看待。目前在许多国家开展的大众体育也属于身体娱乐的性质。

第二节　体育心理学概述

一、体育心理学的概念

体育心理学是一门研究体育运动情境中个体的行为与心理活动规律的学科。体育运动情境所涵盖的范围很广泛，包括学校体育活动、竞技体育活动、大众健身类体育活动和与医疗康复相关的体育活动等。体育运动情境中的个体包括所有参与特定体育活动项目中的个人。例如，学校体育活动中的教师和学生，竞技体育活动中的运动员、教练员、观众，康复保健体育活动中的运动医学专业人员和病人等。个体在体育运动情境中的心理活动是指在参与特定的体育项目的过程中，体育心理学在感知能力、认知能力、情绪与动机、人格、学习与教育行为、社会行为、心理健康等各方面展现出来的心理过程、心理状态或心理特征。体育心理学的研究目的是探究个体在参与各类体育活动时的心理和行为规律，并进而应用这些知识帮助个体更为有效地从事、开展各类体育活动或能够更多地从体育运动中受益。

二、体育心理学的研究对象

随着竞技运动的迅猛发展、学校体育的深化改革和健身运动的推广普及，体育心理学衍生出了运动心理学（Sport Psychology）、体育心理学（Psychology of Physical Education）和锻炼心理学（Exercise Psychology）三个分支学科。虽然它们在研究对象和研究内容的侧重点有所不同，但也存在诸多相互联系、相互交叉之处。而且这三个分支学科无论是在国内还是国际上尚未完全独立，甚至在名词使用上也未作严格区分，互用概念的现象也比较多见。具体地说，体育心理学就是探讨学校体育活动中增长学生体育知识、提高学生运动技能、促进学生身心发展、影响体育比赛的各种心理现象与行为特点，以及这些心理现象与行为特点形成、变化和发展的规律。在学校体育中，教育者与受教育者所产生的心理活动与行为特点是多种多样的，而且是复杂多变的。例如，在学习有一定难度的运动技能的过程中，往往有一部分学生会产生一定的紧张、焦虑乃至恐惧感，但在老师的指导、鼓励与同伴的保护、帮助下，他们最终取得了成功，这样就会使他们增强自尊和自信；而失败时则会在心理上产生强烈的反应。因此，教师和学生在学校体育教学中的动机强度、情绪状态、思维特点、意志品质、个性心理特征、交往心理，以及这些内容形成和发展的规律等，都是体育心理学所要研究的，也是体育教师合理地组织学校体育活动和指导学生行为的心理学依据。

学校体育不仅要激发学生学习体育的兴趣，加强学生学习体育与健康知识，还要使学生学会多种基本运动技能，并在此基础上形成自己的爱好，提高体育锻炼的意识和能力，这样才能更好地锻炼身体，增进身心健康。所以，伴随着运动技能的获得和发展而出现的各种心理现象，以及这些心理现象对运动技能的获得和发展所产生的影响也是体育心理学需要研究的。

在学校体育中，不仅涉及学生的跑、跳、投和游戏的教学，还涉及各种各样的运动竞赛。而学生由于正处于身心发展的特殊阶段，他们参加运动竞赛的心理活动有别于专业运动员，尤其是不同年龄阶段的学生在运动反应、竞赛动机、竞赛焦虑状态、应变能力和心理调控能力等方面都具有自己典型的心理特征，不能把研究专业运动员的运动心理学成果用来解释、说明学生参加运动竞赛的心理活动。因此，体育心理学应该对学生参加运动竞赛的心理特征进行专门研究。

体育活动不仅有助于身体健康，也能增进心理健康。学校体育十分重视通过体育教学和课余体育来提高学生的自信心、意志品质和调节情绪的能力，努力使学生在体育活动过程中既掌握基本的运动技能，又发展心理品质；注意创设一些专门的情境，采取一些特别的手段，提高学生的心理健康水平。所以，体育心理学还研究体育活动的心理健康效益。

三、体育心理学的学科性质

体育心理学重在发挥出对学校体育实践的指导作用，追求学科的实践性价值，其性质是"实用的"体育心理学。体育心理学研究联系当代学校体育改革发展实际，目的在于为建设中国特色的现代化学校体育体系服务，为学校体育改革提供心理学的理论依据和应用技术。所以，体育心理学是一门由心理学和体育学交叉而成的应用性学科，属于应用心理学范畴。

四、体育心理学的研究任务

一门学科的基本任务决定了该学科研究的内容，所有内容的有机结合就构成了体系。从理论方面来讲，体育心理学研究的基本任务是揭示体育活动与人的心理（包括心理过程、心理状态、个性心理特点或品质及心理健康）之间的关系，揭示体育教学条件下运动技能的获得和发展的心理规律，以及丰富普通心理学和社会心理学有关方面的内容。实践任务直接为体育课、课外体育活动和体育竞赛服务，即为有效地进行体育教学、锻炼和竞赛提供科学的心理学依据。

第三节　探寻体育运动的魅力

一、体育运动魅力的独特性

运动魅力是指体育运动对人所产生的感染力、吸引力、感动力、号召力等的总称。它包括两个方面，一是体育运动者本身，二是观众，两者互为主客体。当运动员进行精彩的比赛或表演时，观众（审美者）和自然环境条件（器材、场地、设备）均为客体，而主体则是运动员本身。同时运动员对欣赏比赛或表演的观众来说，就是客体，而观众（审美者）是主体，自然环境条件是媒介。这种主客体相互以不同的方式转换能产生不同的心理反应，获得不同的美感效应。这一特点使体育运动产生了巨大的魅力。运动者和观众互为主客体，这是体育运动产生魅力的主要动力和原因，区别于其他的艺术魅力。例如文学艺术魅力，它是把文学作品作为审美对象，是客体，而读者——审美者则是主体，文学艺术魅力是审美者和作品之间的辩证统一运动，它们中间存在一种美感效应。作为一种效应，一方面是客体对主体的一种有效的作用（即效力），另一方面则是主体对客体的一种心理反应。艺术魅力就是审美主客体辩证运动的动态结构。客体是作品，即文学，而不是人，人只有用感官感受作品，才能产生心理反应。体育运动魅力是一种双边的较深层次的情感体验，它是运动者通过各种优美、健康、协调、潇洒的动作产生审美效应，使运动员（表演者）、自然环境、观众三者达到一种默契，形成展示美的基础和前提。同时，随着运动员的技术动作在发生过程中的波澜起伏，观众的心理随之得到变动，得到一种自由，也从中得到超脱和满足。与此同时，运动员可以充分发挥自己的各种技术、战术，克服强大的生理负荷，完成各种复杂的动作，并从中得到成就感，在忘我的境地中充分、全面、不折不扣地体现自我，展示自己的美和智慧。在这个过程中，运动员在心理上和情感中都得到了充分满足，并充分显示了自身的价值，对一切充满了信心和希望。同时，体育比赛必有胜负，体育比赛没有常胜将军。一场失败的比赛，也可以展示一种美，它同文学艺术的悲剧一样具有美感。失败是成功之母，只有体验过失败痛苦的人，才有可能获得胜利的果实。失败后只有善于总结经验，找到自己的差距，克服不足，认真刻苦地训练，才能走向胜利的目标。这种美是复杂的、多层次的心理情感反应过程。总之，体育运动产生美的效应，是一种创造美、实现美的过程，使人们的情感得到体验、心理得到满足、价值得以体现，从中获得更多的自由。自由越多，魅力越强，这是产生魅力的内在因素。

二、体育运动魅力的表现方式

（一）体育运动是人追求生命、力量的象征

体育运动最珍贵的价值，在于利用大自然造福于人的一些因素进行各种体育活动来改善自己的生理机制和功能，包括人类在内的生物界。在亿万年的自然淘汰和进化过程中，为了适应生活环境的变化，经过大自然"风霜雨雪"的精雕细刻，已经锤炼出了各种各样的机体结构来适应自然，最终战胜自然。从生物学家收藏的各种纲目标本来看，人类在自身文明发展史上走了多么漫长的进化过程！但是现代人的机体、机能（功能）对自然而言，并不是很完善，目前运用现代科学的体育实践，在促进人体活动适应环境的物质状态方面将越来越显出其重要的作用。要深刻地改良体质，挖掘人的自身潜力，使之更能适应自然因素的不断发展，必须使体育运动的形式、观念和结构来一个自身变革。体育运动形式和结构的不断创新，是人类进化过程变革的缩影，发挥人体结构和功能潜力的生物学规律，是赋予体育在促进生命物质的物理、生化过程中如何发生质的变化方面的一个重大任务。这是赋予体育运动的新概念、新任务，用体育运动的本质发展来探索人类社会发展的进化过程及人类发展的本质。人们在欣赏体育比赛的过程中看到了未来人类机体功能的发展，感到了人们所具有的巨大潜力，使人们重新探寻人的本质与人的进化和发展，如同探寻生命的存在一样，来探寻体育运动的魅力，使体育运动有了新的生命力。

（二）体育运动具有激烈的竞争性、对抗性、创造性和复杂的多变性

体育运动激烈的竞争性、对抗性、创造性和复杂的多变性是产生魅力的外在因素。体育运动是社会主义精神文明立设的重要组成部分，是体现一个国家繁荣昌盛的窗口，是人们业余文化生活不可缺少的内容。在和平年代，国与国的竞赛是用非战争的方式进行的，而体育运动正能充分展示国家之间的竞争，并且都是在相同的规则、时间、场地和设备条件下使运动员在平等的原则下进行竞争的。我们从竞技运动的几个基本特点予以说明。

（1）体育运动，特别是竞技运动区别于任何其他文化领域的根本性符号及特征，就是它的无比竞争性。它以最直接和最不掩饰的竞争方式，呼唤着人的本质力量。达尔文揭示的生物学规律认为，竞争是决定各物种存亡的根本法则之一。只有竞争，才能有发展，人类才能进步。要想成为世界冠军，为国争光，必须有坚强的意志品质和熟练的技术战术水平，去竞争，去拼搏，去实现自己的宏愿。中国女排获"五连冠"正因为她们克服了

常人不堪忍受的痛苦，走过了许多曲折蜿蜒的道路，踏过了众多荆棘坎坷。在 1984 年的美国洛杉矶奥运会女排冠亚军比赛中，第五局中美双方打成十四平，这千钧一发之际牵动了全中国人民的心，大街小巷静悄悄如黎明前的黑暗，火山即将爆发，热血涌入胸膛，几乎使人窒息，当胜利的消息传来，举国上下，到处是鞭炮声，到处是笑声，到处充满了欢乐，女排的拼搏精神感染着中华大地。激烈的竞争使体育运动赋予了人们更大、更充实的魅力。

（2）体育运动的对抗性，体现了体育运动的又一特点。它具有直接的、明了的对抗性，它不仅展示了机体的力量，还要适应对手的不断变化，以及场地器材和设备等客观条件。激烈的对抗性，可以展现运动员的力量和智慧，人们从中找到了生命的象征，感到了人的潜力，激起了人们无限的憧憬。运动员身体的直接接触，凭借着发达的机体和良好的心理意志品质，进行对抗，展示美。对抗性越强的运动越是受到人们的青睐。足球称为世界第一大运动，它使众多的人如痴如狂，世界足球明星更是受到人们的爱戴，20 世纪 70 年代的球王贝利，20 世纪 80 年代的球王马拉多纳，是大家心中的偶像，一批批球迷们为球王加油、助威，巴西人民更要求总统要会踢足球。足球的对抗性是体育运动中比较强烈的，所以它的魅力就较强，它具有全面的对抗性，是力、美和智慧的抗衡，可谓是"给全球赐于魅力"。

（3）创造性是体育运动产生力量的源泉。体育运动的过程实质上是一个创造的过程，运动员经过长期刻苦的训练，调动自己的积极性，挖掘最大潜力，在比赛中创造性地发挥技术、战术水平，甚至超越一些生理条件和人体结构去完成复杂的技术动作。创造性的技术动作在体操运动中表现得淋漓尽致，体操运动讲求创新，不断发展动作难度，达到"奇"的境地，常人无法完成的动作，而运动员却潇洒自如地表现出来，展示自己优美的动作、健壮的体格以达到美的境地。目前，世界上兴起了许多冒险运动，值得一提的是，"悬崖攀登"这种凭借自己的机体攀登险峻的山峰的活动，需要多大的勇气和胆略！一次次地创造，一次次地攀登，给人无穷的力量，从而产生了无限的创造性的魅力。

（4）体育运动具有多变性。任何体育运动在其进行过程中都具有随时多变性。训练同比赛相比差别较大，比赛中存在着"发挥与不发挥"，发挥则在临场比赛中使技术、战术水平、心理意识品质得到较好的体现和运用，获得较好的结果，不发挥则相反。这些都是随机多变的。世界上没有两场完全相同的比赛，每一次动作、每一分钟都在发生着不同的变化，这种随机多变性是人们乐于寻求的。例如，一场精彩的高水平足球比赛，突然中途下起雨来，人们从雨中观看足球比赛是一种心理享受，是完全乐于接受的。"雨"这种随机现象把人们带入一种忘我的境界中去。这种新的竞赛环境产生的吸引力、感召力，则是体育运动魅力所特有的。

（三）体育运动的群体发生性

体育运动魅力的产生不是一种偶然的、稍纵即逝的现象。一场激烈精彩的国际体育比赛，可以使千百万人产生强烈的共鸣，为双方运动员精彩的表演报以热烈的掌声和崇高的敬意，一个优秀的受人尊敬的体育明星，已经不仅仅属于他的国家，而是属于全世界热爱体育运动的人们。体育运动为何能够对不同的欣赏者（包括不同的阶级、民族、时代）产生魅力呢？我们采用的就是在体育运动形式中寻找魅力的普遍的、永恒的现象发生的内在根据。上面已经说过，体育运动的魅力是一种美感效应，它的发生是审美系统中主客体对立统一的运动结果。因此，孤立考察审美主体一方或审美客体一方，都无法解释这种运动本身。而必须把魅力现象作为一种运动形式，深入考察它的运动过程，揭示这种运动的内在机制。体育运动具有普遍性和永恒的魅力，这种魅力绝不是这些运动预先具有的能够消融阶级、民族、时代隔阂的一种神秘力量，而是种形式，是魅力群体发生的现象，具有持久性和永恒性。

运动者和审美者是两个方向相反的审美创造。运动员把人类所具有的跑、跳、投、攀登等能力，经过精神的加工和刻苦的实践，使动作抽象化，借助自然环境条件创造出许多优美、协调的动作，从而使自己的身体机能（功能）和心理意志得到显现，运动过程实质上是一个审美创造过程。这个过程又是审美者（观众）进行再创造的契机和媒介，可以成为被不同的观众共同寄托情怀（即情感对象）的抽象形式，具有符号性的特征。体育欣赏者是一个审美再创造系统，每个真正的欣赏者（观众）都不是被动地接受运动过程和内容，而是借助于运动技术动作所提供的审美意象（即运动员的经验、技术水平和情感心理的表现形式），经联想和想象的作用，表现自己的经验、情感和机体能力。在欣赏运动的过程中，审美者（观众）在某种意义上是把体育运动当作表现自己的经验、情感和身体机能（功能）的形式来利用的。人们在欣赏体育运动的过程中，借助运动员的技术动作的表演来抒发自己的思想感情和机体本能，这是相当普遍的现象。实际上，凡是能引起人们共鸣的运动技术，都起着唤醒观众、激发观众心理情感的作用。

（四）体育运动具有强烈的民族内在凝聚力

一个国家、一个民族有着自己的文化传统，有着民族的本质。民众关心自己民族的兴旺、发达，希望自己的民族自立于世界民族之林，成为强大的民族。而体育运动对于抒发人们强烈的民族意识，树立民族自尊自强的信念，以及增强民族凝聚力，都发挥着不可低估的作用。在国际竞争舞台上，运动员代表一个国家、一个民族去展示自己的巨大潜力，使关心本民族的全体成员产生民族尊严感、责任感，在这个复杂的心理、生理变化过程中，体育运动体现了它无穷的魅力，使人们从体育运动过程中得到充实、满足，使民族（集团）尊严得到体现，这种民族尊严体现得越充分，民族凝聚力就越深，体育运动的魅力就越浓、越大。民族凝聚力的形成、发展的过程是体育运动魅力深入、开创、前进的过程。

第四节　休闲体育探究

工业文明对人类的贡献之一，就是使人们得到越来越多的金钱和闲暇时间，怎样健康地度过余暇时间是每一个人都必须考虑的问题。休闲体育是大众体育的主要类型之一，具有独特的价值，它可以健身益智、消遣娱乐、自我发展，它是一种健康、文明的休闲生活方式。随着改革开放的不断深入，社会经济的迅速发展和人们物质生活水平的显著提高，我国的休闲体育得到了可喜的发展。本节将着重介绍休闲体育的定义、起源和发展。

一、休闲体育的概述

（一）休闲时代的来临

休闲是人类社会中一种十分古老而重要的活动形式，是人类生活的组成部分。社会越富有，人们的休息时间就越多。休闲是一个国家生产力水平高低的标志，是衡量社会文明的标尺，是人类物质文明与精神文明的结晶，是一种崭新的生活方式和生命状态，是与每个人的生活质量息息相关的领域。在经济发达的国家和地区，休闲已经成为个人及其社会的生活方式的重要组成部分，成为一个人每天都必须面对，并且认真策划的事情。

回顾历史，实际上并没有出现世界范围内真正意义上的休闲时代。古希腊人的休闲生活作为一种理想状态，是建立在奴隶阶级提供非自愿服务的基础上，少数希腊人依靠奴役大多数人而享受休闲，但由于政治与经济环境的不稳定，贵族阶层也并非无忧无虑。正如亚里士多德所说："斯巴达人无法享受真正的休闲，因为他们害怕那些做粗工的奴隶起来暴动。"中国古代能过所谓"休闲"生活的人也是极少数的，如春秋战国时期的游侠和食客、魏晋南北朝时期的隐士，在他们貌似潇洒的生活背后背负着沉重的精神压力。个别和某些阶层具有休闲形式的活动，并不代表社会整体具备了休闲的条件。

到了 20 世纪下半叶，许多国家的经济生活水平有了明显提高，人们花费在工作和家务劳动上的时间不断减少。社会发展出现了这样的问题：如果不愿意增加失业人口，只能缩短所有工人的工作时间，增加闲暇。在发达国家，人力资本投入与劳动力素质的差异形成了经济福利的差别，从而造成人们在休闲行为上的分化，即出现了先以休闲为生活中心的群体和仍然停留在以工作为中心的群体。休闲服务业主要针对那些在事业上已经有所成就的个人和群体，一部分人率先过上了高质量的休闲生活，并把一些高消费的体育运动项目作为休闲娱乐的内容。随着工作时间的相应减少，共同分享工作的时代已经来临。在法国、德国这样的欧洲国家，以及在芬兰、瑞士这样的人口小国，分享工作已被普遍接受，休闲的行为变得越来越普及。

当人类走到 20 世纪末，越来越多的国家面临着共同新选择：要么继续维持现有的工作时间使越来越多的人失业，要么不断减少工作时间倡导人们积极休闲。显而易见，人类的可持续发展之路是增加全体人的闲暇，并且在这个越来越重要的时空里从事越来越多的精神生产、身体锻炼等各种活动。休闲的问题成为社会关注的热点，人们可以看到，休闲很可能成为下一个时代的特征。

休闲表现为个人或集体的积极实践，伴随着这些实践的扩展及其所需基础设施的增加，休闲业已成为一个重要的社会现象。假期越来越多，每年外出度假的人越来越多，周末或在短期假期外出游玩的人数的增加更能说明休闲的热潮滚滚。体育休闲娱乐活动发展速度惊人，自发参加体育活动的人数难以统计。在发达国家，人们通过休闲来实现自我追求的目标，越来越多的人用属于自己支配时间的多少和能否从事自己感兴趣的事，来评判其生活质量。随着工作时间的不断缩短，多种公共性的、私人非营利性的、商业性的休闲场所和设施日益增多，使人们能参与各种各样的休闲活动，体育娱乐在人们的休闲生活中占据越来越多的份额。

休闲时间的增加给人们带来更多的从事各种自由活动的机会，因此未来的生活将给人们带来这样一个问题：如何打发越来越多的空闲时间呢？尽管人们从事体育运动的理由是多种多样的，但大多数人从事体育活动是为了"找寻快乐和解闷"，也有人是为了"增强健康和提高身体素质""同朋友和伙伴交流""自己本身运动不够"和"增加同家里人的接触"等。可以看出，在高度现代化的社会里，寻求愉快的感觉、消磨打发休闲时间是人们参加体育活动的主要目的。

由于休闲更加强调个人的自由自在和自愿自主，因此，在休闲活动上个人的选择和以个人意愿为主的组织形式必然会成为主流。体育的活动方式和组织形式的多样性决定了它在休闲领域的地位，于是，休闲体育也将必然成为人们休闲活动的首选。

信息革命的结果使工作时间在人的一生中所占的比率越来越小，而休闲、娱乐、享受、发展的时间越来越多。新技术可以让人们将生命中超过一半的时间用于休闲，休闲的地位将会进一步突出，人们的休闲观念也将发生本质的变化。通过互联网可以使有些人在家里工作，免去了上下班的舟车之劳，甚至衣食住行都可以在家中进行，部分人还可以在工作中休闲，在休闲中工作。休闲时代的脚步越来越近了。

（二）休闲体育的定义

现代社会中，休闲是一股不容忽视的力量，它是现代文明生活方式的一种时尚和标志，并将在人类社会文化生活中发挥越来越重要的作用。休闲可以说是在非劳动及非工作时间内以各种"玩"的方式求得身心的调节与放松，达到生命保健、体能恢复、身心愉悦的目的的一种业余生活。在英文中，休闲是"leisure"，即闲暇、空闲、安逸之意；在汉语里，休闲由"休"与"闲"二字构成，"休"与"闲"体现了两个最为基本的要素，从词源学来看，"休"是象形字，原意是"人依木而憩"，是在生产劳动时间之外的休息、休养、调整时间，即自由时间；"闲"字表示了一种心境和人生状态，是一种庄子式的"逍遥"状态。

因为体育活动本身具备健身、竞技、游戏、娱乐等特性，具有改善与发展身心的功能，所以体育活动逐渐成为人们休闲生活的一种重要方式。随着体育活动占据人们的余暇时间，休闲体育（Leisure Sports）应运而生，它追求生活的艺术化，并从中体会运动的乐趣、生活的美好。休闲体育可以理解为：人们在闲暇时间里自愿借助体育活动的形式所表现的一种休闲生活行为方式，以及这种休闲生活行为方式中各种体育现象的总称。其内涵是：休闲体育是一种借助体育的休闲现象，是休闲的一种表现形式；其外延是：休闲体育包括一切以休闲为目的的体育活动和体育行为。

休闲体育与群众体育有很多相似之处，可以将其看成其中的一部分；休闲体育有别于体育的其他领域，但互相有可取之处。

竞技体育的对象是运动员，目标是最大限度地发展人的运动能力，不断向人类的运动极限挑战；竞技体育的项目用于休闲活动，也可以称作休闲体育。

学校体育的对象是学生，目标是对受教育者施以运动技能和知识的教育，使其掌握体育锻炼的方法；如果将学校体育的方法用于休闲活动，形成休闲体育的习惯，将使人们终身受益。

（三）休闲体育的特征

休闲体育活动并不意味着这类体育活动与其他体育活动在动作方式上有什么特别的不同之处，而是说这类体育活动与"休闲"这一活动所需要的情趣相适应，有某种文化娱乐意义，从而使得这类体育活动从一般的身体活动变成一种休闲情趣、一种生活方式。因此，休闲体育具有以下特征。

1. 自然性

众所周知，人的生命活动不外乎内部活动和外部活动两种。内部活动是生理、生化活动，即物质与能量不断消散的过程。无论我们愿意与否，这一过程总是在人的有机体内发生和进行着。要维持生命结构的存在，一方面要不断地促使消散过程积极进行，另一方面则需要通过与外界进行物质交换以补偿已经消散的能量。而这两个方面的活动都必须借助于有机体的外部活动，它们构成了摄入、排泄和身体运动这些基本需求的本源。我们知道了这一点，就不难理解为什么人会选择大量涉及身体运动的游戏和娱乐方式。作为生命也必然会遵循生命运动的基本轨迹，保留了生命体本能的需求和活动方式，只是人的这些本能需求在个体的社会化进程中被特定的方式所制约，从而以社会人特有的方式来满足这些需求。

2. 参与性

休闲体育是一种实践性极强的社会活动，它需要人们的亲身参与，在活动的过程中体验和获得某种感受，或者通过自身活动的结果来表达自己的观念和想法。没有自身的参与，就无法得到那种所期望的感受，也不能完整地表达自己。有人把观看体育竞赛和体育表演也纳入休闲体育的范畴，并把休闲体育分成参与型和观赏型两类。通常认为，观看或观赏的方式属于文化性休闲的范畴，不能纳入休闲体育的范畴，因为这种方式无论怎么看都与文艺表演，如杂技、大型综合性演出等没有多大的区别，尽管这些现代文艺演出中经常也有演员与观众之间的互动，但人们却始终不能认定这是观众在演出。因此，休闲体育应该是参与性的，是活动者亲身实践的过程，是通过非正式的、自发的体育活动追求身体的放松和舒服。罗歇·苏把体育休闲完全视为参与性的活动，认为在活动中才能真正地获得身体上的放松，才能追求到身体上的舒服。事实上，休闲体育所能够实现的各种功能和作用，都是在活动过程中体现出来的。

3. 流行性

流行性是指某种社会事物具有十分广泛的影响，并形成了一种时尚性的外在表现，流行往往是时尚的结果。在现代社会，人们的物质生活和精神生活得到前所未有的升华，因此，休闲活动已经成为生活活动的组成部分，而在众多的休闲活动中，体育休闲活动又因为其本身的特点成为人们休闲的首选。然而，在现代社会条件下，新的体育休闲活动项目不断地创造出来，由于传播媒体的作用，许多项目都会在较短的时间内迅速地向全世界传播，并逐渐成为国际性的活动项目，奥林匹克运动会项目设置地不断扩张，就是体育的这种流行性的典型表现。

休闲体育的流行性主要从其活动项目迅速地风靡于世而后又悄然消失中表现出来。一种体育活动经常会在很短的时间里在一个地方流行起来，成为人们在休闲时间里十分热衷的活动。当然，如同其他具有流行性的事物一样，一种体育活动也可能风靡一时后又很快地销声匿迹，取而代之的是另一个让人愉悦接受的新的体育项目。

事实上，休闲体育的这种流行性特征完全是由人的自由时间和人性特点所决定的。当人们拥有了自由时间之后，如何支配和打发这些时间便成为了人们面临的一个问题，体育活动既有利于身心，又有助于打发时间，自然会成为人们主要的选择。然而人们对活动的选择又是相互影响的，体育项目的流行机制之一就是这种相互影响作用。另一方面，人们求新求异的意识则是他们不断地放弃旧活动、追求新活动的动因所在，这是一个体育项目很快流行起来而后又逐渐消失的原因。当然，周而复始也是社会事物发展的一种具有规律性的特征，休闲体育也是一样，可能过了一段时间后，一个曾经流行而后消失的体育项目又再次流行起来，并为另外的一代人广泛地接受。

4. 时代性

休闲体育总是在一定历史阶段、一定文化背景下产生并发展起来的。在不同的历史时期，存在着不同的物质文明和精神文明，因而会产生不同的休闲活动方式，体育休闲活动也是顺应时代的要求和进步而演变和发展起来的。考察历史的发展进程可以发现，无论在什么样的时代，体育活动总是可能现身于社会中，成为民众乐于接受和参与的休闲活动方式。

即使在中世纪（5—15 世纪）的欧洲，神权统治也很难泯灭和抑制民众追求身体游戏的需要，儿童和少年则始终是游戏的先锋，他们把武士的打斗也变成自己身体娱乐的活动。当然，休闲体育活动毕竟是社会文明的表现形式，在许多情况下，与社会科学技术的发展水平密切相关。我们看到，21 世纪流行的休闲体育活动与 20 世纪初有了极大的变化，今天的休闲体育活动往往是与科学技术和材料革命的结合，而过去的活动可能更倾向于身体的自然活动，如当时流行的户外运动。

5. 时尚性

德国哲学家、社会学家齐美尔认为，时尚既满足人对社会依靠的需要，同时也满足人的区别的需要，即满足分化、变换和独树一帜的倾向。因此，他说："时尚是一种阶级分化的产物……新的时尚，整体而言只有较高的等级才能涉及……以此对较低的等级封闭隔绝，来标明其成员们相互间的平等，而且在同一时刻，标明与处于较低等级的人的差异。"

在社会经济、文化高度发展的当今时代，参与休闲体育已经成为一种社会时尚。一方面，人们参与体育休闲活动以表明自己与某个社会阶层的平等性等级，另一方面则以此标明自己与另外某个阶层之间的差异。因此，时尚性应该是休闲体育的一种较为典型的特征。

6. 自发性

休闲体育是人们在休闲时间内进行的一种自发性的主体活动。它完全是出于一种个体或某一群体真正的主体需求，在个人可以自由支配的时间里进行的体育活动，没有任何强制、被动或非自愿成分。在活动中，由于是主体自觉自愿的需要而参与，因此，不仅直接满足身心发展的需要，而且这种良好的情绪体验会更加激励其持久参与的积极性，并比较好地形成"需要—满足—更大需要—更大满足"的持续不断的良性循环之中。自发性是自觉意识的体现，特别是在社会高度发展的当今时代，休闲已经不只是劳动之余的休息和放松。随着自由时间的增加，休闲已经成为每个人的生活权利，成为个人生活的组成部分。现代人有充分的自由意识，人们对自由时间的支配权就在休闲活动中体现出来。

7. 层次性

层次性包含了三个内容，一是活动人群的年龄层次；二是活动内容的难易层次；三是活动方式的经济消费水平层次。这三种层次的划分有着十分重要的社会意义，表现了休闲体育研究的不同视角和内容。从一般意义上讲，不同年龄阶段的人有着不同的需要和爱好，这种需要和爱好直接影响着人们对体育休闲方式的选择。儿童和少年对一些新奇的个人活动，如滑板、轮滑、小轮自行车等感兴趣；青年人则爱好有一定挑战性和对抗性的活动，如足球、篮球、网球等；中年人倾向于活动的品位和档次；而老年人则喜欢交流和互动性强的活动。通常，年龄因素是体育休闲活动分层的主要的、有时甚至是决定性的因素。内容的难度是完成活动所要求的技术标准高低的问题，这是一些人选择体育休闲活动方式的依据。这种选择主要取决于活动者对自己运动能力的评价，个人运动能力较强者，通常会选择一些技术动作难度较大的项目；而个人运动能力自我评价不高者，更愿意选择那些无须多大努力就可以完成的活动项目。

（四）休闲体育的起源与发展

休闲一直是人类的一种生活方式，不同的历史时期，由于生产力发展水平的程度，休闲的形式和内容也不尽相同。

在原始社会，由于生产力水平低下，人们为了满足生存需要，要进行长时间繁重的体力活动。因此，当时的休闲活动很单调，其目的也仅是舒缓身体疲劳，积累劳动能量。虽说有少许培养生产技能的体能锻炼，但没有形成真正的休闲体育。

在工业时代，由于生产力水平的猛进，人们的工作方式发生了变化，体力劳动的一部分被机械所取代，而另一部分仍为超负荷的工作所占据。工业文明带来的体力解放，促生了更多的脑力劳动者，他们终日伏案，体力活动明显减少，精神压力随着增加，形成了身心发展的不平衡。由于不平衡，便会出现"矛盾"，这就促使人们在余暇时间主动地进行某种方式的活动，调节压力、增进健康、平衡身心，这就是休闲体育产生与发展的原始动因。

随着生产力的进一步发展和工作效率的进一步提高，工作时间越来越少、经济收入越来越多，这使得休闲体育进入人们的休闲生活成为可能。人们的生活方式发生了巨大的变化，但是对健康的向往没有随之而变。人们通过学习和研究，更加深刻地理解了体育与健康的关系，基于对体育功用的认识和体验，体育运动逐渐进入了人们的休闲生活。

面向大众的现代休闲体育自20世纪中叶开始，先出现于发达国家继而发展到全球范围。在中国，随着改革开放和经济迅猛发展，人们的生活水平迅速提高，休闲体育也逐渐进入了国人的生活，尽管是"小荷才露尖尖角"，但已吸引了很多人的眼球，并显示出良好的发展前景。

（五）休闲体育活动的分类

休闲体育不是一类具体的项目，而是体育的一种社会存在形态。因此，它可能包括了各种各样的体育项目和活动。为了便于研究，研究者按照人们参与休闲体育活动的动机和目的，把众多的休闲体育活动划分为以下几类：健身、娱乐、竞技、放松、消遣、探新寻奇和寻求刺激等。而从这些类型的划分中可以看到，休闲体育由于其本身的特点和用途，使其具有了多种社会功能和个人意义上的作用，因而成为现代社会中不可缺少的活动。

1. 健身、塑身活动

体育有强身健体的作用，这已经在过去的众多研究中得以证实。随着社会物质生活条件的不断改善和社会观念的不断更新，人们已经从原来以满足生存需要的层次向享受和发展的需求迈进。

健身活动是为了个人保持自身机体机能的良好状态，促进身体健康地生长发育，使个人的体质水平得以增强和发展的活动。从本质上讲，这种活动完全是一种个人在休闲时间中从事的塑造自身并努力使自己成为更好的人的活动。良好的身体状态是良好的心理状态和精神状态的基础，从社会发展的一般趋势来看，随着社会生活水平的提高，人们越来越注重追求健康的身体和良好的精神状态。因此，健身活动已经成为大多数现代人主要的休闲活动。

如果说过去人们的强身健体是为了活得更加健康、更加长寿的话，那么，时至今日，人们热衷于塑造身体形态的运动显然是受着一种更高层次的需求所驱使，即追求身体外部形态和身体姿态的完美。这是一种个人发展的具有审美意义的需求。

2. 体育娱乐活动

人类社会存在的娱乐行为有多种形式，人们把具有一定程度的身体练习，又能在活动过程中使人获得愉悦情感的娱乐形式称为体育娱乐。体育娱乐活动则是指构成体育娱乐这种娱乐形式的各种具体的活动方式。

人类的娱乐毕竟与人类本身的灵性及人类特殊的社会文化密切相关，而体现这种灵性和文化的载体便是娱乐形式，人类的娱乐形式之多是任何动物都不可比拟的。在众多的娱乐形式中，体育娱乐是最为重要的一类。体育娱乐活动的基本构成素材之一是人类特有的游戏活动。就人类而言，游戏是人的想象力和创造力的体现。想象力和创造力使人类对自由的探求达到了一个新的高度，游戏不再具有实用的目的，而是审美与自由的体味。

体育娱乐活动的主要目的就在于愉悦身心，无论这种感受是来自生理还是心理，亦或是来自活动的场景。因此，体育娱乐活动是一种体验性的休闲活动，强调心理的愉悦感受更甚于身体上的舒适感。

3. 竞赛活动

休闲体育中的竞赛活动与竞技体育的竞赛有极大的差别，休闲活动中的竞赛活动只是休闲的形式之一。这种形式从本质上讲只是休闲体育的组织方式。休闲体育中的竞赛活动强调活动的过程和活动的形式，对于活动的结果并不在意。换言之，休闲体育中的竞赛活动是以过程和形式来满足参加者的某种需要。

从本质上讲，每一个人都有展示和表现自我的需要，也存在着了解他人的期望，而竞赛活动一方面可以在其他人面前展示和表现自己，另一方面也可以通过他人的表现去了解和认识对方。竞赛也是一种十分具有吸引力的活动方式，能够满足人的多种需求。于光远在谈及"作为玩之一种的竞赛"时，对这种活动方式的积极作用作了如下比较和分析，他说："人们看戏，看电影、电视，听音乐，观光旅游，概括起来都是通过感觉器官使自己轻松愉快，而竞赛则是本人进取心的实现。在竞赛中本人常常并不轻松，甚至有一种紧张的心情，而正是这种紧张的心情，给他带来欢乐。观光之类的玩，第二次的兴趣一般来说比第一次减弱。而人们往往会一次一次地去从事自己感兴趣的竞赛活动，因为在竞争中人们的好胜心理在起作用。败了不服气，想转败为胜，胜了还想取得更大的胜利。"为此，于光远提出要对"玩"当中的竞赛给予特别的重视。

4. 放松活动

放松是休闲的主要目的所在，罗歇·苏把它称为休闲的"第一功能"，他认为"如果没有生理和精神的恢复，就不可能有休闲，从这个意义上说，这可能是最必要的功能。放松意味着休息和解放，消除一天工作后积累的紧张和劳累，也是对个人约束和限制的心理解放。还有义务的解放，不单是属于工作的，而且是属于它需要或应该完成的义务"。

罗歇·苏还认为："劳动心理学已阐明了现代劳动精神紧张的起源。继从前劳动的体力繁重后，目前是劳动的精神辛劳。在工业上，流水线劳动孕育了众所周知的一系列的行为慌乱。一项统一的、重复的劳动，因劳动岗位固定而缺乏身体运动、劳动者之间几乎没有交流、等级职权的严厉、由周围环境污染和噪声引起的危害，这些都是各种紧张和激动的诱发因素。"由于现实生活中的人们总是处在这样或那样的、具有一定压力和紧张度的环境中，因此，摆脱这些压力和紧张的期望是每一个人的心理需要。

在罗歇·苏的研究中还发现，"工作不是生理和精神疲劳、紧张的唯一起源。很多调查都已证明，法国人心理上对从业外的时间内的各种危害更为敏感。交通不便，路远导致的辛劳占第一位……同样深深感受到的是在街上，在管理服务方面的各种拥挤而产生的窒息感。这些就业外'损失'的时间过得比就业时间还差。其实，工作被看作一种强制约束，而就业外损失时间则是无故约束，是对休闲时间的真正侵犯。为此，它比属于工作的约束更难以忍受。因此，如果说工作时间趋于缩短，那么就业外约束时间则延长。都市生活方式的这一方面，使放松时间尤为必要。放松是休息的同义词，甚至经常是现代休闲的主要构成部分"。

5. 消遣活动

消遣，消闲排遣之意。《现代汉语词典》对消遣一词的解释是，用自己感受愉快的事来度过空闲时间。对于在现代社会中为什么需要消遣活动，罗歇·苏是这样解释的："因为就业和都市生活方式不仅孕育生理和精神的疲劳，烦恼、忧郁更像现代世界的象征。媒介广泛传播的'生活病'，它特别触及最年轻的几代人。重复、单一，而著名的'地铁、工作、睡觉'则表达了这种生活的单调，就像生活局限于一系列靠瞻望消费也不能补偿的日常义务。因此，一切消遣机会都有起伏，是不可缺少的。通过消遣，发生与日常的麻醉节奏的真正决裂。消遣的文字含义是：使散心。投入一项游戏活动，以找到暂时忘记烦恼的方法。"他认为"消遣"这个词应该是词义最接近休闲的一个词，休闲和消遣都意味着去寻找乐趣。通过休闲和消遣活动给自己的生活提供方便，使自己感到舒服，并达到自我身心上的调节。不管从什么角度来看，消遣有些享乐主义的意味，但事实上，现代休闲本身就具有满足人们日益增长的享受需要的功能。在过去的社会价值观念和伦理道德观中，消遣行为可能是一种被批评的行为，至少，社会的劳动阶层对此行为持否定的态度。随着时代的发展和变化，社会价值观、伦理道德观都发生了改变。消遣（无论从词义上，还是对它的态度和认识上）与休闲一词一样，不再让人避讳，人们开始正确地理解和重新构建自己的生活方式及内容。尽管在一些国家和某些文化中仍然存在着两种伦理（一种是清教徒的，一种是享乐主义的）并存而且相互争执的现象，但现代社会的休闲及消遭已经让更多的人接受。

罗歇·苏对游戏的消遣作用似乎更加注重，他认为"在消遣中，人们还找到了游戏的价值。游戏也是休闲的一个基本方面。形形色色的游戏是发泄的主要工具，就是说，解除紧张和解放在劳动和大多数社会生活行为中，被强加于个人的所有规章压抑的冲动。亚里士多德在强调游戏的导写作用时，已经证明了它的重要性"。按照罗歇·苏的说法，游戏不仅是演出，也需要本人积极参加。他认为体育活动就是一种游戏，一种可以使精神和生理都得以解放的游戏。因为体育是"一个无动机的行为，除了其本身无其他目的"，从这个意义上讲，体育活动是一种解放。

6. 交际类活动

在工作环境中，人际交流的自由度和灵活性会因劳动纪律和规章制度而受到限制。但在休闲条件下，人们的自由度比较大，人际交流充满了愉悦感和实效性。因此，休闲活动是人际交往的最好时机之一。在各种休闲活动中，休闲体育一马当先，它能够给人以更大的想象空间和自由领域。活动中，高低贵贱没有了，职业差异也消失了，彼此之间的隔阂在自由和平等的环境中消除了。如果人们都愿意接受活动的规则，轻松的活动会使彼此之间的交流变得更加畅通。

7. 探新求异类活动

人们普遍有追求新异的心理倾向。在小康社会中，经济的发展和科技的进步使得生活和工作方式发生了变化。对于多数人来讲，工作与生活总是有条不紊、按部就班地进行着，缺少新意。因此，人们探新求异的需求有可能受到了压抑，而释放的渠道往往只能在休闲时间中去寻找。现实生活中，人们通常选择休闲活动来满足自己的这种需要。休闲体育中有探新求异的活动，其中属于运动性的活动常常被用于对自然界的探寻。其好处有两点：其一，这些活动远离那些熟悉而枯燥的生活和工作环境，参与者在新异的环境中能感到心旷神怡；其二，新的方式、新的情景、新的物体等，无疑会让参与者产生极大的新颖感，同时满足参与者探新求异的需求。

8. 寻求刺激类活动

对于大多数人来讲，生活总是穿衣吃饭、平平淡淡。工作在生产线上和写字楼里或者其他的领域，周而复始的生产动作、单调乏味的数字报表和繁杂枯燥的琐碎事务让许多人厌倦，寻求适宜的方式刺激一下近乎麻木的神经成为许多人潜在的欲望和需求。

休闲体育领域中有许多活动具有刺激性，如激流冲浪、攀岩等。这类活动有一定的难度，对活动者的能力和胆量具有挑战性。这类活动能够使活动者产生兴奋、紧张、激动等引起肾上腺素分泌的情绪，而活动者在这样的情绪状态中，对活动也更加倾心尽力、更加着迷，因而也更加热衷于这类活动。

按照社会原则，人们在寻求刺激的活动时，同样应该遵守社会法则和伦理道德的要求。在众多的休闲活动中，体育休闲活动给人带来的不仅是身体上的刺激感受，在精神上同样能够得到刺激的体验，同时也符合社会规范。

二、休闲体育与生活方式

体育是人类社会生活中一种重要的文化现象，体育娱乐活动逐渐成为人们休闲的一种重要形式，休闲体育的发展正在影响和改变着人们的生活方式，如何正确地认识和理解体育在休闲中的意义，倡导人们积极地参与休闲体育活动，建立健康、积极向上的生活方式是当代社会需要重视的重要课题。

（一）生活方式的概念

在一百多年前，马克思、恩格斯在《德意志意识形态》一书中最早使用了生活方式这个概念，并在他们以后的著作中多次使用这一概念。对于生活方式，马克思、恩格斯指出："人们用以生产自己必需的生活资料的方式，首先取决于他们得到的现成的和需要再生产的生活资料本身的特性，这种生产方式不仅应当从它是个人肉体存在的再生产这方面来加以考察。它在更大程度上是这些个人的一定的活动方式，表现他们生活的一定形式及一定生活方式。"现实就是人们由个体到群体在寻找生存物资保障生产等实践过程中创造一定的生活活动条件，这种生活条件培养了人的一定的生活方式。

生活方式是社会整体结构及其运行状况具体而生动的反映形式，对它的研究有助于人们了解社会运行的规律。生活方式自人猿揖别后就始终伴随人类，成为人类活动的一项重要内容和形式。由于生活方式是一个内容丰富、层次复杂、形式多样、内在联系密切的领域，因此，它也是社会科学研究的重要范畴。

人们生活在地球上，说到底只干两件事情：一件是生产（包括人口生产、物质生产和精神生产），一件是生活。于是就有了生产方式和与之对立的生活方式。生活方式是指人们在全部客观条件的制约下，生活活动的典型和总体特征。人们说到生活方式的时候往往会更多地想到自己的物质消费活动和由自己支配的闲暇时间活动的方式。其实，生活方式不限于日常的消费活动，而且还包括人们在社会生活中各个领域的全部活动的形式和特征，如人们的精神生活、物质生活、社会生活、政治生活等。生活方式也不仅仅是指个人的行为方式，而且包括全社会、民族、家庭的生活活动的形式。前苏联学者布坚科认为："生活方式是由个人、社会群体、整个社会的性质和经济条件，以及自然地理条件所决定的个人、社会群体和整个社会生活的方式和特点。"鲁特凯维奇提出："生活方式是与人们生活条件保持一致的生活活动形式，以及改变这些条件、形式的综合体。生活方式与生活活动条件是统一的。"前民主德国学者哈恩对生活方式的理解为："是一定类型的社会生活与生产的体现，它代表生活条件和生活活动的社会化在一定历史条件下所达到的最高程度。"

由此，可以将生活方式理解为不同阶层的人群在其生活圈、文化圈内所表现出的行为方式。人们的行为表现直接地显现于外，构成生活方式的显现部分，但支配人们行为的价值观等却隐含在内，仍是不可忽略的重要成分。西方学者对生活方式趋向于人群层面上生活的固有表现形式的研究，以微观、多视角的方式提出生活方式的理论，注重解决实际的社会问题。

我国学者冒君刚认为："生活方式是在一定的物质条件下，不同的社会、民族、阶级、阶层中的人群为满足生活需要，在一定的价值观念支配下，在各种生活领域进行实践活动的行为习惯的基本特征。"时运生提出："生活方式是和物质生活的生产条件相统一的人们生活活动的稳定的或固定的形式。"李德周主张："生活方式是人们在一定的价值观、道德观、审美观的指导下主观见之于客观的行为模式，是心理方式的现实化。"这些学者侧重的是价值观在生活方式中的地位和作用。价值观是人行为的内在支配机制，在人长期稳定的行为中起着导向的作用，价值观是人的需求在主观上的全面表现。

把多位专家学者的观点综合起来，我们可以认为：生活方式是指人们在某种价值观念的指导下各种生活活动的形式，它包括人们的物质生活、精神生活、政治生活和社会生活。而这里说的生活活动是指人们的行为，即在一定的空间与时间中，人们为了达到一定的目的，利用可以取得的物质条件和社会条件而采取的种种行动。当然在采取行动的时候，还必须与他人配合，而配合行动时语言也是必不可少的。因此，生活方式也可以理解为个人或群体在生存实践活动过程中，长期共同在特定生活环境中形成的全部活动模式。

（二）生活方式与健康

据世界卫生组织的报告，全球人类死因中，不良的生活方式所引起的疾病占 60%，其中发达国家高达 70%~80%，发展中国家也达到 50%~60%。从个体角度说，健康由四个因素决定：一是遗传，占 15%；二是环境，占 17%；三是医疗卫生服务，占 8%；四是个人生活方式，占 60%。遗传和环境因素属个人不可控因素，而医疗卫生服务及个人生活方式属可控因素，共占 68%。在这 68% 中，个人生活方式占 60%，相当于可控因素的 88%。这些数字说明，个人生活方式对人们的健康起着至关重要的作用。

现代科学技术的进步给人类的生活带来了巨大的变化，人们的生活方式也伴随着经济社会的发展而产生深刻的变化。机械化、信息化、城市化的发展，使人们的生活更加快捷方便，更加丰富多彩，更加快乐流畅，但同时也给健康带来了许多负面影响，主要表现在以下三个方面：

（1）运动不足，营养过剩。随着家用汽车的普及和城市公共交通的便捷，人们走路的机会越来越少，"上班开车、逛街打的"的以车代步的日常生活方式十分普遍，在生产过程中信息化、机械化的发展大大减轻了人们的体力劳动强度，生产和生活方式的变迁直接导致了人们日常生活和生产中体力活动量大大减少，现代人运动不足的现象十分普遍。与此同时，随着人们收入的提高，饮食结构和饮食的量也产生了巨大的变化，人们不再愁吃愁穿，相反却导致营养过剩。据调查，我国经常参加锻炼的人口比例不高，1982 年为 22%，2008 年也仅为 23.5%。由于日常生活和生产中体力活动减少，而参加体育锻炼的人又不多，导致超重和肥胖的人口大量增加。这二十年间我国人口超重率上升 39%，肥胖率上升了 97%；大城市中超重和肥胖的儿童比例中 0~6 岁组已达 8.1%，7~17 岁组已高达 21.3%。

（2）生产和生活节奏变快，竞争压力增大。随着计算机和网络技术的发展和普及，在信息化浪潮的冲击下，人们的脑力支出逐步加大，工作、生活节奏明显加快，生存竞争压力增大，家庭、婚姻等琐事增多，人们的心理负荷不断增大，面临着精神疲劳、精神压抑等心理问题的出现增多，心理疾病人数和患病率呈现明显的上升势头。

（3）环境污染等公害破坏了人类的生存空间。都市化、城市化和城镇化的快速发展，给人类带来了环境污染的严重问题，空气质量下降、噪声、振动、生活垃圾污染等环境问题已经成为影响人类健康的重要因素。

（三）现代文明病

物质文明和精神文明的高度发达，引起人们生活方式的变化，在人类的疾病谱中所谓的"现代文明病"的发病率也显著上升。所谓现代文明病,实质上就是由于一些不健康的生活方式导致的,所以也称为生活方式病,如糖尿病、高血压、冠心病、心脑血管疾病、肿瘤等。根据卫生部在全国范围内组织开展的第四次国家卫生服务调查结果,2008年调查地区居民慢性病的患病率为20.0%,以此推算,全国有医生明确诊断的慢性病的病例数达到2.6亿。过去十年,平均每年新增的慢性病例近1000万,其中,高血压和糖尿病的病例数增加了两倍,心脏病和恶性肿瘤的病例数增加了近一倍。据2010年3月在国际著名的《The New England Journal of Medicine》上发表的有关中国糖尿病患病情况的研究估算,中国现有病人9200万人,糖尿病前期患者约1.48亿。据世界卫生组织估计,此趋势如不被控制或逆转,2005—2015年的十年间,中国仅因心脏病、中风及糖尿病三种慢性病导致的过早死亡将损失5580亿美元,这将会给患者家庭和整个社会造成沉重的疾病负担,并大大延缓中国的经济发展速度。因此,积极采取各种有效措施预防各种现代文明病的发生,降低其发病率和死亡率,是现代社会必须积极应对的一个重要的公共卫生问题。

（四）休闲体育的锻炼价值

1. 健身价值

（1）减少疾病的发生。随着现代化进程的加快,人类开始从繁重的体力劳动中解脱出来。由于运动不足而产生的各种"文明病"正威胁着人类。据有关资料统计,长期坚持进行适宜的体育休闲锻炼,可以增加血液中高密度脂蛋白胆固醇（简称HDL-胆固醇）的含量。HDL-胆固醇能把聚积在动脉壁上的胆固醇运送到肝脏进行代谢,从而减慢主动脉粥样硬化斑块的形成与发展,防止疾病的发生,同时,还可以增强机体对各种复杂多变环境的适应能力和抵抗力,消除现代"文明病"对机体的侵蚀。

（2）增强脑力的活化剂。长期参加适宜的体育休闲锻炼,可以对机体的相关系统和器官起到良好的刺激和按摩作用,有助于改善神经系统,促进血液循环,改善大脑的营养状况,促进脑细胞的代谢,使大脑功能得以充分发挥。

（3）延缓衰老。适宜的体育休闲活动是保持健康、延缓衰老的有效措施之一。自古以来养生学上都积极主张运动。随着年龄的增长,人体逐渐出现各种老化现象,特别是40岁以后各种疾病极易发生。研究发现,动脉硬化在脑力劳动者中的发生率为14.5%,而在体力劳动者中仅为1.3%。有学者对长期参加休闲性跑步的40名中老年人研究发现,他们的发病率很低,心肺退行性变化推迟10~20年。由于坚持适宜的长跑,改善了心肺功能,增强了肌肉组织力量,促进了骨质钙化,加强了关节韧性。

（4）提高机体免疫功能。人体的免疫功能分为非特异性免疫和特异性免疫两大类。它在人体的生理系统中起着三大作用,分别是生理防御、自身稳定、免疫监视。生理防御是指人体对外来的如病毒、细菌、真菌等生物致病因素及其他有害物质的识别、抵抗直到消灭的功能;自身稳定是指维持机体内环境的稳定和个体特异性,诸如对自身组织的调节和对衰老细胞的清扫,以及对异体组织的排斥;免疫监视是指消灭自身体内的突变细胞,如恶性肿瘤细胞,以免诱发癌变等恶性病变。

因此,免疫功能对人体质的强弱、抗病能力的大小、恶性肿瘤诱发的机会起着举足轻重的作用。长期适宜的体育休闲活动,不仅可以使人在活动中得到愉悦,而且可以增强机体的免疫功能。近年来，国内不少学者对从事慢跑、气功和太极拳的老年人观察研究发现，他们的免疫功能得到了改善和增强。

（5）锻炼身体，塑造体形。利用休闲时间锻炼自己的体魄，使自己的机体更加强壮健康，使自己的精力更加旺盛，或者是使自己的体形体态看上去更加协调动人。由于长期坚持不懈地进行活动，逐渐使健身和塑身活动成为一种习惯，成为个人生活中不可或缺的组成部分。

2. 社会心理价值

休闲体育的社会心理价值主要表现在以下四个方面：

（1）形成积极良好的社会态度。参与休闲体育锻炼既可以提高人的认知能力，又可以提高人的情绪智力。认知活动主要是依靠大脑高级神经中枢进行的。积极参加休闲体育活动，不仅可以使疲劳的神经细胞得到休息，消除大脑的紧张状态，而且还能促进神经系统的新陈代谢，提高神经系统的活动能力，使大脑更加健康和灵活。人的情绪智力主要包括认识自己情绪的能力、妥善管理自己情绪的能力、自我激励的能力、认识他人情绪的能力、人际关系的管理能力五个方面。

在体育休闲锻炼的参与过程中，人们不仅可以丰富自己的情绪获得情感的体验，而且可以提高自己对情绪、情感的认识和控制能力，还能充分认识他人的情绪、情感表现，建立和保持与他人良好的人际关系。同时，可以使个体认识能力和情绪智力得到提高，有助于加快个体的"社会化"和自我意识的形成，有助于提高个体的社会认知能力，促进个体积极良好的社会态度的形成。

（2）构建积极良好的人际交往。在体育休闲锻炼的参与过程中，增加了人与人直接接触的机会，扩大了人际交往的范围。锻炼过程中相互间的某些相似特征、互补作用、能力体现、空间上的邻近与熟悉等，均可以促进人与人之间的相互吸引。现实生活中，人与人之间需要进行传递信息、沟通思想、交流情感，但某些因素会造成人际沟通上的障碍，如地位、组织结构、文化的障碍等。体育休闲锻炼可以使参与者相互之间不再有地位、职业、年龄、文化背景等的差别，消除各种沟通障碍，能够有利于人与人之间感情的联系。在体育休闲锻炼中人们得到信息、感情、思想的交流和沟通，同时也得到他人的协作、支持和帮助，进而引起自己的思想、情绪和行为的积极变化，促进人们产生协作思想、利他行为和也能抑制人们的侵犯行为。

（3）增强团队意识，推动社会文明进步。群体是指成员间相互依赖、彼此存在互动的集合体。在体育休闲锻炼中，人们因为共同的需要、兴趣、爱好而组合在一起，形成相互依赖、彼此互动的正式群体或非正式群体。在锻炼过程中会自然地形成共同遵循的行为规范或准则，这种行为规范或准则对成员有行为的约束力，能产生压力，促使成员的行为符合规范，产生良好的自律效果，从而提高个人和群体的道德水平和纪律观念，增强团队意识。人们在现实生活中有关爱和归属的需要，他们希望成为某一群体的一员，归属于某一群体，在体育休闲锻炼中形成的群体既能满足个体的归属需要，又能引导个体提高道德品质。休闲锻炼中个体感受到的是民主公平，个体间能够产生信任、依存和关爱，形成良好的社会心理氛围，积极推动社会主义精神文明的建设，推动社会文明进步。

（4）放松身心。现代社会的工作时间在不断缩短，但付出的代价是在工作时间全力以赴，快节奏、高效率的工作方式使人们紧张和疲劳，放松身心成了大多数工作者在自由时间中十分向往的一种享受。

（五）休闲体育与生活方式

体育娱乐活动是一种积极健康的休闲活动，它在 21 世纪人们的生活中所占的分量越来越大，特别是全民健身的理念深入人心，健康成为人们的第一需求，休闲体育在促进人们生活方式的健康发展方面也受到越来越多的关注。

1. 休闲体育促成健康的生活方式

体育起源于生产方式，在原始社会人们为了生存，身体要健壮，要跑得快、掷得远才能猎取到野兽，于是人们利用闲暇时间进行练习、训练儿童甚至比赛。随着生产力水平的提高，有些活动形式如赛跑、投掷、赛马等成为一种固定的比赛形式，体育便由此产生了。体育从诞生的那一天起，便从生产方式中剥离出来，成为一种生活方式。然而，在相当长的一个历史时期内，体育是有闲阶级的专利，只是到了近代，体育才逐步成为人们普遍接受的生活方式。

体育与休闲结合形成的休闲体育，与竞技体育、学校体育等其他形式的体育有所不同，它更能彰显体育为人的全面发展的本质，是一种健康的生活方式。休闲体育活动是人们在闲暇时间里自愿选择参与的，它不像学校的体育课、运动员的训练课那样带有一定的强制性，因而人们在参与中能够获得一定的满足感。休闲体育活动是为了满足人们的体育娱乐需求而进行的，不像职业运动员那样把体育作为一种谋生的手段，因而休闲体育活动丰富多样，不拘形式。此外，休闲体育对活动的方式不像竞技体育那样有明显的规则限定，只要双方约定活动方式和规则就可以。正是由于休闲体育的这些特点，使休闲体育成为人们的一种健康的体育活动，也使之成为一种健康的生活方式。

2. 休闲体育与现代社会文明的发展

休闲体育的发展离不开现代社会文明的发展成果，同样现代社会精神文明建设也离不开休闲体育的发展。社会主义精神文明建设的一项重要内容是要倡导积极、健康向上的休闲娱乐方式，提倡文明健康的社会风气。休闲体育是当今社会文化娱乐活动的一项重要内容，特别是随着社区体育的发展，人们利用体育活动来度过闲暇，可以达到愉悦身心、强身健体、预防疾病的效果，是社会文明建设的一种重要途径。

3. 和谐社会的构建与休闲体育的发展

构建和谐社会要坚持以人为本，促进人的全面发展。而休闲是人的生命活动中的重要组成部分，是社会文明的重要标志，是人类全面发展自我的必要条件，是现代人走向自由境界的"物质"保障，是人类生存状态的追求目标。倡导合理、科学、健康的休闲方式对于构建和谐社会至关重要。

其意义首先在于休闲对人的全面发展作用。休闲是一种"成为人"的过程，是人生中一个持久的重要的发挥舞台，人们在休闲生活中，通过人类群体所共有的行为、思想、感情，创造文化氛围，传递文化信息，构筑文化意境，从而达到个体身心和意志全面、完整的发展。

其次，休闲的社会意义在于休闲是一种新的生活方式。在这种生活方式中，人与人的关系、人与自然的关系、人与社会的关系变得融洽、和谐，人对物的攫取变得理智、通达。人的社会责任感更加强烈，并通过创造性的生活方式表达自己的追求与理念，增强人与社会的和谐发展。人们会摆脱"见物不见人"的状态，消费不再以破坏生态为代价，保持人与自然和谐共处。

再次，休闲的经济意义在于其会成为经济发展的重要力量，增加了就业机会，对拉动内需、促进消费结构升级发挥了积极的作用。马克思指出："节约劳动时间等于增加自由时间，即增加使个人得到充分发展的时间，而个人的充分发展作为最大的生产力反作用于劳动生产力。"休闲可以提高工作效率，发展生产力。由此可见，积极倡导休闲体育活动对促进社会主义和谐社会的构建、促进我国社会现代文明的健康发展具有不可忽视的重要作用。

第二章　体育文化基本理论

体育文化是人类本身需求的特殊反映。它是人类在体育生活和体育实践中创造出来的，并通过有形的身体形态、动作技能、运动器材、物质，以及无形的与社会属性相关的意志、观念、时代精神反映出来，如中国体育文化，在儒家文化的长期影响下，形成了以追求"统一""中和""中庸"，侧重修身养性的内向性、封闭性、圆满性为主要特色的体育文化，显现了各具特色的存在方式。体育文化和其他文化一样反映了一个时代、一个国家或一个民族的特征，并规范着人们的体育行为，也影响着人们的价值观念。

第一节　体育文化的产生与发展

体育文化的产生是一个长期孕育演变的过程，其发展更是一个长期积累、选择、变异、冲突、交融、定型的过程。

一、体育文化的产生

早期原始人类逐渐认识到身体是他们生命得以存在的中介，出于求食与自卫的需要，原始人从初期的奔跑、跳跃、攀登、翻越、投掷到后来的球戏、射箭，从最初的砍砸器、尖状器等原始石器到后来以搏斗和进攻性兵器为主的武器的形成，这一系列原始体育活动形式的产生与发展，都是人类对自身力量的朦胧意识与努力提高的结果。人类的原始劳动和各种社会活动中的原始竞技、医疗、舞蹈的产生与发展，表明人们的身体练习已成为具有多种意义的重要社会活动。这些就是原始体育活动的雏形。

（一）体育文化起源论

关于体育文化的产生有很多说法，但比较集中的有以下几种：劳动起源论、军事起源论、游戏起源论、宗教起源论、教育起源论和人性起源论。

1. 劳动起源论

早期人类劳动的直接目的就是生存，在生存需要的驱动下，人类开始通过各种身体活动的形式，特别是在捕鱼、狩猎等活动中培养了多种技能，提高了包含速度、力量、耐力、灵敏度等在内的身体素质。人类以劳动实践为出发点，并逐步形成了以生存为直接目的的体育文化，因此，劳动起源论者认为体育文化是从劳动实践中演化出来的。

2. 军事起源论

战争是因人类争夺物质资料而发生的武装冲突，要想在战争中取得胜利，交战方就必须对其内部人员进行军事训练。研究表明，物质资料是人类社会生存和发展的重要因素。早期人类为了争夺生活资料，个人之间的争夺逐渐演变为部落冲突，各部落为了更好地生存和发展，对部落内的成员有组织、有目的地开展了骑射、拳击、摔跤、棍棒等技能的军事训练，形成了以军事为目的的体育活动。

3. 游戏起源论

当早期人类通过劳动积累了一定的物质资料之后，特别是当他们获得的物质资料大丰收时，他们从四面八方聚集在一起，以游戏、歌舞等方式进行庆贺。由此可以看出，这种具有娱乐性的体育活动其实是从跑、跳、投等劳动形态中演化出来的。游戏娱乐是充实早期人类余暇生活的主要内容，在游戏娱乐的过程中，人的各种身体技能和身体素质得到了很好的锻炼，形成了娱乐性的体育活动和体育文化。

4. 宗教起源论

在早期的人类社会中，低下的生产力使原始人类无法正确认识自然和征服自然，他们往往将自然力人格化、神化，出现了崇拜自然、崇拜神灵等现象。生产力发展到一定水平后，人们在对自然现象求解的过程中形成了原始宗教，它是人们在求助于自然恩施、祭祀天地的过程中形成的具有宗教文化内涵的体育活动。

5. 教育起源论

人类将生产劳动及在军事、游戏中演变出来的运动技能、技巧，以教育的方式传授给后代。它既发展了走、跑、掷等身体技能，又发展了速度、耐力、灵敏度等身体素质，并使人类逐步脱离了动物野性向人性进化，形成了具有文化内涵的体育生活。

6. 人性起源论

体育文化的起源离不开人性的起源。人在社会实践过程中形成自身的人性。体育是人类社会的体育，而体育文化是这种人性外化积累中的重要组成部分。人类改造自身的本能，把人的进攻性、破坏性等对象化和社会化，并通过运动和竞争的固定形式表现出来，形成人类社会特有的体育文化。

综上所述，体育文化的产生是人类从动物野性变为人性的过程中由上述因素综合作用的结果。体育文化的发展如同人类社会的发展，经历了古代体育文化、近代体育文化和现代体育文化三个阶段。也就是说，人类在生活实践中，获得了跑、跳、投、攀爬等生产劳动知识和技能，并将之作为一种社会文化现象代代相传，最终形成了今天灿烂夺目的体育文化。由此可见，人类生存和发展的需要是体育文化产生和发展的根基，而体育文化又推动着人类社会的繁荣和发展。

(二) 体育文化产生的社会基础

(1) 超生物肢体的健全和超生物经验的传递交流。体育文化起源于劳动，这一结论无疑是正确的。但体育社会学的研究不能满足于这一简单的结论，因为人类的文学、语言、艺术等活动均产生于劳动，为什么这一部分的活动独具特色，被后人确认为"体育"呢？它又为什么既不同于人类的其他行为形式，又区别于动物本能的肢体活动呢？这是需要加以说明的。

　　在考察人类起源时，首先注意到一种超生物肢体——手的形成。手的发达表明人类已经发展了一种借助自然物延长自己肢体的能力，这种肢体可以用来对抗并征服自然，实现自己的目的。手的形成标志着人的社会属性的形成，手的形成和以后人们使用的各种工具具有同等重要的价值。并且由于手的形成，也逐渐改变了人的其他肢体的形态和功能，如人的腿和脚不再仅仅用来支撑和移动身体，也可以用来掌握工具进行劳动。人类的这些超生物肢体需要不断地健全和完善，提高活动能力，也需要不断地开发新的功能。因此，体育文化应运而生。在从猿到人的转变过程中，随着超生物肢体的形成而发展的另一个质变，就是超生物经验的积累。这些经验不仅包括人类使用劳动工具进行集体劳动的知识、技术、技能，也包括他们的情感体验、意志指向等，这些积累下来的经验需要世代延续和彼此交流。在语言产生之前，这些经验的交流、传播和延续主要依靠体育文化来进行。这是体育文化产生的根本原因。

　　（2）体育文化的产生是一种社会需要。体育的产生是满足人们原始的需要，因此，应该用"需要"理论加以研究和解释。人的需要是多方面的，除了生产的需要外，还有生理、心理、安全、娱乐、社交、信仰等各种各样的需要。这些需要都在体育文化产生之初打下了印记。因此，军事格斗、宗教祭祀、舞蹈娱乐、医疗保健等活动都推动了体育文化的产生。

　　（3）体育文化不同于体力劳动。体育文化虽然产生了体力劳动，但它并非劳动。劳动作用于自然或其他物质，目的在于改造客观物质的自然属性，而体育是以人自身的活动来改变人自身的自然属性和社会属性。在体育活动中，主体和客体是统一的。劳动的结果是产生使用价值，而体育运动的结果则是产生锻炼效果和竞技价值。因此，体育文化自产生之日起就逐渐与物质文化体系相分离，成为社会上层建筑的一部分。

二、体育文化概念的界定

（一）体育文化的概念

　　文化的本质在于创造，体育文化是人类文化不可或缺的成分，是人类在漫长的进化过程中创造出来的体育的精神产品和物质产品。但什么是体育文化？体育文化的内涵是什么？到目前为止，还没有统一的认识。

　　从目前体育学术著作中见到的最早与"体育文化"相关联的词 Physical Culture（身体文化），是德国学者费特于 1818 年在其著作《体育史》中所用到的，他将 Physical Culture 解释为"斯拉夫民族的沐浴和按摩等保健养生活动"。据此，《韦氏国际大辞典》也称身体文化为"有关身体系统的保养"。法国阿莫罗斯体操派认为身体文化可以直接理解为锻炼身体的规律。

　　到了 20 世纪，对身体文化这一概念的解释和使用更为多样化。现代奥林匹克运动会（以下简称奥运会）创始人皮埃尔德·顾拜旦认为，体育文化旨在促进健康和增强体力的身体运动体系，是与自然的运动形式相对应的人为的体育形式；也有人认为身体运动不仅要用科学来解释，它还显示出生命的旋律和美，是文化的表现体；还有人解释得更为宽泛，认为身体文化是包括从身体涂油剂和颜料、营养摄取、入浴设施直至身体训练的运动器械在内的各种文化现象的总体。第二次世界大战后，苏联和东欧各国把身体文化作为关于体育的最广义的概念来使用，认为它是整个文化的组成部分。凯里舍夫在《苏联体育教育理论》中，对身体文化的定义是"改善苏联人民健康、全面发展其体能、提高运动技巧及创造体育教育专有的精神和物质财富等方面获得的成就的总和"。1974年，国际体育名词术语委员会主席尼克·阿莱克塞博士主编的《体育运动词汇》中，将体育文化定义为"广义文化的一个组成部分，它综合各种利用身体锻炼来提高人的生物学和精神潜力的范畴、规律、制度和物质设施"。

我国学者卢元镇教授认为："体育文化是关于人类体育运动的物质、制度、精神文化的总和。"它大体包括体育认识、体育情感、体育价值、体育理想、体育道德、体育制度和体育物质条件等。体育之所以成为一种文化现象，第一，因为体育运动是人类为生存和发展而创造出来的一种社会活动，是与自然和天然相对的人造物，是后天获得和形成的，具有非遗传的特性；第二，体育运动具备文化的各种特性，即继承性、时代性、民族性、世界性和阶级性等；第三，体育运动不仅具有外在的、为适应生存环境创设的身体活动形式和设施、器材等物态体系，而且具有内在的价值观念、意识形态、行为规范，以及与之相适应的制度等。

综上所述，根据国内外有关对文化和体育文化定义的研究，我们认为体育文化应当包括两个方面的含义：一是体育文化是人类为适应生存和发展的需要而创造的，体育文化是包括了体育的一切物质文化、精神文化和制度文化等的复合体。

尽管人们对体育文化的认识还没有取得统一，对体育文化概念的使用范围尚有争议，但是人类在长期的体育实践中所产生的观念形态和知识体系，所创造的体育运动手段、技术、方法、器械、设施，以及有关的制度、组织、传媒机构等，已经在人类社会生活中构成了一种独特的文化现象，并成为构筑人类文化的一个重要方面。

（二）体育文化概念的界定

有一种观点认为"体育文化"的英文为 Physical Culture，国内还有人译为"身体文化"，这是"体育"这个词从日本引进中国时的三种含义之一（另外还有 Physical Training、Physical Education 两种含义）。德国著名学者费特在1818年出版的《体育史》一书中就已经开始使用这个词，他认为这个词是指斯拉夫民族的沐浴和按摩等保健养生活动。19世纪末期，"身体文化"一词被广泛地加以解释和运用。德国人山道发展了身体造型的艺术表演，他的健美运动被认为属于"身体文化"；法国阿莫罗斯体操派认为身体文化可以被理解为锻炼身体的规律；法国演员德尔萨特创编的身体演练形式以"德尔萨特身体文化"之名风行于美国妇女界；英国学者马克拉伦在1869年出版的著作中指出，身体文化是人的成长过程中的教育概念，包括身体发育过程及气候、食物、服装等保健卫生内容。

到20世纪，人们对身体文化的理解更加多元。有人认为身体文化等同于身体锻炼；有人认为身体文化是以促进健康和增强体力为目的的身体运动体系，顾拜旦即持这种观点；有人认为身体文化是用科学和美的规律、生命的规律来解释的文化表现体；有人认为身体文化是包含从身体涂油剂和颜料、营养摄取、入浴设施到身体训练的运动器械在内的各种文化现象的总体。第二次世界大战以后，苏联和东欧逐渐习惯于把身体文化作为最广义的体育概念来使用，认为它是整个文化的一个组成部分。

国际体育名词术语委员会主席尼古·阿莱克塞博士于 1974 年在罗马尼亚编撰出版了六种文字的《体育运动词汇》，其中对体育文化的定义说这个词属于"文化"类别，基本含义是"广义文化的一个组成部分（领域），它是各种利用身体练习来提高人的生物学和精神潜力的范畴、规律、制度和物质设施的总和"。这里的体育文化对应的英文是 Physical Culture，可见，Physical Culture 译为体育文化比译为身体文化更贴切。因为身体文化说明了身体活动和与身体活动有关的一切物质设施，以及属于精神文化部分的价值观、审美情趣、风俗人情、民族意识等，而体育文化的容量要小一些。作为体育主体的人的身体活动和运动动作，表明以身体为手段"育"的目的，即在体育运动的过程中，身体练习作为人的生命运动和思维运动的外化形式，反映着人的本质力量。在西方，用 physical 来表示体育已经有多年的历史了，体育教育为 Physical Education，体育锻炼为 Physical Training，虽然近年来西方逐渐弃用了 physical 来表示意义上的体育，而将体育与娱乐、休闲、保健等词语并列。但目前西方还难以找到一个完全对等于我们所谓的体育词汇时，为了保持以往中西文翻译的一致性和对等性，Physical Culture 译为体育文化也是可以的。

现在中国出现的"人体文化"一词比较贴近身体文化，其英文为 Human Body Culture。人体文化绝不限于舞蹈、运动和人体艺术等局部或侧面，它是一个具有外观形态、内部结构和运动动作的多因素或多种子系统的构成体，大致可以分为两类：人体体质文化和人体动作文化。所谓人体体质文化，是指对人的自然生命体的内部结构、功能及外部形态的静态认识的精神创造物，大多属于人体科学和体质人类学的学科对象，主要有生理、解剖等文化，养生、卫生、保健等文化，医文化、药文化、性文化、纹身、美容、化妆文化和从人体外部形态的比较认识中产生的人体造型、人体绘画、人体摄影等文化，这些都是对人体这个物质生命体的功能及其活动的知识、经验和技术的文化积累，是关于人体的物质本体方面的文化。人体动作文化具有一些共同的模式：一是人体动作作为文化传播手段的人体语言模式；二是经由美学加工变成艺术品的人体动作，成为供给人们美的观赏和教育娱乐的模式，主要有表演舞蹈、杂技等；三是在竞争和比赛中发展了具有运动项目性的人体动作，是对人体潜能的挖掘，主要有运动竞技、健美等文化形式；四是促使人体自我完善的动作文化，如体育、游乐等。人体动作文化大体可以分为生产性劳动动作（直接创造财富的动作）、社会活动性人体动作（如处理人际关系的特有动作）、人体运动动作文化（包含身势文化、舞蹈文化、杂技文化、健美文化、竞技文化、游乐文化、体育文化七类）。在这里，竞技文化与体育文化是交叉的两个概念，人类的竞技五花八门，体育竞技只是其中的一部分。

Sport Culture 的一种译法为运动文化，它和体育文化有所不同。东欧国家使用"运动文化"这个词极为普遍，是指身体运动的文化性质，难以确定其内涵。中国台湾的学者提出过运动文化一词，他们认为在人类至今的社会生活中，为了解决身体运动或其他生活上的问题，利用各种办法创造了各种各样的运动形态与方式，而且经过时间的推演和社会的变迁，或予以淘汰，或予以积存，从而形成了运动的式样、理论、理念及独自的语言、设备、器材等，这就是运动文化的内涵。可见台湾的运动文化与大陆的体育文化比较接近，从其将运动文化分为观念、规范、技术体系和物的事项也可以看出这一点。不过从字面上看，运动文化是就运动这一体育的手段范畴而言的，而体育文化要更为宽泛和综合，涉及体育运动和社会价值观念等多方面的丰富内容。

有人将 Sports Culture 译为"竞技运动文化",也与体育文化存在一定差异。人们一般认为体育是包括竞技概念的,那么竞技运动文化应该是体育文化的一个系统,尼古·阿莱克塞的定义称其是"世界文化的一个组成部分(领域),它综合那些在竞赛范围内通过发挥人的生物学和精神能力追求锦标或记录而进行强化身体练习的范畴、规律、制度和物质设施"。但是在日本,情况刚好相反,有人认为竞技运动是体育的上位概念,因此,他们的体育文化是竞技运动文化的子系统和下位概念。在考察各国有关体育文化的概念时,一定要搞清楚其具体的内涵,以及诸多相关概念的关系,否则容易产生歧义。

体育作为人类社会创造的一种身体文化样式,是人体运动发展的产物。人类在满足了物质生活的基本要求后,身体运动从采集、狩猎、捕鱼等对物质生活需求物的获取和生产的体力劳动中独立出来,脱离了纯生物性和物质功利性的意义。当人们把身体运动作为一种形式和手段,有目的地、有选择地、能动地挖掘人体潜力并促进身心全面发展的社会实践活动后,身体运动才具备了体育文化的意义。可以说体育文化与语言和符号、规则和制度、知识和技术、行为和价值等许多文化因素有着千丝万缕的联系,它是一种利用身体活动以改善人类身体素质、追求精神自由的实践活动。从这个意义上看,应该以 20 世纪 90 年代在西方社会逐步流行起来的 Sporting Culture 一词应该最接近中国当前的体育文化。

三、体育文化的发展

(一) 体育文化的发展是个长期、艰苦的过程

社会发展决定了体育文化的发展。没有一定的社会发展和生产方式,就不会有与此相适应的体育文化。社会发展本身就是个长期、艰苦的历史过程,所以体育文化也必然循着这一历史过程不断产生复杂的演变。从原始体育文化向奴隶社会体育文化,进而向封建体育文化、资本主义体育文化的发展,都经历了漫长而痛苦的过程。

体育文化的发展需要一定的文化资料的积累作为基础。积累越多,基础越雄厚,体育文化的发展就越快。正因为如此,体育文化呈现了一种繁荣发展和加速发展的趋势。其繁荣发展的根本原因在于人类越来越深刻地认识到体育文化的各种功能,共同去推动体育文化的发展,其加速发展的根本原因在于体育文化积累的增加、交融的加快。在原始体育文化时期,常以几十万年为计时单位;而近现代社会体育文化的发展,在几十年,甚至十几年中,就会出现一些重大的变化。认识到体育文化在发展中的这一趋势,既可以清醒地意识到发展当代体育文化的长期性,也可以准确地把握它的紧迫性。

(二) 不同民族的体育文化在发展过程中形成不同的文化模式

体育文化模式是在一定的文化生态环境中长期形成的。西方体育文化与东方体育文化是两种不同的模式。在西方体育文化中,欧洲大陆体育与美国体育是两种极其相似又存在许多差别的模式。同是欧洲大陆体育文化,斯堪的纳维亚的冰雪体育文化和希腊半岛的海洋体育文化差别也很大。

当然,体育文化模式也不是一成不变的,随着历史的发展、科学的进步和外来体育文化的影响,它也在不断地发展、变化着。最明显的例证就是长期以民族传统导引养生、武

术技击为主的中国体育文化模式，在近现代欧洲竞技体育的影响下发生的深刻变化。

(三) 体育文化传播是体育文化发展的重要动力

文化传播是人在社会活动中对文化的分配和享受，是人与人之间的文化互动现象。体育文化遵循文化的传播规律，也有自身的特点，体育文化传播是人类各民族文化交流的重要内容。恰恰是在这种传播交流中，体育文化得到了繁荣与发展。

体育文化的交流和传播都是双向的，但高势位的文化常常更容易流向低势位的文化。在体育文化的传播中，本位文化消化吸收外来文化的能力是一个十分重要的因素。如果一个民族的体育文化的消化吸收能力较强，那么它接收外来文化的能力也较强。

(四) 体育教育是体育文化得以传递的主要方式

这里讲的体育教育包括学校体育教育和终身体育教育两类。教育对体育文化的传播主要表现在继承和延续两个方面。必须将体育文化纳入教育之中，这不仅是教育的需要，也是体育文化的需要，从本质上说是人的需要。

体育文化在传播过程中还会不断增殖，两种或几种文化交流后，可能会产生新的文化形式。体育文化在传播过程中，社会参与度会不断增加，使固有的体育文化得到增殖，即得到新的发展。

第二节 体育文化的特征与作用

一、体育文化的特征

在体育中，身体活动的目的在于发展、娱乐或表现人的身体。从这个意义上说，它是人类对自身生命——身体进行"优化"的一个重要过程。

体育文化和其他文化一样反映了一个时代、一个国家或一个民族的特征，并规范着人们的体育行为，也影响着人们的价值观念。一般来讲，体育文化具有以下特征：健身性、娱乐性、竞争性、继承性、艺术性、地域性和民族性、国际性、全民性。

(一) 健身性

人类在早期就从生活实践的体验中得知，通过自身的肢体活动可以促进身体生长、发育，提高健康水平，祛病延寿，并且经过长期经验的积累、交流和传播，出现了一定形式的社会活动——人类早期的体育活动。例如，中国古代的拓关与举石、角抵、各类武术活动，以及各种祭祀活动中的体育表演。

实践证明，人们通过参加各种体育活动，就能发展机体的力量、速度、灵敏、柔韧、耐力等，提高有机体对外界环境的造就能力，从而促进身心健康、增强体质。但是要运用体育有效地促进健康、增强体质，还必须掌握科学锻炼身体的知识和方法，经常进行科学锻炼，即"动"必有序、"动"必有道。

（二）娱乐性

体育是人类创造的一种游戏与娱乐活动。体育游戏是人类最早的社会活动方式之一。早期的体育除了发展人类的体力之外，还有一个明显的目的，就是娱乐。人们在劳作之余玩角抵、赛跑、跳远、拳击、球类等，不仅可以舒展筋骨、恢复体力、活跃情绪，更能促使人类去发泄、去释放、去平衡，保持心理的平衡与健康。再者，人们在体育活动中既可以看到自己，也可以看到别人，实现互相学习、互相交流、重塑自我的目标。在现代社会生活中，体育运动日益成为人们改善生活方式和提高生活质量的重要内容，它为人们提供了一种积极、健康、向上的消遣方式，也给人们带来了无穷的乐趣。体育的娱乐性，按参加者在活动中的方式可以分为观赏性娱乐活动和运动性娱乐活动。观赏性娱乐活动是指人们观赏各种体育表演和比赛，特别是观赏竞技运动；运动性娱乐活动是指人们参与体育活动，享受其中的乐趣。

（三）竞争性

体育文化的主体成分是各种体育运动和竞赛，因此，竞争既是体育文化的鲜明特征，也是竞技运动的重要表现形式。对竞赛胜负的追求往往导致参加的团体或个人产生激烈的对抗，由此而引发相关人们的关注、激动或悬念等，也正是体育文化中的竞技成分吸引人们的地方。但是竞技运动的竞争是讲究规矩的、有章可循的，它形成了一整套放之四海皆准的规则体系。体育文化特别讲究"费厄泼赖"。公平是运动竞赛的灵魂和实践的准则，也是和谐社会对体育运动的要求。

体育的竞技性首先展现的是人类的竞争力。竞争力是人类最重要的生存能力之一，而体育活动的竞争性是人类竞争能力的一个非常重要的学习过程。其次，身体竞技是人类身体能力、智力与美的展示。人们参加体育活动，除了锻炼身体外，还有展示自己身体技能的一面。从心理学的角度讲，这个过程就是人类放松身心、愉悦身心、陶冶情操的过程。因此，竞争是体育的灵魂，没有竞争就没有超越，就没有创新和发展。

（四）继承性

体育文化的继承性是指体育文化通过人的形体及其动作、语言、文字、图像等媒介，在流淌的时间长河中得以代代相传的特性。诚然，体育文化的继承性并不是指一成不变的延续，而是在传递中有发展、融合和变异。体育文化的变异是指体育文化在历史发展的过程中发生内容、结构甚至模式变化的属性，如古代体育运动与近现代体育运动在内容、结构等方面的变化。这种变化是人们根据社会发展和人类自身需要对体育文化进行不断的选择和批判的结果，也是人们对体育的认识不断深化的产物。但是不论体育文化如何变化，它仍然保留着原有的某些特质。体育文化的继承性使体育文化的演进虽历经曲折仍不断地向前发展，如古代奥运会的兴盛与衰亡、现代奥运会的再度勃兴。

（五）艺术性

体育是一种艺术性突出的文化，尤其以竞技体育最为典型，它集健、力、美、技、艺于一体。高水平的比赛既是一种技术水平的较量，又是一种艺术的表演。高超、完美的动作，以及运动员矫健的身姿给人以艺术的欣赏和美的享受，令人回味无穷。

（六）地域性和民族性

地域性体育文化是指在一定历史时期下由于生存区域、生存环境、生产和生活方式、地理环境等差异而产生的不同的体育文化，如建立在大河流域发展起来的农业文明基础上的体育文化（中国的两河流域）与建立在海洋文明基础上的体育文化（欧洲等）是具有明显差异的。体育文化的地域性和民族性紧密相连，每个民族的体育文化由于地域的不同、文化积累与传播方式的不同、产生历史和发展过程的不同，都表现出鲜明的民族特征，如英国的户外运动、印度的瑜伽、韩国的跆拳道、日本的柔道、中国的武术及各民族传统体育等。从文化发生学的意义上讲，任何体育文化都是民族的。体育文化的地域性与民族性是全球体育文化的重要来源和重要资源，它使全球体育文化丰富多彩起来。正如吉尔兹提出"马赛克镶嵌"的说法，各种不同特点的地域体育文化组合在一起，镶嵌成为整体的人类体育文化图像。现代体育文化整合中的地域性和民族性特点，特别突出的表现是东西方体育文化的差异。

（七）国际性

体育的国际性是1896年法国著名教育家顾拜旦恢复奥运会后才出现的。从那时起，奥运会由原来的地区性宗教活动发展成一个国际性的体育盛会，体育已经超越了国界和语言，成为各民族间文化交流的工具。国际体育的组织之多、比赛之频繁、交往之广泛、影响之深远，是其他领域无法相比的。随着社会的发展，体育的这一特征将会越来越突出，逐渐成为推动世界一体化进程的重要因素。

从人类文化的整体看，不论哪一个地域或民族的体育文化都是属于全人类共同的精神财富和物质财富。体育文化与其他社会文化现象一样，在发展中表现出一体化进程加速的特点。由于不同地域和民族的体育文化在需求、运动方式、组织形式等方面具有同质性和同构性，因此，在人类社会发展的各个阶段，尤其是近现代，在各地域、各民族文化的不断冲突、碰撞、交融中，体育文化也在融合发展，其普同性的特点越来越凸显，许多地域性和民族性的体育文化成为了构筑现代世界体育文化大厦的重要构件，如英国的户外运动、古代奥运会等。一些独有的地域性和民族性体育文化也由于其特殊的文化价值受到世界的关注而具有全球化的性质，如少数民族体育等。

（八）全民性

体育的全民性表现为全民的积极参与。随着社会的不断进步和发展，人们从繁重的生产劳动中解放出来，利用更多闲暇积极参加体育锻炼，强身健体，愉悦身心；通过电视、网络、报刊、杂志等新闻媒体关心体育赛事，或者亲自到现场观看比赛。总之，体育已经日益成为人们现代生活中不可缺少的内容。

二、体育文化的作用

体育被认为是一种身体语言，国际体育比赛往往被誉为"国际语言"。前国际奥委会主席萨马兰奇曾经指出，金钱、政治、艺术、性爱、体育是世界上五种通用的语言，并且认为体育是最为迷人的一种。这主要来源于体育文化的身体活动特征和直观显性、场面宏大等特点。它使得体育可以超越国家、民族、阶级、宗教信仰、社会制度、意识形态等成为一种人类的文化现象。体育的这种亲和作用对人生价值乃至社会价值的实现具有超凡的意义。

（一）教育作用

人们创造的体育文化参与构成了人们生活的文化环境，并成为人类教育的重要组成部分，它不断地影响人的自我发展，塑造人的自身，发挥着教育和培养人的作用。在人的成长过程中，体育教育直接有效地培育人的体质，体育文化潜移默化地培养人的性格。从最初的坐、爬、站立，到后来的走、跑、跳、投、攀登、爬越；从人体肢体活动的技能和技巧，到参加游戏和观看、参与体育竞赛；从遵守活动和比赛规则，到养成良好的生活习惯和健康的生活方式等，无不与体育文化的教育和教养息息相关。

（二）传播文化作用

交流和传播是文化发展的一种重要形式，文化传播包括传承性和扩展性两条路线。

传承性是指文化在时间上传衍的连续性，即历史的纵向延续性。早期人类由于没有文字，人们主要通过身体的动作来记录和传承社会文明及种族之间的生存和生活技能。这种文明的传承方式中蕴含了大量的原始体育文化因素。人类进入有语言、有文字的时代之后，体育文化传承文化的作用仍然十分重要，一些大型的古代集会事件，常常是通过诸如中国古代的社火及西方的竞技运动会等方式记录并流传下来的。

扩展性是指文化在空间伸展的蔓延性，即横向传播的过程。体育文化的横向传播既在各社会群体和群体之间、群体和个体之间、个体和个体之间互相传递，又在国家和国家之间、民族和民族之间、地区和地区之间及国家、民族、地区三者之间互相传递。体育文化的交流和传播是通过体育活动来实现的，而体育活动离不开确定体育内容，实际上确定体育内容的过程就是选择文化的过程。人们只有将自己的体育认识、体育价值观、体育习惯、体育内容和方法等经过选择之后，并被长期实践证明是有价值的文化，才能进行有效的交流和传播。体育文化传播的内容从体育的精神文化，到行为制度文化，到物质文化无所不包，其传播过程与社会、政治、经济等层面的其他具体文化是互动过程。这就意味着，体育文化的横向传播具有广义文化交流和传播的意义，如奥运会的开幕式就是一种最集中、最突出的表现。

（三）凝聚作用

体育比赛，尤其是国际间的体育比赛，能把不同国家、不同民族、不同文化修养、不同信仰和不同政见的人们聚集到一起。百余年来，和平、友谊、进步的共同理想，把不同国家和民族的人们聚集在奥林匹克的五环旗下。体育文化的这种对人的凝聚作用是其他具体文化难以比拟的。体育文化的凝聚作用主要产生于体育文化的精神层面，由此产生的凝结是最深的、最强的，也是比较稳定的。体育文化的凝聚作用具有多层次性，相同的体育文化习惯，相同的体育运动项目的选择，会引起不同程度和范围的聚集。如喜欢踢足球的人们可能因为爱好聚集在一起，一群儿童因一个游戏聚集在一起，不过这种聚集是表层的、不稳定的。

(四) 吸收、创新文化作用

通过体育去融合、吸收各民族的先进文化是极为有效的。众多事实证明，当我们融合进世界体育的潮流时，就充满时代感，就繁荣发展；当我们游离于这个世界潮流之外时，就有封闭感，就深感落伍的痛苦。当前，开放的中国积极学习西方先进的体育文化，西方国家不断研究、借鉴东方体育文化的精粹部分，都是旨在通过体育文化去吸收、融合他国文化的特质，以繁荣和发展各自的文化。

现代体育还具有强大的创新文化作用，主要表现在：一方面，体育为社会文化的不断更新发展，提供身心健康、具有创造活力的人才；另一方面，现代体育与文化创造紧密结合，成为促进文化变革与发展的一个重要渠道。

(五) 调节、引导社会生活作用

在现代社会中，除了依靠价值观、道德观念等手段和方法，从意识形态和舆论上来调节、控制和引导人们的社会生活外，更需要用国家机器、法律等强制手段。但是这些调节、控制和引导作用是有一定范围的，不可能缓和、协调社会方方面面的矛盾，还需要依靠精神文化和行为文化来调控人们的社会生活和行为。体育文化已作为现代社会主流文化的具体文化，对道德和法律范围之外的社会生活和行为起着十分重要的调节、控制和引导作用。它能使不同价值观和道德观的人，甚至是不同意识形态的人，汇聚到共同的体育理想和共同的体育价值观下，实现社会矛盾的缓和与协调。体育文化的示范和导向作用，甚至可以使一些越轨的行为得到抑制。例如，近年来有调查统计表明，在奥运会等较大运动会召开期间，各国的刑事案发率明显降低。

第三节　体育文化的价值作用

一、体育价值的内容

体育价值即体育的功能（效用）与人类需要之间是主客关系。体育价值包括：①外在价值，包括体能的外在价值、体育知识的外在价值、运动技能的外在价值、快乐的外在价值；②内在价值，包括体能的内在价值、体育知识的内在价值、运动技能的内在价值、快乐的内在价值。

判定体育价值有三个标准，即内在价值的标准、满足的标准、一致的标准。体育价值的属性包括：①属人性和社会性；②客观性和主体性；③应然性和实然性；④局限性和拓展性。体育价值观主要是指消费者对体育、对人类社会的进步、对人类的健康和教育等方面价值的认识、评价或态度。换言之，就是人们能否真正认识到体育消费是人类社会文化进步的需要、健康的需要、娱乐的需要、工作的需要及幸福生活的需要等。

二、体育运动的价值作用

现代体育教育和世界教育的发展潮流是一致的。一百多年来，不但极大地丰富了体育文化，提高了体育在社会中的地位和价值，而且在促进人的"全面发展""协调发展""完善发展"中起到了重要作用。现代体育的价值主要可以通过以下几种运动形式充分表现。

（一）奥林匹克文化的价值

现代奥运会经过一百多年的发展，已经成为世界上无与伦比的最广泛的社会文化现象。现代奥运会精神文化的设计，是对古代奥运会的简单继承和发展。古希腊的竞技运动受到社会各界的广泛支持和尊重。竞技场上的优胜者不仅受到橄榄桂冠、棕榈花环和塑像等奖励，更重要的是他们像英雄一样受到故乡人民的崇拜，为他们举行盛大的庆典。

奥林匹克的格言是"更高、更快、更强"，它激励青年人奋发向上、超越自我，向着更高的目标迈进。运动员们勇于克服各种艰难险阻，付出辛勤的汗水去争取胜利的意志和品质对所有人都是一种启迪。奥林匹克精神是"互相理解、友谊、团结和公平竞争"，奥林匹克的最终目的是为建立一个和平美好的世界作出贡献。现代奥运会的五环设计要比20世纪20—30年代推进了一大步。体育文化的任务由感性深入到理性，从形体美深入到心灵美。体育文化的理性任务要求锻炼者在身体健美、身形均衡和体态端正的基础上达到意志品质高尚、身心尽善尽美的境地，并与艺术相结合。这种深入人心的心灵美，是一种更高层次的体育文化的理性价值。

（二）竞技体育文化的价值

体育与人类的生存、发展紧密相连，人类创造了体育，也创造了体育文化。体育文化是一种竞技运动文化。正是人类对这种竞技运动文化进行了改造，经济、文化才能不断地获得创新与发展。然而这些创新与发展是在众人不断的实践中完成的，并经历了与西方学者的社会变革的历史里程相对应的三个阶段，即宗教体育文化阶段、科学体育文化阶段和正在进行中的艺术体育文化阶段。

艺术体育摆脱了人类求生存的宗教体育文化和强身健体适应环境的科学化和功利性体育文化的特征之后，向着竞技与艺术相结合、形体美与心灵美相结合的形态发展。

（三）大众体育文化的价值

在人类文明的进程中，出于人类的共同需要，对人类自身生存、发展、享受的追求和关注一刻也没有停止过，正是这种大众体育文化在教育全球化的浪潮中的推动力最大，影响最为广泛，也最为深刻。这是因为大众体育文化给人类带来快感和美感，并给社会带来健康和活力。无论中国的大众体育还是西方的大众体育，都是以全面发展和和谐发展为根基。

（四）中国传统体育文化的价值

中国传统文化有着历史悠久、博大精深的光辉篇章，也是中华民族自强不息的象征。

自古以来，中国传统体育都是围绕养生为主开展的；人与自然的结合在于通过与自然的交换排除身体内部的浊气、吸取真气、五脏通达、六腑调和，并认为决定健康和长寿的根本在于人体的内部而不在于外部；中国传统体育文化在体育形态上强调整体观念和意念感受，动作简单而内涵深刻，很少有强烈的肌肉运动，因此缺少激进和冒险行为。随着东西方文化的交往，中国传统体育文化这种整体修炼和内在和谐之美，正在和现代科学相结合，形成新的独特风格而走向市场。

（五）校园体育文化的价值

校园体育文化作为学校教育的重要组成部分，在德、智、体、美、劳全面发展的教育方针中，在培养身心健康和具有创新精神及实践能力的社会主义现代化合格人才中具有十分重要的作用。

1. 古代校园体育文化

古代体育尚处在原始教育阶段，因此，还谈不上具有规模性的学校体育，当然也就说不上校园体育文化了，但它也表现了不同时代的体育文化现象。

2. 近代校园体育文化

我国学校体育从孕育到诞生经历了一段漫长的历史过程。从 1840 年开始，帝国主义用炮舰轰开了我国闭关自守的大门。随着军事侵略，国外传教士纷纷来到中国，建立教会、兴办学堂、进行体育文化渗透，并在校园里积极开展了各种西方体育活动。

3. 现代校园体育文化

"五四"新文化运动对学校体育的贡献在于对军国主义体育和国粹体育给予强烈的批评。与此同时，剔除了兵操内容，将体操课改为体育课，并引进西方体育。这虽然是文化流动的结果，但也引起了与传统体育文化的冲突。然而随着文化的不断融合，才逐渐缓冲下来。尽管如此，学校体育还是在封建道德观的束缚下举步维艰。直到新中国成立，学校体育才确立了增强学生体质的目标，并为学校体育的发展开辟了广阔的前景。

4. 当代校园体育文化

当代校园体育文化在坚持具有中国特色的社会主义体育教育方向的同时，既要发展中华民族传统的体育文化，又要引进国际先进的体育文化。为完成未来体育教育的使命，我国当代校园体育肩负着以下历史使命：

（1）树立健康第一的教育指导思想。要树立在生理上、心理上和社会相适应的全面性健康要求，并明确要求加强学生的心理健康教育和对社会的责任感，培养坚忍不拔的意志和艰苦奋斗的精神。

（2）为推行素质教育服务。体育教学中推行素质教育要更多地关注学生的个性发展，提高人文体育的素养，培养健康的人格，增强健身意识和品德修养，协调人际关系和合作精神。

（3）培养终身体育教育观念。终身教育是法国的保尔·朗格朗于 1965 年任联合国教科文组织成人教育局局长时提出来的。他认为，接受教育应当是每一个人从生到死永不休止的事情，终身教育是教育定向上的整合，终身体育是终身教育的一个组成部分。

（4）校园体育文化的多样性。校园体育文化的宗旨主要是培养学生的体育精神、体育意识和体育技能，提高体育文化素养，增进学生身心健康，并在此宗旨的指导下开展多种多样的校园体育文化活动。

三、体育运动与人的价值

体育在社会中的地位和作用表现为体育的价值，即指它能满足人类生存、发展享受需要的特定效用关系。

按作用的对象可以将体育价值分为个体价值和群体价值；按作用的范围可以将体育价值分为生理价值、心理价值和社会价值三个方面。体育价值的评定主要以是否有利于人的身心健康发展和社会进步，以及体育价值的质和量能否满足社会需要为标准。体育价值实现的深度与广度，既取决于客体本身的结构，又取决于主体活动的水平。

随着社会的经济发展、科学技术的进步和主体能动性、创造性和潜能的充分发挥，体育价值将会越来越充分地显示出来。人们对体育的认识所形成的价值观念也将不断地更新，价值取向和价值实现方式、手段、条件也将不断地提高，并日益走向科学化和现代化。人的价值可以通过各种方式在各种场合表现出来。体育运动为人们提供了显现价值的场所，在这里每个人都充分地显示了自己的价值。体育运动产生一种自然、自我、他人多层次的内在联系，人与自然在联系、接触、斗争的过程中，充分显示主体对客体的作用，主体的力量得以显现，使人的价值表露无遗；体育运动的竞争性又使人需要战胜他人、战胜自我，把个体的价值融于社会，其价值越大，越能充分显现。体育运动中人的价值的显现及提高，可以通过以下四个方面来体现。

（一）体育运动的经济价值

在社会主义商品经济条件下，体育经济在整个社会经济中是一种社会存在。体育作为一项生产性的文化事业，既有社会效益，又有经济效益。体育经济既是社会消费性经济，又是社会生活性经济，体育与社会经济的关系是相互的。马克思指出："我们把劳动力或劳动能力，理解为人的身体即活的人体中存在的，每当人生产某种使用价值时，就是运用的体力和智力的总和。"通过这段著名的论述，我们可以从人的劳动能力及其特征中明确以下三点：

（1）劳动能力存在于活的人体中，是同劳动力所有者分不开的。

（2）劳动能力只有在劳动中当人生产某种价值时才能发挥出来。

（3）劳动能力是人的体力和智力的总和。

由此可见，对劳动者的培养不仅应包括智力教育，还应包括身体方面的教育，使劳动者具有强健的体魄，以保证劳动者有充沛的精力投入生产过程，提高劳动效率。生产力的基本结构是教育和科学管理，它们都以人的体力和智力的结合为基本条件，而体育对于人体力和智力的发展及发掘具有直接作用。体育虽不直接参加物质生产，不出产社会物质产品，但劳动者因接受身体教育而增强体魄、增长相关的科学知识、形成多种身体技能，首先是体育运动参与者明显受益，而后表现为社会劳动生产率的提高、产品数量的增加和质量的提高。因而体育间接作用于物质生产过程所产生的经济效益是客观存在且不可低估的。

（二）体育运动的社会价值

体育社会化是社会主义市场经济发展的要求，是生产力发展到一定阶段的必然结果，也是体育事业自身发展内在规律的体现。在体育运动中，人们可以通过各种活动学习了解社会，学会适应社会，使自己成为一个生动的社会角色。随着社会的发展，各行业、各学科之间呈现出纵横交错、互相渗透的趋势，体育已逐渐成为最富有社会意义的事业。升国旗、奏国歌这种崇高的、特殊的、表示胜利者荣誉的形式，唯有国际比赛中才有，它最能激发人们的情感，最能增强民族自豪感。

现代社会里，体育运动深入社会每一个阶层，直到家庭和个人。随着社会生产力的发展和物质生活条件的改善，更多的人拿出更多的时间、精力和资金投入到发展完善自我的体育运动中去。这表明体育运动正在为人们建立崇高的生活目标发挥着重要的指点作用。

体育活动大多是集体的、对抗性的活动，在活动中人们加强了对集体、团体和家庭的信赖感，增强了安定感。体育运动总是在一定道德约束下进行的，竞技者必须用公正竞赛、团结拼搏的体育道德规范自己的行为，并在成功与失败、荣与辱、竞争与退缩、爱情与事业、个人与祖国，乃至生与死之间进行选择和定位。体育不单是竞技，它还是一项大众性的健身、娱乐文化活动，体育能增强体质、减少疾病、延年益寿，在体育文化日益显现出迷人的魅力之后，即被越来越多的人所接受和掌握。

体育作为一种将体质、意志和精神的教育有机地融为一体的综合教育手段，已成为培养全民族现代人素质的催化剂。古往今来，任何一项活动还从未像体育这样拥有如此广泛的参与者和长久不衰的民众热情。随着现代奥林匹克精神深入人心，亿万人健身强体，发展完善自我的参与意识，从来没有像今天这样强烈。各种体育比赛，能培养人们的顽强意志、竞争创新意识、协作精神、奋进拼搏精神，以及责任心、使命感和爱国心，并因此产生巨大的凝聚力、吸引力和感召力。

（三）体育运动带给人们的精神价值

体育给人们带来的不仅是精神上的享受，也是创造辉煌人生价值的启示，使人感受到生命总在运动发展中。体育发挥着一些艺术形式不能够产生的艺术效果和魅力，它既是一种高级文化活动，也是一片高级情感抒发地。在体育运动中，不仅个人的情感得到宣泄和抒发，也使社会得以和谐和稳定。

体育比赛紧张激烈的节奏扣人心弦，人们无时无刻不在进行着喜怒哀乐的情感交流，运动技艺的惊险性，比赛的对抗性，战术配合的准确性，稍纵即逝的偶然性，时间速度的节奏性，音响画面的艺术性，使人们欣赏到一种精彩超群的流动技术，极大地满足了精神上的需要。

激烈的体育竞争不仅是技术、战术、体力的较量，更重要的是意志品质的较量。像马拉松、铁人三项这类项目充分表现出运动员的意志品质。运动中人不仅要战胜自然、战胜对手，更重要的是战胜自我，这需要顽强的意志品质和坚韧不拔的勇敢精神。从体育运动发展史看，有许多人之所以被后人视为楷模，不仅是因为他们的运动成绩，主要是其意志品质。他们通过意志品质的表现，使其价值不断提高。因此，体育运动能够培养人的意志力、勇气、自制力、果断性、顽强性和纪律性，使人的观察力、记忆力、想象力、判断力、反应能力和心理素质都得到提高。

(四) 体育运动的社会健康价值

在现代社会里,体育的价值以前所未有的速度增长,体育的科学性也大大提高。体育对人的健康价值提高的同时,其内容也得到充实。过去主要用它来解决人的体质问题,后来发现许多身体的疾患来自心理,于是体育的价值便又在心理调节方面得以表现,现在又用体育来解决可能导致身心疾病的社会问题和生产方式问题。"在我们这个社会里,只要有钱,就能买到你想要买的东西,但只有一样东西你买不到,这就是健康,健康的得来需要付出一定的代价——顽强的意志,克服贪图安逸的惰性,艰苦的锻炼和流汗。"运动的作用可以代替药物,但所有的药物都不能代替运动。体育运动已成为现代人生活中不可缺少的重要内容,是健康长寿的一大法宝,养成运动的能力和习惯是终身健康的投资。

健康的价值观随着体育大量介入发生了变化,人们传统的营养观也发生了变化,以食品价格评价营养价值观转变为以合理的膳食结构评价营养的价值观。坚持体育运动与合理营养相结合,才能真正增强劳动者的体质。提高抵抗疾病和适应各种环境的能力,使身体健壮,精力充沛,从而提高劳动生产效率。

第四节　体育文化模式的构建路径

在当前我国经济、社会大发展的历史背景下,体育文化面临着结构性的转型与建构。其基本路径包括:挖掘和整理中国传统体育文化,使其向科学化、系统化和规范化转换;加强国际交流,组织更多高水平的国际赛事;将学校作为弘扬中国体育文化的主阵地;高度重视和大力促进中国体育文化的创新;以承办奥运会为契机,推进我国体育文化建设。

一、中国传统精神文化传承对现代体育文化发展的现实意义

以儒道思想为特征的中国体育文化在运动观、价值观上强调"以静养生""和谐对称""天人合一",与西方体育文化中的"运动健身""超越自我""竞争无限"等特点形成了鲜明的对比。中国传统精神文化将注重和谐、宽容、融入体育运动中,同时还努力将其提升到更高的生命品质,使之具备较为完备的道德与智慧,在促进人类物质与精神文明协调发展中发挥深远影响。这都是传统精神文化特有的魅力,将有助于克服和缓解现代体育文化中遇到的现实困惑。今以奥林匹克运动为最高形式的西方体育,在很大程度上左右着整个世界体育文化的发展方向,非西方价值观的一些文化形态要登上世界舞台或流行于世,将不可避免地遇到极大阻力。全球化趋势不可能使一切非西方体育文化完全趋同或消亡,文化独立性的保持是以文化自身的不断创新和加强自身发展为前提的。因此,中国传统精神文化在体育文化的发展中必须加强它的内核的独立性。体育文化必须在追求世界体育文化发展的趋势下,不断开拓自身发展的空间,要在相互借鉴和交流的基础上加强自身的创新性发展。我们通常把文化分为三个层面,即物质层面、制度层面和精神层面。首先,物质层面的文化最容易发生"趋同",一些典型的东方体育运动也在使用西化了的服

装、器械、设施等；其次，制度层面的文化，如体育比赛的规则、竞赛制度、体育训练的方法、体育管理的先进经验等；最后，精神文化或核心文化，表现在生命诉求、价值取向、思维方式、文化特质方面，这些文化的内核部分具有较强的稳定性，其核心价值不容易被"同化"或"趋同"。这也就是为什么在世界范围内民族文化仍然被广泛认同的根本所在。因此，在全球化背景下，体育文化的发展必须要在加强文化物质层面、制度层面交流的同时，加强精神层面的提炼和传承。21 世纪是全球化愈加深入的时代，以西方竞技体育为主导的现代体育文化将受到挑战，当代体育文化只有在不断地与世界各民族传统文化的相互交流、借鉴与融合中才能取得更好的发展。在全球化浪潮中，东西方体育文化只有在保留自身文化特质的基础上与其他民族体育文化交流和融合，才能在世界大舞台上大放异彩，促进世界体育文化的繁荣。

中国传统精神文化对平衡东西方体育文化的偏颇起到一种难能可贵的作用。从哲学意义上讲，以奥林匹克为核心的西方体育文化努力追求人类的可能性，即人类可以做到什么；而东方体育文化则要说明人类的必要性，即人类应该做到什么。西方体育主张"永无止境""超越极限""全力以赴"，而东方体育强调"适可而止""点到为止""不战而屈人之兵"，这两方面对于人类都是不可或缺的。西方体育以追求功利作为发展动力，在形成巨大社会文化运动的同时，要动用、消耗越来越多的社会资源，因此走上商业化、职业化和滥用违禁药物的道路是必然的。而中国传统精神文化强调"天人合一"，目标是修身、养性，主张内外俱练、神形兼顾、动静结合、刚柔相济等平衡、统一的原则，使中国体育文化更具有业余的性质，对不同性别、年龄、职业的人具有更强的适应性。当世界走向老龄化的时代时，老年体育必然会受到青睐，在讲究健康和休闲的今天，中国传统体育的价值更是不言而喻的。文化交流是推动历史发展的动力之一，而需要是文化交流的动力来源，对中国传统文化的需要是 21 世纪世界体育文化发展的趋势之一。

二、基于文化传承的民族传统体育模式构建

(一) 树立正确的指导思想

传统体育项目秉承文化传承的特色。体育改革是关系人民福祉、关乎民族未来的长远大计。面对资源约束趋紧、环境污染严重、生态系统退化的严峻形势，必须树立尊重自然、顺应自然、保护自然的生态文明理念，把生态文明建设放在突出地位，融入经济建设、政治建设、文化建设、社会建设各方面和全过程，以实现中华民族永续发展的思想理念作为指导思想，根据人们的身体状况、学习能力等情况，将传统文化有效地导入到传统体育实践过程中，在人们在进行民俗体育、传统武术等项目学习中，贯穿讲解相关的文化知识。只有突出民族体育传统文化特色，才能让人民不仅增强体质，更能够领悟到中国传统文化的魅力，起到修身养性的作用。

(二) 构建完善的传统体育体系

民族传统体育项目多种多样，不仅仅局限于太极拳和长拳上，我们需要根据现阶段高校开展传统体育教学中的具体项目，对教学内容进行有效的整合与分类，具体可以分为养生功法、武术、民俗体育和少数民族体育。其中，养生功法包括五禽戏、八段锦和易筋经

等；武术包括太极拳、长拳、武器等；民俗体育包括跳绳、舞狮、踢毽子等；而少数民族体育包括木球、搏克、珍珠球等。这些多元化的传统体育项目各具特色，我们应挖掘、整理中国传统体育文化，使其向科学化、系统化和规范化转换。

中国传统体育作为特定社会和农业文明的产物，既有积极的、精华的一面，也有落后的、消极的一面。所以对待传统体育文化要批判地继承，要勇于剔除，勇于抛弃，对于它的民族性精华要勇于吸收，大力利用。要在继承传统体育文化的基础上改革旧有的、落后的成分，要创造性地丰富和发展传统，寻求传统体育中的民族智慧，弘扬优秀的传统养生、娱乐、健身方法和健康向上、科学合理的优秀文化内涵，并赋予其新时代竞争与奋进的体育精神，使其在广泛开展的基础上走上完善发展的道路，创造出传统文化所缺乏而又为现代体育所必需的新成分、新内涵、新要素。借鉴现代体育科学的理论与方法，对一些特色鲜明、健身效果明显的传统体育项目进行加工、整理，使之既富有时代性又保持民族特色。比如我国的武术、围棋、龙舟竞渡、中国式摔跤、毽球、风筝等一批民族传统体育项目。要逐步使其向科学化、规范化发展，要从长远的战略眼光出发，选准重点，优先发展。此外，我们还要加强对中国传统体育项目竞赛规则的深入研究，建立健全各种竞赛制度。尤其是武术，以前我们过多地注重套路，向外人炫耀套路的数量，表演成分过浓，忽略了武术特有的文化内涵和竞技性。在挖掘、整理的基础上，我们还应把传统体育项目保存好、发展好、推介好。鲁迅先生说得对："越是民族的东西，越属于世界。"现阶段我国体育文化要与世界接轨，必须重新审视中国传统体育思想的价值所在，在保存好传统体育项目的同时，弘扬其精华。把传统体育中的互助友爱、包容和谐、自强不息、诚信礼让等思想发扬光大，做到古为今用，同时对中国传统体育进行深入的宣传与研究，通过多种途径，努力将中国传统体育文化的精华融入奥林匹克运动中去，并逐渐将条件成熟的体育项目推向奥运会和职业化。参与构建多元一体的世界体育文化新体系，补充与丰富现代体育的内容，从而发展中国体育文化，为未来世界体育文化的发展作出更大的贡献。

通过对这些传统体育项目的学习，不仅能增强人们的体质，更能够让人们了解传统文化知识，获得文化传承。例如，在太极拳学习过程中，行云流水的动作能够提高人们良好的品格，同时也能体会到中华武术中包含的谦虚、守信等道德情操。再如在一些民俗体育项目和练习过程中，人们还可以学习到中国民俗文化，了解体育项目背后的文化传承。

（三）突出传统文化特色，创新练习方式

在进行民族传统体育的传播过程中，应该重视体育学习健身、休闲的特点，让人们能够在健身锻炼的过程中体会到民族文化带来的知识冲击。创新练习方式将过去单一的练习方式改为多元化的模式。

国家体育总局应根据人们的年龄、性别、技能等，分别展示各种各样的传统体育项目，激发人们对传统体育学习的兴趣，引导人们更好地投入到练习活动中。另外，改变过去单一的动作示范，采用不同的方式向人们传播动作要领及背后的文化，如利用影片资料、影视资料等，还可以采用相互"切磋"、小组互助等方式，让人们更快地掌握动作要领。对于同一个体育项目的学习，也必须学会利用多元化的练习模式，还应该根据人们个体化的差异，采用不同的方式，保证绝大多数人掌握基本动作，并领悟背后的传统文化。

（四）加强国际交流，组织更多高水平的国际赛事

文化的发展离不开交流。中国是世界的中国，在当今这个开放的世界上，不同文化之间的相互交流、影响，甚至融合、互补是不可避免的，也是十分必要的。一个民族的文化必然要属于全人类。发展民族体育文化，应根据我国的具体国情，找出中国传统体育发展的生长点，利用自身的优势，加大普及宣传力度。为了使更多的人对中国体育产生了解和发生兴趣，必须通过各种电视媒体和互联网大力宣传中国传统体育的文化意义、实用价值和博大精深的文化内涵，逐渐扩大其影响。同时充分发挥竞赛杠杆的作用，如与世界运动会接轨、举办全国性的体育大会、民族特色的体育比赛及中国传统体育表演，并吸纳西方人参加，让他们感受到参与其中的乐趣，从而满足更多人不同层次的需要，也可以充分利用全国少数民族运动会、全国工人运动会、全国农民运动会等竞赛，宣传、推广我国民族传统的体育项目。

（五）将学校作为弘扬中国体育文化的主阵地

中国传统体育要想有更大的发展空间，必须先从学校抓起，在各级各类学校中开展传统体育文化教育。如今武术项目已经成为我国传统体育的典型代表，进入了大、中、小学的体育课堂。为了更好地加强武术教学，必须从体育的教材和教学内容等方面增加武术教学的比重，从师资的培养上加强对中小学武术教师的倾斜，同时教师要把与传统体育项目有关的内容纳入学校体育课程中，使中国传统体育与现代体育互为补充，使传统体育具有更加持久的生命力。只有中小学生都"习武"，了解武术的人才能逐渐增多，学生们离开校园、走向社会才会形成良好的"习武"的社会体育文化氛围。其次，还要在群众体育和竞技体育中大力推广、普及传统体育项目，动员各种媒体广泛宣传传统体育项目深层次的文化内涵，充分挖掘、整理民族传统体育中具有健身、娱乐、教育性的内容，并加以弘扬，为传统体育寻求新的发展形式。建立"中国体育节""奥林匹克日"，举办体现世界体育文化互补互动的一系列教育活动，使中国传统体育精神在更广的范围内得到普及。只要我们善于找到中西方体育文化的最佳结合点，寻求新的体育发展思想方法，并将其恰到好处地运用于体育教学实践中，就会更有效地发展中国民族体育，提高我国民族传统体育项目的知名度，为中华民族传统武术早日登上奥运体坛奠定坚实的基础。

（六）高度重视和大力促进中国体育文化的创新

民族文化要屹立于世界文化之林，最重要的是突出文化上的超越、创新。创新是一个民族进步的灵魂。任何文化都有自己的缺陷，都有自己未能解决的问题，因此，一种文化要不断走向全面，就必须具有开放的气度和创新的精神。民族文化的发展无疑是以继承为主线的，但继承并不排斥超越。我们既要承认传统，又不能守旧。事实上，文化的发展绝不只是原有内容的重复和传播，而需要不断地创新。文化的兴衰，全在于创新与否，没有创新就等于没有了发展和生命，没有创新就等于倒退，就不能适应新形势的变化。所以，真正的继承必然是有所超越而又不失自身传统特色的。民族体育文化要在未来世界体育文化中占有一席之地，不致成为前进发展的阻力，就必须在继承中创新发展。英国作家汤因比在对人类历史上若干强盛文化兴衰过程的调查中发现，凡是依赖已成功的经验应对新的

挑战的文化都被一一淘汰了，只有不断地更新自身的文化，对新的挑战作出创造性的应答，文化才能保持旺盛的生命力。所以，我们要以世界先进体育文化的水准来重新审视并合理超越本民族的文化，既不能脱离自己的历史传统，也不能脱离世界体育文化的轨道，要走吸收古今中西体育文化之长、创造适应时代需要的新文化的道路。在创新的同时，中华民族应该有自己的主体文化，应当有自己鲜明的特点，有自己的风格，有自己的文化精品。要保持自己文化上的独立性，而且不排斥吸收西方体育文化中有益的成果。实际上，任何一个国家和民族体育的发展都不可避免地存在对外来民族体育文化的吸收和融合。比如我国篮球运动赛制的改革，就是依据 NBA 的模式取得了不错的效果。但是吸收不等于照搬，还必须结合中国球员和中国市场的实际自主创新，找到适合中国国情的篮球运动模式，CBA 才能焕发持久的生命力，才能像 NBA 一样具有美好的前景。如果一味地引进、模仿，只能是缺乏后劲、缺乏自主性，就永远难以摆脱落后的局面。因此在吸收融合的过程中，我们应根据本民族体育发展的需要，借鉴和学习西方体育文化中最前沿的体育成果。不仅可以移植西方优秀的运动项目，如赛车、马术、网球、棒球及休闲体育中的攀岩、滑翔、蹦极、沙滩排球、漂流等项目；而且还要借鉴和吸收西方的体育观念，如竞争观念、自我价值的表现等观念；还要吸收和借鉴西方先进的管理方式，如体育俱乐部制、职业化等，并使之融入本民族的文化之中加以升华。只有这样，才能不断地丰富和发展我国的体育文化，使其生生不息、充满活力。同时，在学习和借鉴过程中，任何一个国家和民族都不应该放弃和贬低本民族历史悠久的传统文化，哪怕它现在还是一个经济文化并不发达的国家。在中国体育文化的发展过程中，还要全面找寻中华民族创新能力的自信，提升我们的文化竞争力。21 世纪将是一个依靠创新赢得竞争优势的时代，在坚持独特个性的基础上坚持创新，寻求新的发展，正是中国体育文化建设的希望，以及中国体育文化发展的希望。

（七）以承办奥运会为契机推进我国体育文化建设

2008 年北京奥运会是弘扬我国崇尚自然、以人为本、天人合一等体育观念，展示我国体育运动水平乃至综合国力的过程，也是中西方体育文化大交流、大融合的过程，还是吸收和借鉴西方优秀体育文化的良机，同时也为中华民族传统体育步入世界体坛提供了千载难逢的好机会。因此，我们应以 2008 年北京奥运会为模板，大力推进我国体育文化建设。一方面大力弘扬本民族体育文化，弘扬符合社会发展的人文精神，加速对传统体育项目的研究和推广，让中国体育文化走向世界，与西方体育文化交流、融合，努力将中国体育文化中的精髓融入奥林匹克运动之中；另一方面又要对西方体育的活动方式进行加工改造并有选择地吸收，西方体育文化作为世界先进文化的一部分，可以加速我国体育文化的改造，使中国体育文化不断获得新的文化血液，加快推进中国传统体育跻身世界体育行列的步伐。同时，为使中国体育在 21 世纪能健康发展，我们必须正视目前奥林匹克运动发展中存在的问题，如过度商业化、滥用兴奋剂、职业性腐败、球场暴力和过分强调比赛成绩从而忽视心灵的提升及身心的和谐发展，甚至以牺牲运动员身体健康为代价去获取金牌和奖金等。针对这些问题，我们在推进中国体育文化建设的同时，要积极构建具有人文关怀的社会体育氛围，应以人为出发点，把保护运动员的健康和人身安全放在第一位，突出体育运动中运动者的主导地位和核心价值，把运动者的发展与完善作为体育运动的出发点与归宿，同时要大力宣扬"公平、公正、公开"的体育精神，回归体育运动对于运动者身心健康和精神娱乐的价值属性，谋求运动者身心和精神各方面的均衡发展，实现"更健康、更人性、更欢乐"的体育运动价值理想。鉴于此，我国在申奥时及时提出了"人文奥运"的口号，倡导体育运动要人文化，其目的就是要用中国的优秀文化丰富奥林匹克的思想理念，用中国文化特有的深厚底蕴丰富奥林匹克文化的内容，使奥运会真正起到服务于人的和谐成长与社会和平发展的作用。并在此基础上，走出一条可持续发展的现代体育文化之路。

举办奥运会是一个国家融入世界、同世界接轨的最好桥梁，但中国走向世界并不是以走向奥运会为唯一标志的。中国应该以自己的方式和自己的文化特色走向世界。假如我们的中华武术按照奥运会的模式走向世界，就会失去武术自身的民族特色和文化内涵，就等同于西方一般的体育项目，因而也就失去了它走向世界的意义了。但是中国运动项目列入奥运会是我们努力的方向，尽管在它的世界性和全球化发展过程中已经开始融入和接纳其他的文化，但融入的进程和发展的速度仍是非常艰难和缓慢的，需要我们的耐心和努力。同时，借 2008 年北京奥运会的成功举办，针对我国体育发展的现状来规划中国体育全面振兴的战略。我们选择了将中西体育文化的结合作为筹办这届奥运会的总体构思，在设计以西方体育项目为主体的奥林匹克运动发展的同时，实现我国民族传统体育项目的进一步普及化、科学化发展，把体现中国体育文化特色建立在世界体育文化这个大主题的基础之上，最终实现奥林匹克运动的普及与中华民族传统体育的伟大复兴的共同繁荣。只有这样，中国人对国际奥林匹克运动的贡献才会有真正的价值和意义。随着中国体育文化的崛起，中国传统体育文化将以其鲜明的民族性受到世界各国人民的喜爱，中国体育文化将会越来越受到重视。它将顽强屹立于世界体育文化之林，就像北京大学季羡林教授所说："21 世纪将是东方文化——以中国文化为主、为基础——的世纪。"

第三章　农村体育发展概况

我国是一个农业大国，农村人口众多。因此，从某种程度上来说，农村人口身体素质的高低，不仅关系到整个中华民族素质的高低，还直接影响到农村经济和社会的发展。

农村体育作为促进农村社会物质文明和精神文明建设的有效手段和重要载体，在农村广泛开展体育活动，普及体育文化知识，对提高农业劳动生产率，促进农村经济发展，提高农民的思想道德素质、科学文化素质和身体素质，加强农村精神文明建设，引导农民形成健康、科学、文明的生活方式，都具有重要的意义。然而由于种种原因，我国农村体育事业的发展比较落后，对农村体育事业的研究整体上还处于起步阶段，理论研究基本上处于空白。

第一节　农村体育概述

一、农村体育的概念及其内容

所谓农村体育，是指在县及县以下广大农村开展的，以农民为主要参加对象，以增强体质、丰富社会文化生活为主要目的的群众性体育活动。按照我国规定，县及县以下的体育工作统称为农村体育工作。就其内容来说，农村体育所涉及的内容主要包括农村社区体育、农村学校体育、小城镇体育及少部分竞技体育。

（一）农村社区体育

所谓农村社区体育，是指居民在以自然行政村落为主要体育健身范围的区域社会里，人们自发地或偶有组织地进行体育健身娱乐活动。它具有以下三个特点。

1. 对自然环境的依赖性较强

农村是相对于城市的称谓，是生产力发展到一定阶段的产物。农村主要以农业人口为主，人口居住点分散，人口密度稀疏，生活方式受自然环境影响极大。通常来说，农民的衣、食、住、行乃至生产方式都离不开自然环境，在很大程度上属于"靠天吃饭"，尤其是西部地区和交通不发达的地区。俗语说"靠山吃山，靠水吃水"，这句话道出了农民与自然环境密不可分的依赖关系。农村社区体育也不例外，对自然环境的依赖性比较强。

由于农村社区体育对自然环境的依赖性较强，所以在不同的地区，农村社区体育活动项目是不同的，如地处亚热带的农村，气候较热，终年无雪，就无法开展滑雪、滑冰运动；地处山区的农村，游泳、龙舟、跳水、潜泳等活动就受到极大的限制。因此，不同的农村社区，其体育活动项目是不同的，在发展农村社区体育时，一定要依据实际情况选择有利于本地区发展的体育项目。

2. 受农业生产的影响较大

自然经济是我国农村的社会基础，农业生产直接影响着农村社区体育活动。众所周知，农业生产有个农时问题，季节性较强，一旦错过时令就会影响农作物的生长，进而影响农民收入。也可以这样说，不耽误农时，就是不违反农业生产的时令规律。春耕、夏种、秋收、冬藏，都有严格的期限，这种季节性限定了农村体育活动的规律。所以，农民开展体育活动，多数采取"农忙少搞、农闲多搞、大忙停搞"的方法。在我国少数民族地区，农民利用传统节日开展各种体育活动，而这样的体育活动大都在农闲时举行，如蒙古族的"那达慕"、藏族的"望果节"、壮族的"三月三歌圩会"、苗族的"耍花山"等。

农村社区的劳动场所，通常也是体育活动的场所。农村社区体育还与农业生产工具密切相关，许多劳动工具常被作为体育器材使用。例如，绳子是农村常用的工具，通常它都是用来捆绑农具的，而在农闲时节，农民用它来开展跳绳比赛。在农闲时节开展的体育竞赛中，劳动果实又往往是体育竞赛的物质奖品，对比赛的优胜者，多奖励实物。例如，蒙古族人民最喜欢摔跤，中华人民共和国成立前，获得蒙古摔跤冠军的人可以获得骆驼、马、牛、砖茶等，全是实物。

3. 血缘性和地域性比较明显

从中国村落的形成来看，中国村落具有浓厚的血缘性和地域性特征。人们常说，家庭是社会的细胞。在农村社区，家庭既是生产单位，又是生活单位。因此，它是农村生活方式的基本社会组织形式。体育作为文化生活的内容之一，渗透到家庭生活之中，必然也受到血缘性和地域性的影响。例如，我国传统的体育项目——武术，就有较强的血缘性和地域性特征，在我国广大的农村地区，许多武术运动都是在农村的家庭或姓氏家族中开展的，其中有的以姓氏、内外家划分，有的以农村地区划分，也有的以农村社区的山脉、河流划分，从而形成了武术的不同流派。

（二）农村学校体育

农村学校体育是指在以农村学校教育为主的环境中运用身体运动、卫生保健等手段，对学生施加影响，促进其身心健康发展的有目的、有计划、有组织的教育活动。农村学校体育具有以下的特点。

1. 地区差异性较大

从东西部的划分来看，农村学校体育的地区差异性较大，这种差异性主要表现如下：

（1）东部地区在教育投入、教育观念及师资队伍上要优于西部地区。其原因在于：①农村经济发展不平衡，经济差距决定了农村体育教育发展水平的差距；其次，同处西部地区的农村学校在人生观、价值观和体育意识等方面存在差异，虽然同处西部，但由于交通、政策和人们观念等因素的影响，各地区的教育状况也存在一定的差距。

就农村体育文化和地域环境而言，在西部地区农村中小学进行素质教育也有自己的优势可利用。通过基础教育，培养他们正确的人生观和价值观，树立终身体育的意识。如何充分利用西部地区独有的自然资源与地域文化资源，将农村本土文化与自然环境有机结合起来，是农村学校体育教育发展的一个重要课题。

2. 教学内容的选择具有个性化

在一些地区和村落，体育活动的内容相当丰富，尤其是少数民族聚居地，传统项目更加丰富多彩。例如，壮族和传统体育项目就有抢花炮、抛绣球、板鞋竞速、打扁担、踩风车、壮拳等，其他体育活动也很流行。这些传统体育项目有着坚实的地方基础，赛事也多，这样的体育项目更能激发学生的学习兴趣，使广大学生乐于接受。同时，这些体育项目还有较高的锻炼价值，有益于学生身体健康和终身体育意识的增强。如果按"统一性"的要求，而不考虑当地的实际情况和学生的学习兴趣，所有教学内容都是千篇一律的话，那么，学生会渐渐失去学习兴趣。还有像学生喜爱的爬山、打布袋、攻城、跳方格等带有地方特色的体育活动，按传统观念，这些体育活动被看作体育教学内容的异类，不能登大雅之堂，被拒之于体育课堂之外。这样的错误观念和认识使体育教学付出了不小的代价。枯燥单调的教学内容伴随的是呆板、苛刻而又细腻的技术要求，庄重、严肃而又沉闷的课堂气氛，让学生在体育课上盲目又机械，逐渐使学生丧失了上课的主动性和积极性。为保护和传承民族体育文化，学校体育教学内容的设置应根据当地的实际情况，有选择性地开展有利于学生身心健康的体育项目。

(三) 小城镇体育

小城镇体育是指以小城镇社区的各种组织为主要管理主体，以辖区内全体成员为主要对象，满足人们的娱乐与健身需求而开展的各具特色的区域性群众体育。其中包括民间内容丰富、形式多样的民族传统体育，如带有地方特色的传统体育、具有现代体育特征的小城镇学校体育、具有现代竞技体育特征的小城镇竞技体育，如小城镇企事业单位及小城镇社区开展的各种体育比赛等。它具有以下特点。

1. 结合性

小城镇体育的结合性主要体现在它与乡镇企事业单位、农村体育、大中城市体育及小城镇学校体育的结合上。①小城镇体育与乡镇企事业单位的结合：小城镇体育是连接农村体育与城市体育的纽带，它的活动内容要比农村体育丰富，活动氛围要比农村体育活跃；②小城镇体育与农村体育的结合：我国农村体育是在农闲时节和传统节日下发展起来的自发性群众体育，并经过地方政府或社团组织通过村与村、乡与乡、镇与镇之间的体育竞赛而趋于成熟，它承担着农村体育发展的重任；③小城镇体育与大中城市体育的结合：20世纪90年代以后，中国群众体育进入了以城市体育快速发展为特点的新阶段，处于农村体育和城市体育结合地带的小城镇体育已成为中国群众体育发展的重要力量；④小城镇体育与小城镇学校体育的结合：小城镇学校的体育设施、场地器材、师资队伍等同小城镇其他组织相比，具有较强的体育资源优势。有关研究表明，在我国小城镇体育的发展进程中，各地区特别是西部地区结合本地实际正在充分利用这一优势，并且取得了一定的经济效益与良好的社会效益。

2. 区域性

小城镇体育的区域性同我国的基本国情密不可分。我国各地区在经济、文化、科技等领域差距较大，因而使得各地区的小城镇发展程度也不尽相同。特别是作为一种小城镇社区文化现象的小城镇体育，其管理体制、体育人口和活动内容与活动形式，也必然要随这种差异而表现出明显的区域性特征。

3. 时令性

小城镇源自于农村社区，因而农村社区居民的生活方式及其观念必然影响到小城镇居民生活的各个层面，特别是农村社区居民生活的时令性，使小城镇体育的活动内容与活动形式在很大程度上随季节而发生变化。

（四）竞技体育

竞技体育是指在全面发展运动员身体，最大限度地挖掘和发挥人在体力、心理、智力等方面的潜力，以提高运动技术水平和创造优异成绩为主要目的的一种体育活动。竞技体育作为人类的一项社会文化活动，与其他文化现象相比，有其自身的特点。

1. 竞争性

众所周知，竞技体育是较量运动员竞技能力高低的体育活动，激烈的竞争性是竞技体育区别于其他体育活动的最本质的特点之一。竞技体育的参加者总是力求最大限度地发挥自己的潜能去战胜对手，争取比赛的胜利。竞争性是竞技体育不断发展的杠杆，它增加了比赛胜负的不确定性，使得竞技体育更具魅力。

2. 公平性

在体育比赛中，如果没有公平、技术、技巧就大打折扣；如果没有公平，比赛就失去了意义；如果没有公平，体育竞赛就难以进行下去。因此，体育比赛应在公平、公正的条件下进行，也就是说，竞技体育比赛应该合乎规范，不偏袒任何一方的参赛者。为保证运动员公平、公正地进行竞争，首先要制定出体现公平并为公众认可的竞赛规则。同时，竞赛的组织者要对比赛项目、时间、地点、场地器材及运动员的参赛资格、参赛行为及比赛组织裁判工作作出公平而明确的规定。

3. 规范性

现代竞技体育不仅需要运动员具有良好的身体素质和心理素质，更需要运动员具有高度完美的技艺和战术，否则就难以取得比赛的胜利。高度的技艺性是竞技体育赖以生存的基础，但高度的技艺又是以对技术、战术和各种训练的规范性要求为前提建立起来的，它要求运动员在平时的训练中就要形成动力定型。除此之外，竞技体育的规范性还表现在各个竞技体育项目竞赛规则、竞赛规程等制约机制的规范性和竞技体育全方位管理的规范性等方面。竞技体育的规范性是其不断壮大并越发国际化的基本条件。

4. 协同性

竞技体育是一种高度组织化、协同化的群体行为，竞技体育每一个目标的实现，都是以运动员、教练员为主体的有关人员通力协作的结果，也是科研人员、管理者、队医、家长等全力配合的结果。在集体运动项目中，这种协同性表现得更加突出。竞赛活动的进行，不仅需要运动员、教练员与裁判员彼此之间的默契配合，还需要参赛单位、竞赛主办方、观众等各方面的相互理解与合作。

5. 公开性

现代科技的迅猛发展，尤其是网络技术的普及和应用，使得国际重大比赛活动同时吸引全球数以亿计人们的关注。竞技体育具有比一般社会活动更为公开的特点。新的运动技术和训练方法，那些赛前设定的比赛制胜的"秘密武器"，一旦在比赛中亮相，会立即成为大家共享的财富，也会成为被对手利用战胜自己的武器。正是由于竞技体育的这种公开性，才促进竞技体育的不断创新和发展。正因为如此，竞技体育才受到社会舆论的监督而保持良性运行的机制。

6. 观赏性

竞技体育蕴含着丰富的美学价值，这些美学价值深深地吸引着成千上万的观众来观看比赛，有的来欣赏比赛的技术之美，有的来欣赏战术之美，还有的来欣赏动作之美。通过竞技比赛，不仅参加者可以通过表现自我并战胜对手而获得胜利的喜悦，而且观众可以通过观看体育比赛，从日常紧张的工作和生活中解脱出来，获得一种轻松的感觉和美的享受。目前，观看体育比赛已经成为广大群众业余时间最好的休闲方式之一。

7. 功利性

对于参与竞技运动的运动员来说，它不再像平时游戏和娱乐那样，仅仅是为了个人消遣和娱乐，竞技体育的功利性引导他们获得相应的社会地位和经济地位，同时也成为他们生活中艰苦训练的动力和压力的源头。正由于竞技体育的功利性特征，带来了世界范围内职业体育的空前繁荣。

二、农村体育的特点分析

（一）对象的广泛性和开展活动的艰巨性

农村体育是以广大农民为对象，具有广泛性，但地区分散，经济基础比较薄弱。就全国来讲，不少地区既缺少活动场所和体育器材，又缺乏组织领导，农村中的干部和群众对体育健身的认识还很不够。要使大多数农民能自觉地、科学地、有组织地开展健身活动，是一项十分艰巨的任务。必须将同农村经济发展相适应的长期的战略目标和近期的工作任务相结合。

（二）活动时间的业余性和组织比赛（表演）的集中性

群众体育活动的主要目的是锻炼身体、陶冶情操，活动都是在业余时间进行的。但是农村地区分散、交通不便、指导技术力量薄弱，为了引导和组织农民进行活动，提高他们的兴趣、启发他们的自觉性和锻炼的科学性，必须集中一定的时间或举行比赛，或举办表演，或开办学习班等。

（三）地域性

甘肃省农村地域辽阔，民族众多，在不同的历史时期，不同地区形成了形式多样的传统的区域性体育文化，如盛行在甘南藏族地区的锅庄舞、赛马、大象拔河等少数民族体育活动。即使是汉族，由于自然地理环境的不同，也同样形成了各具特色的地域性体育文化，像流行在天水、秦安地区的"排子棍"、扭秧歌等体育活动。所有这些体育活动都是经过人们的长期实践、演变和丰富后流传下来并受当地居民崇尚和喜爱的，也是同他们的生产生活密切联系的。正是这些地域性的体育活动，成为开展甘肃省农村体育的重要内容。

（四）组织活动的灵活性

绝大多数农村居民的生产生活具有很强的季节性，农忙时节主要从事"日出而作，日落而息"的农业生产，只以通过社区广播宣传一些诸如饮食卫生、健身防病等方面的理论知识为主，农闲时节才能有计划地组织一些全民体育锻炼、体育竞赛等活动。这样灵活多变的组织形式是由农村居民具体的生产生活条件决定的。

（五）服务对象的同质性

农村体育的服务对象为农村全体居民，而这些居民由于祖祖辈辈生活在相对稳定的地域空间，他们具有相同的文化背景、相同的生产生活方式、相同的村规乡俗，形成邻里、血缘、朋友、亲属等各种互动关系。社会学家将这种村庄之类的"社区"称为初级群体。虽然在社会转型时期，这种初级群体已有解体的趋势，但随着人们生活水平的提高，人们更加注重生活质量、精神享受和对健康的追求，在体育这一人类高尚的文化现象面前，又会被整合为高度的统一。

（六）明确的目的性

目的是人们对某一事物希望实现的目标。体育作为人类共享的一种文化形态，被人们赋予一种强身健体和人的全面和谐发展的愿望。当今社会，无论是城市还是农村，对体育提出了比"增强体质"更高的要求，不仅是增强体力，而且更为重要的是通过体育运动促进人的身心健康及提高社会适应能力。所以农村体育不再是以前的"汇报工作"或所谓的"政绩工程"，而是踏踏实实地以增强居民的体质、促进居民的身心健康和丰富社区文化生活为目的的"生活体育"和"基础工程"，进而促进农村社会和谐发展，为社会主义新农村建设服务。

（七）功能的多种性和效益的社会性

开展农村体育，增强了农民体质，改善了人际关系，增进了感情交流，扩大了活动区域，促进了社会稳定，提高了生产效率……体育的多种功能在农村这个广阔天地里发挥得越充分，对全社会的影响和对公众的吸引力也越强大，使之在经济领域发挥着越来越大的媒介和桥梁作用。优秀的企业家和社会管理家纷纷借助体育拓宽商品流通领域，取得良好的社会效益。

三、农村体育的人物和目标

我国在 2002 年 4 月 12 日颁发的《农村体育工作暂行规定》（以下简称《规定》）第四条指出："农村体育工作的基本任务是：贯彻国家有关体育和农村工作的法规及方针政策。发展体育事业，增进农民的身心健康，培养有理想、有道德、有文化、守纪律的新型农民，建设社会主义新农村；紧紧围绕发展经济、建设小康社会的目标，全面落实全民健身计划，大力倡导和推广适合农村特点的科学、文明、健康的健身方式，提高农民的生活质量；健全业余训练体系，发现和培养优秀体育后备人才；加强农村体育场地设施建设和管理，改善和提高群众体育健身的物质条件；发展体育产业，培育和发展体育市场；促进农村经济和社会的协调发展，为农业和农村工作服务。"同时《规定》第三条指出："农村体育工作应当坚持从实际出发，以农民为主要对象，以乡镇为重点，面向基层，服务农民；以开展全民健身活动为基础，以加强体育设施建设、繁荣农村体育为中心，深化体育改革，推动体育发展，不断满足广大人民群众日益增长的体育健身需求，提高农民身体素质，丰富农村文化生活，为农村两个文明建设服务。"所以，我国农村体育的目标应该是不断满足广大人民群众日益增长的体育健身需求，提高农民身体素质，丰富农村文化生活，为农村两个文明建设服务。

第二节　农村常见的健身项目

一、农村民族传统体育

（一）太极拳

太极拳是我国武术宝库中的一个拳种。它结合"拳术"（手法、眼法、身法、步法的协调动作）、"吐纳术"（吐故纳新的腹式深呼吸运动）、"导引术"（俯仰屈伸的肢体运动）三者成拳，实为"练脑、练气、练身"的健身之法。

练脑、练气、练身（即意识、呼吸、动作）三者密切结合，始而意行，继而内动，再之外动，全身内外动则协调发展，构成了太极拳健身方法上的整体性和内外统一性，从而达到增强体质的目的。

太极拳在我国源远流长，并在长期的实践过程中不断创新，派生出了多种流派，如有杨式、陈式、吴式、武式、孙式等；新中国成立后，新编了简化太极拳、八十八式太极拳、四十八式太极拳等。各种太极拳的基本风格和技术结构大同小异，练习时均要求心静意专、呼吸自然、中正安静、柔和缓慢、圆活完整、协调连贯、轻灵沉着、虚实分明。

太极拳不仅是有群众基础的健身法宝，而且广泛应用于我国医疗体育，深受中外医学界和体育界的重视。

（二）太极剑

太极剑，属剑术套路之一。太极剑术是我国优秀的传统武术项目之一，历史悠久，有十几个流派。太极剑的动作包括抽、带、撩、刺、挂、点、劈、截、托、扫、拦、抹等主要剑法和各种身法、步法。可以单人练习，也可以集体练习。

太极剑是太极门中的短兵器，属内家剑法。其剑法特点是剑走轻灵，尚巧妙，以静制动，后发先至，以柔克刚，避实击虚。太极剑套路结构正是以此为原则，剑法细腻，结构严谨，演练起来轻柔和缓，舒展优美，攻防结合，因而成为深受群众欢迎的运动项目之一。

（三）体育气功

体育气功是医疗与体育结合的健身运动，也是气功的一种派别，在我国有悠久的历史。它是用入静和调节呼吸相结合，进行身体锻炼和防治疾病的方法。气功锻炼是要发挥人的主观能动性，调整肌体的机能，控制肌体的活动规律，以达到肌肉放松、精神安定、思想入静，并在此基础上进行呼吸的自我锻炼方法。

气功和一般体育运动不同，它不追求短期内身体的激烈运动，而是有意识地按练功原则，循序渐进，慢慢地控制活动，缓和情绪反应，使人处于非常舒适安静的境地，从而调整肌体的生理功能。

所谓"气"，主要是指人们呼吸的空气和人体内的"元气"。所谓练气，就是指锻炼人们内部的元气。气功就是一种锻炼元气、增强体质的功夫。气功分为静功和动功。静功包括坐、卧、站等姿势，用调息（即一呼一吸为一息）、意守（练功时把意念活动集中在自己身体的某一部位或空间的某一实物，或者意想某一词义）等法，如放松功、强壮功、内养功等。动功为柔和而有节奏的肌体活动和自我按摩等方法。

气功一般包括调身（姿势）、调心（入静）、调息（呼吸）三方面，这三方面是相互制约、互相影响的，对机体的影响是整体性的。气功对人体的各种器官和许多系统均有良好的作用。

（四）武术运动

武术运动起源于中国，历史悠久，内容丰富，形式多样。它是以动作为主要内容，以套路和格斗为主要运动形式，注重内外兼修的中国传统体育项目。在漫长的发展过程中，武术一直深受我国传统文化的影响。从它的形成、内容和方法上看，都体现着中国古典的哲学理念、美学思想、兵法思想、伦理道德等丰富的传统文化。近年来，竞技武术的发展逐步融合了西方体育的竞赛模式，使武术的竞技体系更加完善，成为世界体育的一部分。

武术主要包括套路和搏斗两种运动形式。武术套路形式有拳术、器械、对练和集体项目。拳术主要包括长拳、南拳、太极拳、形意拳、八卦掌、通背拳、地躺拳等；器械有刀、剑、棍、枪、双刀、双剑、九节鞭、三节棍等；对练项目分为徒手对练、器械对练和徒手对器械三种类型；集体项目是多人进行拳术、器械演练的形式。搏斗运动是两人在一定条件下按照一定的规则进行斗智、较力、较技的实战练习形式，主要包括散打和推手等。这些不同的运动形式，不仅体现了武术的攻防格斗、内外合一、形神兼备的运动特色，还具有内容丰富、优雅美观、节奏鲜明的风格特点，具有广泛的适应性。武术的作用主要表现在壮内强外、提高防身自卫的能力、培养道德情操、丰富文化生活等。

武术的内容和练习形式丰富多样，不同类别的武术项目，其练功方法、动作结构、技术要求、运动风格和运动负荷不尽相同，分别适应不同年龄、性别、职业、体质的需要，人们可以根据自己的条件和兴趣爱好加以选择。同时，武术运动不受时间和季节的限制，场地器材也可以因陋就简，这种广泛的适应性给开展群众性体育活动创造了有利条件。

二、农村民间体育

(一) 跑步

"如果你想强壮，跑步吧！如果你想健美，跑步吧！如果你想聪明，跑步吧！"这是2500多年前，在奥林匹克运动的故乡——希腊埃拉多斯山岩上刻着的三句名言。如今，2000多年过去了，医学有了高度的发展，但是跑步仍是人们锻炼身体，预防疾病，获得智慧、健美、常葆青春的法宝。

我们这里说的跑步是指健身跑，也就是人们常说的慢跑，它与体育比赛中的跑步不同，不是速度越快越好，而是根据自己的个人情况量力而行。

长期坚持跑步具有以下四点好处：

（1）长期坚持跑步，能改善心、肺、血液循环系统功能，能增强呼吸功能，可以使肺活量增加，可以有效地提高耐力，使肌肉及心肺的耐力性工作能力得以提高。

（2）跑步是控制体重、防止超重和治疗肥胖的极好方法，跑步锻炼既促进新陈代谢，又消耗大量能量，减少脂肪存积。

（3）跑步能磨炼人的意志和毅力，增强韧性和耐心，提高灵敏度，促进对环境的适应能力。

（4）跑步能增强神经系统的功能。在户外或郊外跑步对增强神经系统的功能有良好的作用，尤其是能消除脑力劳动的疲劳，预防神经衰弱。

(二) 健身舞

健身舞，如迪斯科和扭秧歌，是我国城乡广大群众所喜爱的文体娱乐活动。健身舞多是传统健身术、民间舞蹈、日常生活动作与音乐相结合的产物。自古以来，"舞"就是一种健身活动，而音乐又是表现思想感情的特殊方法。两者融为一体会使人产生欢乐而振奋的情绪，同时产生对健身舞练习的想法。因此，健身舞广泛地吸引着民众的参与，成为男女老幼都喜欢的健身活动。大众迪斯科并无什么固定的章法、动作和步态，可以自由自在，无拘无束，还可以随意加上劳动和生活的动作，主要的要求是尽量放松人体的各个关节去做弹、击、摆、转的动作。在优美轻快的音乐伴奏下翩翩起舞，使人感之兴奋，越跳越开心，越跳越起劲，老年人跳迪斯科甚至会忘记了自己的年龄。

秧歌舞，是边舞（主要是扭身与踏步）边用音乐伴奏的一种民间文化体育活动。此项活动流传陕北，涉及全国。秧歌舞的整个动作突出一个"扭"与一个"踏"，达二十多种方法，如十字扭步、三进一扭步、二进二扭步、前进扭步、扭腰步等。随着鼓点与唢呐声不断踩踏各种步点。扭步时，以腰为轴，扭动肩胯，自然摆动双手并踩踏步子，使人体舒展优美。音乐的节奏基本以 4/4 和 2/4 两种节拍出现，与身体的扭动及双脚的踩踏极易协调合拍，可以自我娱乐，也可以集体扭动，易于学练，易于配合。

健身舞使健身活动增强了艺术表现力和感染力，并且具有塑造人体和陶冶情操等功能，给人一种质朴健康、热情欢乐、积极向上的感觉。

（三）爬山

爬山在我国是一种传统的体育锻炼方式，从古代到现在一直盛行。爬山，民间一般是指爬山运动，就是要攀登到山岭的顶端，置身高处，极目远眺，使人心旷神怡。我们说的爬山与专业的登山运动不同，我们不去攀登那些没有经过专业训练的普通人根本不可能上去的高山，我们要登的山是指离我们较近的一般人能够上得去的小山或岭。我们爬山不是为了征服世界上最高的山脉，不是为了克服人类的极限，而仅仅是为了休闲和锻炼身体。

据研究表明，男女老少皆宜爬山、攀山。作为一种体育锻炼，爬山的保健作用是增强体质，提高肌肉的耐久力和神经系统的灵敏性，使肺通气量和肺活量增加，血液循环增强，脑血流量增加，尿液酸度上升。从运动健身的角度看，经常进行登山活动，无疑能帮助我们达到预防疾病、强身健体、益寿延年的目的。

由于一定高度的高山（约1000米左右）的大气中氢离子（包括对人体健康大有益处的负离子）含量极多，能促进人的生理功能发生一系列变化，对哮喘等疾病可以起到辅助治疗的作用，并可以降低血糖，增高贫血患者的血红蛋白和红细胞数。即使在一些普通的并不是很高的山中进行攀登锻炼，也能使肺通气量和肺活量增加，血液循环增强，脑血流量增加，血糖轻度下降。这些无疑都有利于人体健康。

"生命在于运动。"爬山需要一定的体力和耐力，这有助于增强体质，提高人体耐受力和神经系统的灵敏性。在爬山过程中，人的心跳和血液循环加快，肺活量和肺血流量明显增加，人体各组织和器官都能得到很好的锻炼。特别是中老年人常患的神经衰弱、慢性胃炎、高血压、支气管炎及糖尿病等慢性病，在用药治疗的同时，如配合适量的爬山锻炼，可以提高治疗及康复效果。

科学研究表明，山岭之上由于植物茂密，大气中的浮尘和污染物比其他地方要少。尤其是远离城市的山岭，树木葱郁，"空气维生素"——负氧离子和各种"植物杀菌素"含量均较高，空气清新，对人的心肺功能非常有益。当你登临高处，常会有一种凉爽的沁人心脾的舒适感。另外，与亲朋好友一道爬山畅游，不仅可以尽情饱览名山秀水，观赏大自然的绮丽风光，还能陶冶性情，锻炼意志，使人心胸豁达、身心健康。当你登临高处、静观云霞、远眺河山之时，会有一种心旷神怡、超然物外的感觉，这对开阔心胸、消除疲劳十分有益。

（四）垂钓

垂钓俗称"钓鱼"，是使用钓竿、鱼钩、鱼线等工具，从江、河、湖、海及水库等处获取鱼类的一种活动，有淡水钓和海钓两大类。淡水钓的技法有沉底钓、流水钓、中层钓等；海钓分为岸钓和船钓两种。

钓鱼是一种有趣的娱乐活动和有益于身心健康的体育活动。一年四季均可钓鱼，但一般在春、秋两季钓鱼最为合适，冬季在冰上钓鱼也别有一番风味。

现在，也有人把钓鱼作为医治神经衰弱或某些慢性病的辅助疗法。因经常活动于空气新鲜、风景秀丽的海滨、湖畔或江河边，可以陶冶身心，有益于健康。

钓鱼时聚精会神地静坐，有如行气发功，动中求静，静中求动，动静兼修，调和气血，使大脑得到休息，让体内功能协调平衡，达到防病、治病和保健长寿的目的。无论是脑力劳动者或体力劳动者，还是老、中、青年人，只要对钓鱼产生了浓厚的兴趣，就是由于认识到这种深受人们喜爱的户外活动确实是祛病强身、益寿延年的有益之道。的确，钓鱼活动的大益之道不在鱼，身心健康为第一。

（五）跳绳

跳绳运动在我国由来已久，唐朝开始就有记载。在南宋以来，浙江每逢佳节都有跳绳比赛，称为"跳白索"。它原属于庭院游戏类，后发展成民间竞技运动。目前，跳绳运动有 200 多种花样，大致有三种类型：游戏型、技巧型和速度型。跳绳分为个人跳与集体跳，双人跳、多人同跳、鱼贯顺序跳，都是集体跳绳的主要形式。绳也有两种：长绳供多人跳，短绳供个人跳。

跳绳能促进血液循环，锻炼心肺功能，增强肌肉的力量和肌肉的耐力，促进骨骼健康生长，对身体各部位的配合、协调性、速度、节奏、平衡性都有促进作用。注意，患有冠心病、高血压、动脉硬化、慢性支气管炎、类风湿性关节炎、退行性骨关节病、中度以上骨质疏松的人，均不宜进行跳绳运动。长期没有从事运动的人，开始跳绳时只能慢跳，再逐步增加数量。

正确的跳绳方法与注意事项如下：

（1）两手分别握住跳绳两端的把手，通常情况下以一脚踩住绳子的中间，两臂屈肘将小臂抬平，绳子被拉直即为适合的长度。

（2）跳绳时要用前脚掌起跳和落地，不要用脚跟着地，以免脑部受到震动。跳绳时，身体保持正直，不要弯曲，呼吸保持自然。

（3）跳绳的速度与手摇绳的速度成正比，摇得快，跳得快；摇得慢，跳得也慢。各人根据自己的体质选择适宜的跳速，保持每次跳绳活动在 30 分钟左右，锻炼效果最佳。

（4）跳绳时应穿质地软、重量轻的运动鞋。跳绳时放松身体肌肉和关节，脚尖和脚跟用力协调，避免脚踝受伤。

（5）跳绳时选择软硬适中的地面。草坪、地板和泥土地等场地较好，绳的软硬、粗细适中。

（六）踢毽子

踢毽子是我国民间传统的一项休闲娱乐活动。娱乐性、观赏性和健身性是踢毽子的主要功能。毽子有鸡毛毽、皮毛毽、纸条毽和绒线毽等。踢毽子可以分为个人踢、多人踢、踢花毽，目前在我国还开展了踢毽子比赛。它既可以展示踢毽人的技巧及踢花毽的舞姿，使人们欣赏我国传统的民间体育文化，也可以根据自身的健康状况和所掌握的技术、技巧水平，选择自己喜爱的练习方法进行锻炼。踢毽子可以调节情感，增强体质，达到集健身和娱乐于踢毽子活动之中。

踢毽子能促进人的背、腿、躯干及骨骼肌肉的发展，增强心脏的机能，增加肺活量，使神经系统得到发展，改善人体的代谢能力，提高人体对时间、空间的感觉和定向与判断的能力。经常进行踢毽子练习，有助于踝、膝、髋关节和颈椎灵活性的发展，有助于身体协调性的发展。

踢毽子运动幅度不大，运动量不小，属于有氧运动。踢毽子不需要找较大的运动场地，雨天时在自家客厅都可以进行；踢毽子的花样繁多，如旋转踢、脚尖和膝盖交替踢、毽穿圆环、远吊、近吊、高吊、前踢和后勾，还可以用头、肩、背、胸、腹代足接毽或毽绕身不落地等。穿软底运动鞋进行踢毽子活动，便于做一些蹦跳难度较大的动作。

三、农村球类运动

（一）门球运动

门球是一项老年人喜爱的体育运动。门球具有场地小、规则易懂、运动量小、安全、战术多变、趣味性浓等特点，因此颇受中老年人的青睐。

门球是用木槌击打小球过小门的一种运动。通过走步和击球动作，使臂、腿、腰得到锻炼。门球比赛具有浓厚的趣味性，除要有一定的基本功外，还要时刻动脑筋，随时注意球场上的变化不断思考着球的去向和目标，场上双方你来我往，追、守、躲、撞，趣味无穷。实践证明，门球活动可以健身健腿，促进全身血液循环和新陈代谢功能，促进消化吸收，祛病延年。在运用技术、战术的同时，可以增强和保健脑细胞的活力，调节情绪，磨炼性格，是促使老年人身心俱佳的健康娱乐活动。老年人一经参加了门球活动，定会领略到其中的乐趣，常玩不倦，乐此难舍。

门球不是仅仅打球过门的简单游戏，还需要准确判断情况，预见比赛进展，采用最佳对策，运用知识和智慧进行竞争，在斗智斗勇中掌握主动、把握局势，这才是门球趣味之所在。门球只要有一小块空地就可以活动，不需要特别设备。初学的人听上十几分钟讲解，便可以投身打球，这也是门球的魅力之一。

门球既有地上台球运动之妙，又有高尔夫球之趣，还有地上棋类运动之精。其基本动作特点是："运动而有闲，用力而有节，快乐而不激，用心而不苦。"由于门球运动具有这种动静相间、强身怡神的特点，所以它是最适合老年人的健身活动。

门球的运动量虽然不大，却不是只局限于老年人的运动。现在打门球的青年人多了起来，由少年、壮年及清一色妇女组成的门球队也屡见不鲜。门球是唯一不分男女老幼都能同时参加的运动。

（二）地掷球运动

地掷球运动是我国从欧美引进的体育项目。近几年，这项运动遍及我国几乎所有省、自治区、直辖市。数所体育学院已将它列入教学计划。地掷球运动作为一项娱乐健身活动，其设备简单，技术动作易掌握，男女老幼皆宜。在活动中，场上双方持地掷球，运用滚靠技术接近目标，或者用击球技术排斥对方已接近的目标球，使本方的球相对更靠近目标球。当双方将所规定的球都掷出后，距目标球近的一方便可得分。由于这项活动是以双方大、小球之间的距离关系决定胜负，只要有人掷球使大球或小球发生了位移，就会使场上的大、小球重新排列组合，所以，每掷出一个球，场上的态势便会发生戏剧性的变化，妙趣横生，从而在运动中展示出了人的体能抗衡、意志角逐、思维对阵和技艺较量，而且充满着浓厚的趣味，因此吸引着越来越多的人参加这项活动。

地掷球比赛时运动员需要情绪稳定、斗志旺盛，运用滚靠技术时必须选择好路线和用力适度，要求有良好的观察判断和控制能力；击球时必须果断，要求动中有静，全身用力协调；运用战术时需用数理知识进行准确的算度。因此，地掷球运动有其非常丰富的内涵和表现力。

地掷球运动的主要健身作用有以下三点：

（1）锻炼机体的上肢、下肢、躯干和全身肌肉，促进身体全面发展，特别是在提高心理素质和集中注意力方面有良好的作用。

（2）改善和调节中枢神经系统的机能，提高人的协调性、准确性和自我控制能力，培养人的机智、沉着、果断、顽强及集体合作精神等优良品质。

（3）此项运动寄锻炼身体于娱乐之中，起到陶冶情操、提高学习和工作效率的作用。

（三）乒乓球运动

乒乓球起源于英国。欧洲人至今把乒乓球称为"桌上的网球"，由此可知，乒乓球是由网球发展而来的。19世纪末，欧洲盛行网球运动，但由于受到场地和天气的限制，英国有些大学生便把网球移到室内，以餐桌为球台，书做球网，用羊皮纸做球拍，在餐桌上打来打去。20世纪初，乒乓球运动在欧洲和亚洲蓬勃发展起来。

1926年，在德国柏林举行了国际乒乓球邀请赛，后被追认为第一届世界乒乓球锦标赛，同时成立了国际乒乓球联合会。乒乓球运动的广泛开展，促使球拍和球有了很大改进。1890年，英国运动员吉布从美国带回一些作为玩具的赛璐珞球，用于乒乓球运动。在名目繁多的乒乓球比赛中，最负盛名的是世界乒乓球锦标赛，起初每年举行一次，1957年后改为每两年举行一次。1904年，上海一家文具店的老板王道午从日本买回10套乒乓球器材。从此，乒乓球运动传入中国。

1982年，国际奥委会关于从1988年起把乒乓球列为奥运会正式比赛项目的决定，激起了世界各国对乒乓球运动的进一步重视，推动了乒乓球运动更快的发展。

（四）羽毛球运动

早在两千多年前，一种类似现代羽毛球运动的游戏，就已经在中国、印度及其他欧亚国家出现。人们公认的现代羽毛球运动，是在1873年由英国格拉斯哥郡的伯明顿镇的一位名叫鲍费特的公爵发明的。此后，这种室内游戏迅速传遍英国，伯明顿（badminton）即成为英文羽毛球的名字。

1872年，第一本《羽毛球比赛规则》在英国出版；1893年，在英国举办了第一届"全英羽毛球锦标赛"，此后每年举办一次，延续至今；在1988年汉城奥运会上，羽毛球被列为表演项目；1992年巴塞罗那奥运会将其列为正式比赛项目，从此羽毛球运动进入一个新的发展时期。

20世纪50年代是中国羽毛球运动的起步时期。1958年9月，中国羽毛球协会成立。在党和政府的领导下，我国羽毛球选手提出"十年打败世界冠军"的宏伟目标。在中国羽毛球协会的积极努力下，全国23个省、自治区、直辖市派选手参加了1959年第一届全国运动会的羽毛球比赛，推动了我国羽毛球运动走向了制度化和规范化。

第三节　农村体育场地供给现状

一、农村体育场地的低效使用现状

通过对重庆、甘肃、宁夏、青海、陕西、四川、山东、安徽八个省、自治区、直辖市共计110个行政村（社区）的调查发现，在有体育场地的村落中，场地使用效率较高的村落并不多，而场地使用效率较低的村落则大量存在，并且这些场地中有不少场地已经废弃、破损或成为堆晒其他物品的地方。而通过对当地村民的走访调查发现，农民虽然对体育运动、体育健身有一定的正确认识，也清楚体育健身的重要性，但在农村体育发展中存在着一个非常大的问题，即农民根本不能够将体育认知和体育行为相统一，实现体育认知的内化。农民对于体育健身的认知仅仅停留在表面上、停留在体育场地的建设上，而本村有没有建设体育场地也成了该村体育发展好坏的标准。农村公共体育场地总体上的供应不足与有供给的体育场地使用效率低的供求矛盾更是表现明显，在走访调查中发现，农村公共体育场地的使用过程中存在着充分利用、很少利用、不利用等多种现象，并且在同一个区域中存在公共体育场地面积有效使用人群严重不足的低效现状，很多体育场地变成了摆设，没有起到实际的效用。

二、农村体育场地低效使用的具体表现

（一）体育场地布局不合理

针对农村公共体育场地而言，没有科学的调查就没有发言权。对于农村公共体育场地这种公共产品，其供给和需求过程远比市场上的产品复杂得多。所以，如果不通过科学调查就建造体育场地，必然会引起体育场地的低效使用。在调查的110个行政村落（社区）中，有81个拥有体育场地，但从体育场地的布局来看，其场地主要坐落在村委会、村服务中心、社区服务站、村镇派出所等机关区域，这些地方都是农村居民用于开会的地方。由于各村落的村委会、村服务中心等坐落位置不一，以及村落集聚程度较低和居民点分散的原因，使得部分村落的居民参与体育锻炼较为方便，而有的村落则并不方便居民参与体育锻炼。在81个拥有体育场地的行政村中，能够充分使用体育场地的行政村不多，其使用效率非常低。所以，我国农村体育场地的布局还有待改进。

（二）农民对体育场地的消费不足

农村公共体育场地不同于一般消费产品的公共产品，有其自身的特殊属性，不能够根据市场变化进行区域流通。这种公共产品一旦生产成功之后，基本上是在固定点消费而不能够变化。并且由于体育场地没有价格进行调节，所以即使出现供过于求的状况，也不能通过倾销来实现解决。目前，农村地区建立的体育场地就出现了消费动力不足的现状。在

拥有体育场地设施的 81 个行政村中，主动去参与体育锻炼、进行体育健身的人群并不多。

（三）农村体育文化发展不够

研究认为，体育事业的发展有其固定的文化作为支撑，只有重视了文化才能让其得以在文化孕育中积极发展。而目前在对重庆、甘肃、宁夏、青海、陕西、四川、山东、安徽的农村公共体育场地的调查中，发现其建设的场地多为国家在农村中所扶持的体育项目，并且主要集中在篮球、乒乓球和健身路径上面。篮球、乒乓球源于竞技体育，健身路径源于休闲体育，三个项目均过多地凝聚着城市文化气息，城市文化与农村文化的交流和农村对城市文化的接受是一个长期的过程，目前这样做是以城市体育来发展农村体育，以城市文化来代替农村文化，显然不太适宜，这样强行将城市体育文化渗透到农村必然会适得其反，而且农村的大多数居民根本不懂篮球项目和乒乓球项目，对竞赛规则也不了解，无法很快地做到吸收这些现代体育文化。所以，目前全国各地对于农村公共体育场地的使用效率并不高，很多篮球场和乒乓球台都空闲出来，成为了"堆砌场"和"晒谷场"。

（四）农村体育场地高危现象严重

安全是指在人类生产过程中，将系统的运行状态对人类的生命、财产、环境可能产生的损害控制在人类能接受水平以下的状态。由于农村公共体育场地的供给不合理、使用不恰当等因素，农村公共体育场地长期得不到有效的维护和修缮，其场地上的器材都存在一定的安全隐患。所以对于场地器材的使用，农民出于自身安全的考虑，往往不敢放心大胆地去使用场地器材。在对农村公共体育场地的调查中发现，有的村落中出现了篮球架断裂和腐蚀、健身路径锈蚀和断裂的现象，并且这种现象不是单一地存在于某一个村落，而是很多行政村都存在的普遍现象。

三、农村体育场地低效使用的原因分析

（一）国家宏观调控存在一定的弊端

中华人民共和国成立以来，我国一直在探索适合我国发展的体制模式，并进行了不断地实践，先后走上了"计划经济模式""中国特色社会主义模式"。虽然现阶段我国实行的是"中国特色社会主义模式"，但是对我国发展作出贡献的"计划经济模式"仍然影响着我国一些重要事业的发展，甚至对其发展形成阻碍。这一模式在中国农村体育事业发展中的影响尤为明显。高度集中的体育管理分配制度、盲目的"一刀切"供给方式和忽略城市文化与农村文化特性等问题严重影响了农村公共体育场地的有效供给。

（1）计划管理体制下农民的实际需求不能得到满足，在计划管理体制下，国家（政府）成为农村公共体育场地供给的主导者，在全国上下不分经济发展水平、不分地域特色、不分文化特点，采用的都是同类的供给与分配模式，扶持建设同种现代体育项目。

（2）"一刀切"的供给方式下农民多样化需求被忽视。从目前我国农村公共体育场地的供给方式来看，多为"一刀切"的模式。"一刀切"的发展模式是指在没有考虑自身实际条件的情况下对不同区域盲目地采取同种措施来发展的方法。"一刀切"的体育场地供给方式能够在短时间内改变我国农村公共体育场地供不应求的现状，但是不能真正解决农

村体育发展落后的问题，并且会因为其方式的计划性和盲目性使得农村体育场地的供给变得供过于求，却又不能够满足广大农村居民多样化的体育兴趣需求，最终致使农村公共体育场地低效使用甚至闲置。

（3）农村的传统体育文化主题缺失。城市文化因为体育文化而精彩，那么对于农村文化的发展也应当遵循同样的道理。体育文化作为农村文化的重要组成部分，是农村地域特色和精神面貌的活力展现。但是目前对于农村体育的发展，人们忽略了农村体育文化对农民需求的重要性。国家政府只是在不断地供给农村公共体育场地，却从没有考虑到供给的"面包"是不是会引起"水土不服"，将城市现代体育项目盲目地投入到农村，会使农村公共体育场地建设背离农民的实际需求。

（二）基层管理机构职责缺失

农村的基层管理机构是农村日常各种事物的组织者和领导者，对于农村的政治、经济、文化、体育等各个项目的发展都承担着非常重要的责任。除此之外，农村的管理与服务机构还是中央和地方政府政策和信息的重要传导者，是国家与人民联系的重要纽带。但是现阶段农村基层管理与服务机构职责的缺失导致了农村公共体育场地布局不合理的现状，不利于体育场地的有效使用。

（1）农村公共体育场地布局不合理。农村公共体育场地供给采取的都是统一集中式布局，这种布局方式是将农村现有的体育场地集中建设在同一地点，一般是当地的村委会、村文化服务站等能够集中大量人群的地方。加之我国部分农村地区交通不便，一般只有在特殊时期才会到村委会、村服务中心、社区服务站等公共区域，所以在这些区域农村的体育场地使用效率很低。

（2）农民使用体育场地具有时间的限制。农村是以自给自足的自然经济为主，在其生产过程中需要花费较长的时间投入，甚至是起早贪黑，其闲暇时间具有不确定性，这个不确定性主要表现在农忙和农闲的时间和不同农户的闲暇时间不同两个方面。而且由于农村公共体育场地具有相对集中的性质，一般在村委会和服务站的管理中会和农民的使用时间形成冲突。即在基层管理与决策机构能够开放体育场地时，农民因为时间冲突无法使用体育场地，而当民众能够有时间进行体育锻炼时，其场地又停止对外开放。所以，这严重影响了农村公共体育场地的使用效率和体育锻炼的积极性。

（3）基层管理与服务机构没有形成正确的体育发展观念。目前，各个农村地区的领导者普遍出现"体育观念淡薄""忽视体育发展""误读农村体育事业服务性质本质"的情况，必然会导致各个领域在有关体育场地的发展、体育文化的宣传等事情上形成遗忘，大大影响农村体育发展的效率，进而影响农村居民使用体育场地的效率。

（三）农民场地使用的动力不足

（1）农村居民的消费层次有待提升。农村居民是农村公共体育场地的使用主体，也是体育场地的最终受益群体，其使用积极程度深刻地影响着体育场地的使用效率，农村居民的体育场地使用动力深受多方面因素影响。农村居民的经济水平薄弱，在多数农村地区，其经济发展实力并不能够使其向更高的需求层次发展。所以，对于公共体育场地的使用，农村居民多为望而却步。

（2）农村居民的体育运动观念薄弱。虽然农村居民的思想在社会不断地变化发展中有了一定的进步，但是在现代体育项目的认知上绝对是不充足的。在广大的农村地区，能够了解足球、篮球、乒乓球的农村居民可能有一些，但是能够真正进行篮球运动锻炼、乒乓球运动健身等的居民却少之又少。农村居民对体育的认知是十分不足的，而且由于大多数农村的体育场地供给多为现代体育项目的场地器材，所以难以激发起农村居民的使用兴趣。

（3）农村居民的兴趣爱好得不到发展。广大农村体育发展成果的取得是与农村传统体育项目挂钩的。在现代体育项目和传统体育项目上，农村居民对待传统体育项目的兴趣更为浓厚。因为传统体育项目多为农村居民所熟知，具有一定的传统寓意，能够表现出农村居民的情感寄托与精神归宿，并且代表该区域的民族特色，所以更容易激起大多数农村居民的参与热情。但目前在农村公共体育场地的供给中，建设的多为现代体育场地，不能够激起农村居民的使用兴趣，不利于农村体育事业的发展。

第四节　中国农村体育改革与发展对策

一、农村体育改革及存在问题

（一）农村体育改革

农村体育随着我国社会的不断发展而慢慢壮大、渐渐革新。目前，农村体育改革的状态主要有以下几点。

1. 体制的改革

农村体育的运行机制开始从政府主导型向合作型、自发型转变。政府直接管理职能的范围有所缩小，原来由政府包揽一切的体育管理体制开始出现松动，因此这一时期，政府对非经常性活动的管理和正式社团对经常性活动的管理处于并存和互补的状态。半官半民农民体协组织及体育社团的活动，填补了政府在日常体育管理方面的空白。体育管理工作由政府决策、控制的政府主导型管理模式向农民体协等组织与政府合作管理的模式过渡，农村体育体制改革之道风生水起。

2. 体育人才培养及人力资源配置的改革

目前基层的体育工作者普遍存在专业知识技能方面的不足，很多甚至根本没有接受过专业的技术和技能培训。而今体育改革在人力资源方面已有成就，农村地区的体育人才培养得到重视，一些经济发达地区为农村培养体育指导员，地方设有体育文化辅导站，健身人才培训中心，宣传体育科学知识，指导农民进行科学健身。

3. 思想文化的改革

体育理念由集体表演式的训练，向多元化、个性化方面发展，农村居民体育健身意识日益增强。全国"农民运动会"和地方性的农民竞赛的开展，展示了农民的新风貌，提供了交流开展农民体育活动的经验的平台。"全民健身宣传周"活动产生了广泛的社会影响，有效地增强了农村居民的体育健身意识。"体育三下乡"活动的开展，更是掀起了各地开展农村体育的热潮，增强了农民的健身意识，改善了农村的健身条件，提高了农民锻炼的科学化水平，农民体育价值观从强身健体型向文化娱乐型、人际关系型等多元化方向转变。

4. 经济的改革

以前是政府财政的独立投入，改革后制定了多元的投资路径，社会投资、企业投资、个人捐赠等成为农村体育发展的重要资金来源。随着社会的发展和农村体育改革的深入，现在农村体育投资主要有三条渠道，一是地方税利的部分用作体育投资的部分资金；二是乡镇企业的赞助；三是企业型体育实体赢利的部分。过去由于农村没有建立体育实体，靠乡镇政府行政拨款和乡镇企业老板的支援，因此一切投资均是短期行为，议会筹款、事毕筹款均无法做到体育实体独立核算的长期行为。体育的企业型实体既解决了资金问题，又可以保证体育发展的长久，从根本上促进农村体育的发展。

农村体育的改革促进了我国农村体育的发展，在一定程度上也促进了我国竞技体育的发展。像奥运冠军杨霞、陈艳青、王军霞、孙福明、陈忠等都是从农村培养出来的，特别是农村的一些"特色体育之乡"更是为我国竞技体育源源不断地输送了众多优秀的后备人才。客观评价我国改革开放以来的农村体育，取得的成就是毋庸置疑的。但是总体上看，农村体育还不能满足农村人口日益增长的体育文化需求，在增强农村人口体质、活跃农村文化生活方面的作用还有待加强，与城市相比，我国农村体育还是低水平的、不全面的、发展不平衡的。

(二) 农村体育改革存在的问题

改革是一个过程，在社会主义初级阶段的事实下还将是一个漫长的过程。在一定的阶段，改革因进程不协调、方向偏离等也会产生一些问题。农村体育改革还存在的问题主要有以下四个方面：

(1) 农村居民参加体育活动的比例偏低，城乡之间的体育仍然有较大的差距。根据2011年的中国群众体育现状调查与研究报告，中国体育人口职业以体力型为主；其中农民占43.92%，居第一位，这是因为农业人口基数大；工人占16.99%，居第二位。中国人口职业结构是以农业人口为依托的人口职业结构，农业人口在总人口中占70.36%，以此考量中国体育人口职业结构，其职业结构中农民的比重实际上还很低。这也从一个侧面反映出中国乡村体育人口的稀少。同时，调查研究知道广大农民的身体素质并不乐观，他们的身体机能等各项指标普遍比城市居民和其他行业人群低。

(2) 农村地区体育意识和健康观念淡薄。认为体育可有可无，甚至是有的农村领导干部观念落后，认为农民是体力劳动者，不需要体育锻炼，劳动可以代替或部分代替体育锻炼，这已经不能适应建设新农村和现代农业的需要。而且长期以来农村经济基础相对薄弱，文化设施相对落后，农村思想解放的步伐缓慢，小农经济意识、计划经济观念和封建迷信思想根深蒂固，农村发展的理念、办法、措施及精神风貌比较陈旧。

除了健康观念和健身意识不强外，还有不少农民收入低、闲暇时间少，因此，对体育还不能产生必要的需求。农村剩余劳动力的大量进城，也缩减和转移了农民的余暇时间。据估计，全国约有2亿多农民到城镇流动就业，亦工亦农的劳动方式延长了他们的劳作时间，享受传统农闲的农民已急剧减少并呈现高龄化。

（3）农村的体育基础设施落后，体育锻炼场所少、设置单调是农村的普遍现象，致使农民参加体育活动内容单一，无法满足日益发展的精神文化需要。由于受客观条件和主观因素的影响，基层体育工作留不住体育人才，而专业体育人才也不愿意去农村，这就造成当今体育工作在农村举步维艰的尴尬局面。农村地区体育人才较少，农民体育指导员更是严重缺乏，农民的休闲活动缺少正确积极的引导与组织，导致农民闲暇时热衷参加一些赌博类活动及养成长时间看电视等不良的生活习惯。农村体育物质改革亟待解决。

（4）农村体育产业百废待兴。没有实体的企业型产业，农村体育事业仍然是无本之源，不能独立地长久发展。在农村体育资源的挖掘方面，农村乡土体育挖掘不够，具有特色的民俗体育，尤其是节庆日和民间活动没有得到很好的利用，我国农村丰富多彩的节庆和民间体育多是自发的，缺乏专人组织和指导，不能形成产业，因而对农村体育的经济开发严重不足。

二、农村体育发展的对策展望

（一）建立并完善农民体育保障系统

（1）体育组织体系包括体育政府部门保障系统、体育团体保障系统、个体保障系统，给予法制化和规范道德行为，并纳入整个社会保障（支持）系统，作为我国体育发展有益的、不可缺少的补充。这个系统主要面对农村非体育人口，在体育政府部门、体育工作者和体育爱好者的共同参与下运转。

（2）经济保障系统包括保险体系和医疗体系。当前，农村养老保险、合作医疗制度已经全面启动，农村将逐步建立城乡衔接、公平统一的社会福利制度，探索建立农民最低生活保障制度，建立和完善农村社会救济制度，这都将给农民体育的发展奠定基础和创造条件。开展农民体育，在农村最大的障碍是老有所养的问题，农民有了养老保险，他们同样也会参加体育锻炼，提高生命质量，尽情享受人生；新型农村合作医疗制度在解决农民看病难、看病贵方面发挥了一定的积极作用；最低生活保障和社会救济制度解决了农民经济脆弱、抵抗生活风险的忧虑，农民的生存状态和生活质量得到改善和提高后，才会有体育、文艺等其他娱乐休闲活动的需求。

（二）统筹城乡群众体育发展，缩小城乡群众体育差距

城市体育基础设施健全，现代体育文化气氛浓厚，城市体育反哺农村可以实现城市与农村的双赢，也是促进城市体育进一步发展的前提。城市体育也只有在与农村体育的碰撞中，吸收农村体育浓厚的民族特色，才能实现多元化发展。为此，一是体育公共产品要向农村倾斜。二是加快实现城乡体育统筹发展进程。在新农村体育建设中，要把城市与农村作为一个有机整体统筹兼顾，协调发展，在促进城市体育发展的同时加快农村体育建设的步伐，将城市体育资源逐步引向乡村，把城市里的体育信息等体育文化资源向农村流动，实现城乡联网协作，促进城市体育文化服务向乡村延伸，形成以城带乡、城乡资源一体化的体育文化协调发展的格局。三是建立对农村体育的援助机制。积极引导对农村体育的捐助，重点捐助农村体育基础设施建设及农村公益性体育实体和文体活动，动员城市单位和

居民以各种方式捐赠体育器材、体育书籍等。

（三）加快完善农村农民体育法规建设步伐

法律法规是一切事业发展的保障。中国是一个法治国家，凡事都要做到有法可依，健全农村体育法制，是保证农村体育改革发展的法律依据，是促进农村体育良性发展的必由之路。随着农村经济的发展和乡镇机构改革的深化，农村体育发生了巨大的变化，我国原有的部分法律法规已不能完全适应新时期农村体育事业发展的需要，为贯彻实施《全民健身计划纲要》，加快农村体育事业发展步伐，国家体育总局印发了《农村体育工作暂行规定》，加强农村体育法制建设，尽快建立健全相关的法律体系，如对农村体育的组织管理、农村体育活动的开展、农村体育骨干的培训与管理、体育产业的发展等相关问题的立法，使农村体育工作有法可依、有章可循，推动农村体育工作向着科学化、规范化、制度化、普及化的方向发展。

（四）坚持科学发展观，全面、协调、可持续推进农村体育工作

以人为本，全面、协调、可持续的科学发展观将引领城乡体育从不全面、不平衡转向全面和协调发展。科学发展观"以人为本"的内涵，就是以"一切人的发展和人的全面发展"为目标。我们应从全面建设小康社会的大局出发，用科学发展观指导农村体育发展实践，创造性地开展工作，全面、协调、可持续地推进农村体育事业发展。以正确的政绩观更新发展观念，增强运用科学发展观推进农村体育工作的自觉性和坚定性。坚持"以人为本"，构建和谐社会，把广大农民群众的利益作为工作的出发点和落脚点，不断满足广大农民的体育需求。体育部门要大力弘扬求真务实精神，大兴求真务实之风，认真研究制定城乡统筹兼顾的体育发展政策和规划，合理调整与完善相关政策措施，加强与落实科学发展观相适应的体制、机制和规章建设。按照中央的要求，把构建多元化体育服务体系作为群众体育工作第一要务，抓住场地、组织和活动三个关键环节，坚持活动和建设并举，逐步改善农村居民开展健身活动的环境。

（五）强化政府对农村发展的主导作用

（1）政府的资金投入。"三农"问题是困扰我国经济发展、社会公平和实现现代化的难题。《中华人民共和国体育法》《全民健身计划纲要》《2001—2010年体育改革与发展纲要》《农村体育工作暂行规定》等重要文件都明确提出了"国家发展体育事业""保障广大人民群众享有的基本体育服务""县级以上各级人民政府应当将体育事业经费和体育基本建设资金列入本级财政预算和基本建设投资计划"。显而易见，发展农村体育，增进农民健康是国家和政府义不容辞的责任，也是维护社会公正的需要。现阶段我国开展农村群众体育应主要是公益性和社会福利性的。国家的分期分批投入应当成为主渠道。政府应当在农村体育发展的前期阶段，加大对其资金的直接投入，为农村体育的发展打下良好的基础。农民在体育福利上逐步与市民享受同等待遇，应当是未来的努力方向。

（2）在农村体育管理与运行体制上，政府应加强对其深入创新性改革，使其符合实际的发展需求。开展农村体育活动，必须加强农村体育事业的系统化管理，充分发挥农民体育协会、农民体育俱乐部、体育辅导站等基层体育组织的作用。有条件的县可以建立社

会体育指导中心，乡镇、居委会可以建立体育指导站，县、乡镇、村和居民小区适时建立和发展体育健身点。社会体育指导中心、体育指导站、体育健身点应根据当地条件安排场地设施，制定工作计划，结合其他文化体育工作配备专兼职工作人员，安排一定的活动经费。县级体育主管部门和乡镇、居委会应当加强对社会体育指导中心、体育指导站和体育健身点的管理，为其开展工作创造条件。特别是要以乡镇文化站为中心，发挥其阵地作用，以农村体育积极分子为骨干力量，推动农村体育发展。

（3）发展体育事业是各级人民政府的基本职责。在当前的条件下，强化政府职能，提高领导认识，发挥技术优势，加强业务指导对于发展新农村体育事业具有特殊意义。依据我国目前的实际情况，要开展好农村体育活动，政府的体育行政部门不应是只发政策性的指导文件，而是应该加强指标性任务达标的要求。对地、市、县、区一级每年开展体育活动的次数、形式、规模、达标人数和比例、培养等级运动员人数等也应该有一些具体的指导性意见，以便基层部门参照执行。

国家体育总局提供的相关统计资料显示，体育产业对我国经济的贡献率不断提高，并正以年均20%以上的增速发展，远远高出整体经济增长水平。2008年，我国体育产业的增加值占GDP的比重已突破0.5%，体育产业已经成为推动经济发展的重要力量。体育产业蓬勃发展，对于农村体育的发展有积极的借鉴意义。农村体育消费水平低，部分农村人口甚至几乎没有体育消费，这在很大程度上因为农民的收入水平低，不过随着农村经济的不断发展，农民的生活水平得到显著提高，但体育消费水平依然在低位徘徊。农民在满足自身生存需要后，体育消费数量将更多地依赖于体育观念、体育意识和周围的体育文化环境。随着广播、电视、网络的普及，体育文化也在广大的农村地区迅速传播，农村的体育观念也随之改变。现代农民逐渐认识到体育锻炼是增强体质、预防疾病、促进身心健康、发家致富奔小康的根本保证。健康的身体是创造一切财富的本钱，体育锻炼是促进身体健康的基本手段，只有积极地参加体育锻炼，才能强身健体，才能精力充沛地从事生产劳动，才能脱贫致富奔小康。调查发现，部分富裕起来的农民的体育观念发生了质的变化，多年来形成的心理定式改变了，求富、求乐、求健康已成为一种社会现象，花钱买健康，为娱乐而消费，反映了富裕农民新的体育观念和消费意识。越来越多的乡镇企业通过"体育"这一载体推动经济发展，企业为体育出资，体育为企业扬名，充分反映出农村体育与乡镇企业联姻是体育与经济同步发展的前景。

第四章　农村老年人体育生活研究

老年体育是特指老年人群体为了实现健康生活所直接或间接参与的体育活动。老年体育是实现"不分年龄，人人共享社会"的重要表现形式之一，开展好老年人群的体育活动是社会的责任，更是体育系统自身的责任和义务。在农村，现阶段中国农村老年人生活状况令人担忧，物质和精神生活水平普遍较低。

第一节　生活方式及体育生活方式的基本理论

生活方式理论是西方社会学重要的理论范畴，对于生活方式理论的研究，西方发达国家起步较早，研究水平成熟，表现在研究已形成鲜明的主流趋势与权威的研究手段。

从 20 世纪 80 年代初开始，"生活方式"逐渐成为中国人文科学与社会科学的重要理论范畴，并在理论研究领域受到越来越多的重视。生活方式理论研究在中国仍处在不断的探索阶段，各领域学者站在本领域的角度对生活方式理论进行了多方面的探索，成果颇多。

一、生活方式理论的研究

（一）生活方式内涵

"生活方式"早在马恩著作《德意志意识形态》一书中提及，但并未受到重视。作为社会学领域内的重要理论范畴之一，西方学者最早对其进行探索，在西方经典社会学著作中相继有马克思、韦伯和凡勃伦等社会学家对生活方式这一问题有所涉及。生活方式是由 MaxWeber 首创的术语。

从社会心理学的角度，Feldman 和 Thielba 概括了生活方式的四个特点：①生活方式是一种群体现象；②一个人的生活方式受到他所在的社会群体及跟其他人之间的关系的影响；③生活方式覆盖了生活的各个方面；④一个人的生活方式使他在行为上表现出连贯性。生活方式反映了一个人的核心生活利益，许多核心利益塑造了一个人的生活方式，如家庭、工作、休闲和宗教等。生活方式在不同人口统计变量上表现出差异，包括年龄、性别、民族、社会阶层、宗教和其他的决定因素。

另外，社会变迁也会导致生活方式的改变。唐晓英、唐绍洪等先从"生活"的定义入手进而得出"生活方式"的定义，他们认为生活一般是指人们在生产领域之外为了生存、享受和发展的需要而消费生存资料、享受资料和发展资料的价值，以及为此人们之间发生生活上的联系和交往。生活方式所要反映的就是生活领域人们活动的形式。

吴焕文则将生活方式的定义区以广义和狭义之分：广义的生活方式概念认为，人们的生活领域应当涵盖劳动生活、政治生活、物质消费生活、闲暇和精神文化生活、交往生活、宗教生活等广阔领域；狭义的生活方式概念主要把生活限定在日常生活领域，如物质消费、闲暇和精神文化生活、家庭里的生活活动等，或者指衣、食、住、行、乐。

生活方式的内涵、结构和特点受很多条件（社会制度、经济、历史观念等）的制约，学者们并未能确定完全一致的概念，但对于生活方式的主体部分得到大多数学者的认可。

（二）国外生活方式理论研究

生活方式的研究先是在西方，接着在苏联及东欧，继而在改革开放时期的中国。高丙中在《西方生活方式研究的理论发展叙略》一文中整理了马克思主义创始人、韦伯和凡勃伦等关于生活方式的经典论述，指出了西方生活方式从生活方式到消费方式发展思路，同时文中介绍了芬兰学者和一位美国学者的研究"生活方式类型学"。

后来在类似的一篇文章中，马姝重新整理得到了类似的结果：即生活方式逐渐从附属性概念发展为具有独立意义的概念。同时随着西方社会进入消费社会，对于消费方式的研究取代了生活方式的研究。陶冶围绕生活方式类型这一研究思路，对发达国家的生活类型理论研究思路进行解析，详尽介绍了三个典型生活方式类型研究：芬兰的罗斯、美国社会学家米切尔和日本社会学家井关利明和堀内四郎的研究。

发达国家生活方式理论的发展较成熟，中国学者对国外生活方式理论的研究重点是归纳了外国生活方式理论的发展思路，以利于为中国后期生活方式理论的发展提供参考借鉴。

（三）中国生活方式理论研究

刘能从家庭生活、日常消费取向、职业生涯、社会关系、科技产品消费、娱乐、时尚和社会意识八个维度对当代中国生活方式进行调查得出：当代中国人的生活方式还没有完全定型，也没有完全按照人们的各项社会经济指标进入到一个明显分化的阶段的结论。王甫勤试通过生活方式作为媒介，用人们健康的发展水平表示经济地位的情况。

根据健康生活方式模型，将生活方式作为社会经济地位影响健康水平的中间机制，通过"中国综合社会调查"数据分析中国民众健康不平等的形成过程。王玉波以中国社会特色为背景指出了中国传统社会生活方式向现代社会生活方式转型的走向：由依附型的生活方式向自主型的生活方式转变、由封闭型的生活方式向开放型的生活方式转变、由僵固不变的单一生活方式向不断变动的丰富多彩的生活方式转变。

中国学者在实践中摸索，试着借鉴国外生活方式理论研究的思路探索中国生活方式理论新的出发点。但是在这之中，有些学者研究思路不清晰，还没有将生活方式作为独立的理论范畴进行研究，只是把生活方式作为表达主观论点的媒介和手段，没能深化生活方式理论自身的研究，只是急于表达中国生活方式美好未来的愿景。

生活方式作为描述人类活动的名词，涉及人类活动的所有方面，与人类活动、社会变革相互依存、相互影响的关系，使得"生活方式"成为经久不衰的研究课题。各个时代不同领域的学者前赴后继，造就了生活方式研究的繁荣现状，但在这一片繁荣的景象中，我们也应反思这其中的一些问题。

目前，中国生活方式理论研究浅尝辄止，缺乏透彻的经典理论；大量的研究中多是范围较小的实证研究，缺乏具有高度概括性的调查研究（如美国社会学家米切尔通过抽样调查将生活方式"类型化"分为四种类型，分别是：A 类型"需要驱动型"、B 类型"外向倾向型"、C 类型"内向倾向型"、D 类型"内外整合型"）。在今后的研究中能够在充分考量中国社会的历史和特点等方面因素的基础上，构建符合中国社会情况的生活方式理论将是沉重的历史使命。另外，在注重新型生活方式理论的完善方面，如体育生活方式等也有很大的研究空间。

二、体育生活方式的内涵

美国人类学者勃兰·恰德（Kendall Blanchard）和切斯卡（Alyce Tace Cheka）在其著作《体育人类学》中指出，什么是体育？一种文化方式的见解。顾名思义，当今的体育是一种文化生活方式，即体育生活方式。作为科学范畴的体育生活方式，应该理解为人们全部体育生活领域的活动方式和行为特征，体育生活方式的概念应该从人们对体育生活需要的多角度方面加以概括。作为科学范畴的体育生活方式，更应该是一个概括度很高又非常具体的概念。马克思曾说："由于劳动要求实际动手和自然活动，就像在农业劳动中一样，这个过程实际上就是身体锻炼。"

中国学者胡晓风、熊斗寅等从不同的方面阐述了体育与生活方式的关系。体育实际上就是渗透在人类社会生活中的一个比较复杂的社会现象，体育活动是人类社会生活的一个重要组成部分，体育的本质符合生活方式的要素特征，是人类生活方式的一项重要内容，或者说体育就是一种生活方式，是人们生活方式中的一个层次或一个方面，涉及人类生活的方方面面，它与其他层次生活方式相互影响、相互联系，共同构成生活方式的整体系统，是现代人生活的一种必需，是提高人们生活质量、满足人们身心需要的一种必不可少的手段。体育生活方式的概念是一个外延性很强，又具有丰富内涵的、复杂的综合性概念。

三、体育生活方式的特征与意义

（一）当前中国体育生活方式的特征

李文川、肖焕禹指出体育生活方式的特征包括目的性、稳定性、规律性和自觉性。结合其他学者对体育生活方式特征的认识，将体育生活方式的特征归纳如下。

1. 自主性与自觉性

由于人们生活水平的提高，有了更多的时间和精力参与体育活动，对体育活动的认识也更加深刻，锻炼的途径和方法也越来越多样化，为人们自主选择锻炼内容和方法提供了条件。人们参与体育活动的锻炼目的也更加明确，以兴趣为引导更加自觉地投入到体育活动之中。

2. 科技化更加明显

随着社会经济和科学技术的发展，体育信息的传播、运动技能的教与学、体育文化的交流，以及体育活动中的合作等已经打破了传统时间与空间的界限。

3. 体育活动的目的性

目的是人行为活动的出发点和归宿，体育活动是在人们一定思想观念的指导下，为满足自己或群体的需要而进行的。所以，体育生活方式有一定的目的性。随着人们对体育认识的增加，有意识地培养自身的体育意识，体育活动的目的越来越接近体育活动本身。

4. 稳定性

稳定性是属于体育生活方式的基本特征之一，一次或几次的体育行为不应该归属到体育生活方式的范畴之内。所以，稳定性是体育生活方式的一个显著性特征。

5. 体育活动的规律性

毋庸置疑，健康的生活方式要保证有规律的作息制度，同样体育生活方式中也应该包含有规律的体育活动。

(二) 体育生活方式的意义

胡柳在详细阐述了大学生体育生活方式养成的意义后指出，体育生活方式为大学生的业余体育生活提供了可靠的物质保证，有助于非智力因素的发展，完善人的个性，会得到美妙的快感和心理上的满足感，融洽与同学的关系，丰富社会交往，促使良好体质的养成，防止疾病发生，避免一些心理问题的出现等，从而提高生活质量。

陶勇、代春玲认为建立良好的体育生活方式对大学生的心理健康有促进作用；对塑造健美体型、保持良好的身体姿势、形成良好的气质和外表形态有重要的作用；对提高运动能力、提高身体素质、增强身体机能和促进身体全面健康有直接的影响，并能促进骨骼、肌肉发育，增加身高。陶勇等从身心两个方面探讨了大学生生活方式与健康的关系，充分反映了生活方式对于健康的重要意义。

通过对各位学者的研究分析，不难看出体育生活方式对于人们的生活意义重大，科学的体育生活方式能够促进人的身心发展，使人感受体育活动的快乐，避免伤病，提高工作效率。

四、构建科学的体育生活方式

(一) 国外体育生活方式带来的启示

杜海燕、肖林鹏对澳大利亚的体育生活方式进行了全面的描述。对于许多澳大利亚人来说，体育就是生活，对体育不感兴趣就是生活态度衰颓的一种表现，是非常不可思议的事情。解释了澳大利亚人重视体育活动的原因，并分析了其构建体育生活方式的成功经验。

陈玲对美国、日本、俄罗斯三国的体育生活方式进行了以下阐述：

美国在体育的发展中采用政府监督和督导为主导，没有专门的体育政府管理机构，采用政府、社会、学校共同合作，互相监督、互相联系的组织体系。政府通过立法和执法多方面的措施推动了美国大学生体育消费的生活化、普遍化和多元化的趋势，对整个美国大学生群体的健康体育生活方式的建立提供了丰富的基础条件。

日本政府重视对体育设施建设，社会体育经费的80%以上用在设施的建设上，此外各类营利、非营利性质的民间体育设施及企业单位对体育设施的建设也起到重要的作用。日本政府还鼓励学校每周每月都有体育科学知识讲座。这使体育锻炼的观念在日本深入人心。日本往往视体育运动为一项最基本的必修课，学生每天都有体育课，还规定一小时锻炼时间，学校开设相应的场所给学生，学生可以自由选择喜欢的运动项目。不仅学校重视体育锻炼，日本的公司在招募新人时对学生的"趣味"也非常重视，日本年轻人在作自我介绍时，很注重介绍自己的"体育趣味"，这样往往会被招聘者认为"干劲足""年富力强"，在资历上有很大的加分。

俄罗斯早在几年前就倡导学校开展"健康的生活方式"，为了配合这一教育方式，俄罗斯的学校增加了学生的体育课时间，用体育活动代替家庭作业。近年来，俄罗斯学生的体育课正在经历着较大的变革，体育课程可以称得上是包罗万象，其中包括身体发展、运动技能、卫生、饮食、休息、意志与道德品质的发展、健康的生活方式、心理的身体调节和自我调节方法等多项内容。包括集体球类和田径等在内的传统运动正逐步地让位给诸如轮滑、滑雪、溜冰、滚轴、舞蹈等新兴体育项目，甚至连肚皮舞、街舞都被列为体育课学习的内容。

通过对比分析获取国外构建体育生活方式的有益经验，为中国构建科学的体育生活方式提供参考借鉴。例如，提高大众对体育的重视度，以及创造条件改善人们的体育生活方式，鼓励专家学者对构建科学体育生活方式的研究等。

（二）构建科学体育生活方式的对策

胡玉华、肖全红通过对中国青少年体育生活方式的现状进行研究，提出了构建科学体育生活方式的策略。加快健康教育立法，确立健康教育的重要战略地位，重视青少年生活方式教育；建立阳光体育的学校-家庭-社会网络支持系统；构建学校体育促进体育生活方式形成的有效机制；倡导阳光体育文化，通过体育文化的渗透促进体育生活方式的构建。

林雪峰提出了社会转型期青少年体育生活方式构建的对策有：体育部门加强公共体育服务，学校教育主导辐射，家庭教育启蒙引导，社会力量关心支持，舆论宣传科学导向。

第二节 农村老年人体育生活方式的基本理论

《农村老年人体育生活方式及服务保障研究》是基于国家应对人口老龄化战略研究论坛"农村人口老龄化问题及战略应对"的主题，以农村老年人为研究对象，通过对目前农村老年人体育服务状况，以此来简单介绍农村老年人体育生活方式基本理论，促进农村老年人体育事业的可持续发展。

一、老年人健康与老年人体育

卢元镇调查了中国老年人的健康状况，指出中国老年人的身体健康余年、心理健康余年、自理余年、疾病残疾余年等指标还处在较低的水平上，中国老年人健康对老年体育有很大的依赖性；崔怀猛认为体育是老年人延年益寿的重要手段；汤庆华通过实验得出传统武术对老年人身体机能及素质能够产生积极影响；张启明等剖析了中国老年体育的特点及发展趋势，指出体育对老年人的作用主要体现在促进身体健康、促进心理健康、促进老年人继续社会化等。

人口老龄化是老年人体育发展的主要因素，老年人身体健康是老年体育发展的首要意义，老年人健康与老年人体育存在着不可分割的关系，老年体育是实现健康老龄化的重要手段。对于老年体育特征的研究，学者们主要从老年体育人口、参与活动内容、活动场地、参与动机等方面进行了探讨。对于老年体育的意义具有一致共识，无论对于老年人自身还是社会经济发展都有重要的作用。发展老年体育有利于提高老年人的生活质量、提高社会和经济效益。

从目前的现状来看，中国老年人体育还存在政府财政投入少、老年人体育组织经费缺乏、老年人活动场地少、老年人体育组织形式单一、政府主导型的老年人体育组织和民间老年人体育组织比较少、老年体育缺乏专人指导等问题。

二、老年人体育发展现状与对策的研究

周登嵩通过对全国范围农村调查得出农村体育组织不健全、政策法规建设滞后、投入不足、宣传不够、无人指导的境况，并建议老年人体育研究应该立足于实践，进行多学科实证研究。

李阳阳以济南市为例，从参加体育锻炼的老年人的性别、锻炼的项目和锻炼的时间强度、运动强度、运动次数等方面分析了老年人体育锻炼的现状。

邵雪梅从锻炼时间、锻炼意识、锻炼频率等方面对天津市城市社区老年人体育进行调查，发现了缺乏健身知识、体育组织建设落后、指导人员匮乏等问题。同时，提出了加强老年体育社团的建设、加强科学体育知识的传播、进一步培训老年体育指导员、发展体育志愿者等发展老年体育的对策。

杨炯认为老年人体育应该首先建立健全社区体育组织网络。

朱南胜提出了发展中国老年体育的对策：建立不分年龄、人人共享的社会；重视老年福利，制定保障和促进老年体育的政策；充分发挥城市社区在养老和服务方面的功能；加强老年人体育活动的科学指导等。

学者们在对中国老年人体育发展现状的研究过程中，调研范围覆盖面较广，研究内容描述细致，存在问题探讨全面，对策建议符合实际。但研究对象基本集中在地域性社会学调查研究方面，缺乏对全国老年人体育锻炼总体状况的研究，很难完全反映出全国的实际情况，研究的代表性不强。而且对城市老年人研究较多，对农村老年人这一大群体的研究甚少。

在研究方法上，现有成果都是通过问卷调查法获得的，但问卷设计不够标准，信度和效度难以保证，从而导致了研究结果与实际情况产生较大的偏差。研究内容多集中在对老年人体育锻炼的人数、时间、项目、场所、动机、阻碍因素等方面进行描述，并对数据结果进行简单的解释，所提出的建议还只是停留在理论层次上，实际操作性并不强。

在今后的研究中，应尽可能扩大研究对象的范围，增加样本容量，重视问卷的编制及修订，保证数据的翔实可靠。研究重点应放在各个地区之间的对比研究、符合中国老年人

体型特点的运动器材的研制及老年人运动处方的制定等方面，重视实证研究，运用多学科知识，开拓研究新领域。

三、开展农村老年人体育的意义

陈俊青指出发展新农村老年人体育可以提高农村老年人的身心健康，促进社会和谐，推动社会主义精神文明建设进程及提高农村体育消费水平。朱家新从构建和谐社会的角度指出发展农村体育可以提高农村居民健康水平和社会活力，改善人与人之间的关系，促进社会经济发展，加快社会主义精神文明建设，促进和谐社会的构建。

李玲认为发展农村老年体育，是改变老年人生活观念、习惯、内容，实现社会健康老龄化的重要手段，也是农村精神文明建设的重要手段，同时，对提高老年人身心健康水平、挖掘和传承民族传统体育项目、开创农村老年人"第二人生"都具有重要意义。可以说开展农村老年人体育增加了体育人口，促进了老年人身心健康，使得农村家庭与社会、经济与文化都充满活力。

发展农村老年人体育不管是对农村老年人自身还是对其所属的家庭甚至是整个社会，意义都十分重大。探讨开展农村老年人体育的意义，可以为农村老年人体育的研究指明方向，但目前该方面研究较少且不够系统具体，对于各意义之间的相互作用挖掘不深、介绍不足。另外，缺少开展农村老年人体育意义主次的研究，开展农村老年人体育哪方面应该作为重点或首要工作，目前尚没有明确。

四、农村老年人体育生活方式的基本内涵

现阶段，大量农村年轻劳动力——农民工进城务工，而年龄偏大、失去劳动能力的老年人选择留在农村老家，这就导致了农村留守空巢老人的出现。空巢家庭的出现，是社会进步的表现。但空巢家庭的出现也给我们带来了诸多的问题和挑战。老年人对子女的情感依赖更为强烈，但儿女却不在身边。空巢老人普遍都有一种孤独、思念、自怜和无助等复杂的情感体验，他们抑郁孤苦、惆怅孤寂、悲观消极、行为退缩，对生活兴趣索然，缺乏独立自主安排晚年生活的信心和勇气，许多人深居简出，很少与社会交往。中共中央国务院 2002 年 7 月在《关于进一步加强和改进新时期体育工作的意见》中指出："通过体育活动，能够扩大人们的情感交流，增进人与人之间的相互了解，改善人际关系，建立健康、合理的生活方式，创造文明、和谐的社会环境。"

中国老年人的平均带病期较其平均健康期时间长得多，农村男性为 9 年，占余寿的57.1%，女性为 11.46 年，占余寿的 62.4%，中国老年人 60 岁以后的寿命中有四分之三的时间生存在带有慢性疾病的状况中，存活在高龄的老年人寿命多伴随着各种慢性疾病。法国著名医生蒂索说过："世界上的一切药物对身体来说都无法代替运动的良好作用。"因为运动是一切事物的固有属性和存在方式，生命则是蛋白质以运动形式存在的方式，运动贯穿于生命的始终，是决定生命体存在时限的重要原因之一。

现阶段，中国农村老年人养老保障是一个亟待解决的社会问题，农村老年人的生活水平和生活质量普遍较低，精神文化生活尤其贫乏，加之政府相关部门和乡镇村委会对老年人的精神文化生活关注不足，相应的设施和管理更是少之又少，不能提供相应的文化服

务。农村老年人由于知识文化水平有限，思想观念比较落后，对体育活动和休闲娱乐认识不足，在处理自己余暇时间的时候，往往都是无所适从。因此，要改善现阶段农村老年人的生活状况，克服他们的孤独感和空虚感，促进他们的身体健康，使他们真正能体会到老有所乐，除了倡导家庭子女对老年人进行应有的照顾、社会给予他们更多的关爱外，还应该引导老年人参加各种各样的文化体育活动，充实他们的晚年生活。倡导具有现代文明社会特征、富有时代气息和积极进取精神的体育生活方式是最简单、最方便、最经济的手段之一。

21世纪是人类追求精神文明和健康生活的世纪。"健康"逐渐成为社会的主流理念，体育消费也开始成为普通百姓的消费时尚，这一切为老年人观念的更新和生活方式重构创造了极为有利的条件。2013年，中国的法定节日中新增了一项老年节。自2013年7月1日，修改后的《中华人民共和国老年人权益保障法》开始实施。该法规定，家庭成员应当关心老年人的精神需求，不得忽视、冷落老年人，与老年人分开居住的家庭成员，应当经常看望或问候老年人，用人单位应当按照国家有关规定保障赡养人探亲休假的权利。国家从立法的高度来规范了儿女对老年人应尽的义务，关心老年人的心理需求，缓解老年人的孤独感和凄凉的心境，是促进社会和家庭和谐发展的重要举措。《全民健身计划纲要》中明确规定了全民健身活动对改善生活方式和提高生活质量的意义和价值。国家和社会对老年人口体育健身活动的关注，也为老年人建立体育生活方式提供了外部环境。

体育锻炼作为一种生活方式，具有较强的自由性、文化性、非功利性及主动性等特点。对增进健康、强健体魄、预防疾病和身体康复、提高文化素养与精神文明建设、丰富生活内容与加强人际关系促进人的社会化与个性形成等都有重要的意义和作用。体育生活方式对于老年人群的身心健康，对于整个未来社会的健康发展和稳定，有着更重要的意义。老年人参加体育活动，可以培养健康的兴趣爱好，改变不良的生活习惯，提高生活质量，丰富养生之道，愉悦身心，保持生命质量，尽享天伦之乐。

在体育蓬勃发展的今天，体育参与可以作为提升农村老年人幸福指数的手段之一。在老龄化背景下，以体育参与来提升农村老年人幸福指数既是一种对农村弱势群体的关怀，也是对城乡二元结构下体育福利不均等的一种反思。多年探索，人们逐渐形成共识：社会可持续发展是个等边三角形。一条边是经济发展，另一条边是环境生态，第三条边是幸福指数。经济、生态与民生，三者互相依存和贯通。三条边中，与人民最相关的是民生，因此，在这个发展的三角形中，要以幸福指数为纲才能保证其发展的稳定性。老龄化背景下要提升农村老年群体的幸福指数，体育参与将是其重要的突破口之一。

（1）幸福的一生应当经历朝气蓬勃的少年、充实光辉的成年和安适自如的晚年，老年是人生的最后阶段，老年体育也是此前各阶段体育效果的终审与总结。如果步入老年就疾病缠身，甚至丧失活动能力，整日靠打针吃药度日，还有什么幸福可言？安度晚年更是成了一个遥不可及的梦。体育作为健康生命的守护神，有义务为提升老年人的幸福指数而落实到农村老年人的日常生活中。

（2）中国农村老年人文化水平普遍不高，对其继续进行文化教育的可行性并不大，但是体育作为人的一种与生俱来的本能，受知识水平的影响较小，以体育作为提升幸福指数的突破口，可以让最大范围内的农村老年人融入其中，并在较短时间内产生积极的认同感，从而促进农村老年人幸福指数的提升。

（3）通过多种手段和方法实现对农村老年人幸福生活的引导和健康生活方式的培育，从体育资源的开发利用对老年人体育参与思想的转变，体育康复手段治疗老年人身体损伤，体育锻炼对老年人身体健康水平的提升和疾病的预防，体育参与对老年人精神满足和成就感获得等不同方面，提升农村老年人的幸福指数，体现了手段方法的现代性。

经济社会的发展，使人们对生活的要求已经不仅仅满足于物质生活，更需要精神文化生活的丰富。体育活动作为改善和增强老年人身心健康的重要手段与保障，需要不断地在农村老年人群中得到普及。老年人的身心健康是家庭幸福、和谐的重要标志，和谐社会的建立、新农村的建设与发展离不开老年人体育。老年人经济和闲暇时间相对宽裕，他们参与体育活动，更易促进其身心健康与延年益寿，实现和谐社会所要求的经济发展和人全面发展的内在统一。老年人参加体育活动，使老年人精神饱满、心情愉快、家庭幸福、充满活力，而社会活力是社会生产力持续增长的保证，是建设和谐社会的物质基础。所以，普及农村老年人体育活动，使农村老年人养成健康的体育生活方式，是促进农村老年人健康地、幸福地度过晚年的重要内容。

五、农村老年人体育生活方式的现状

（一）体育生活方式的观念落后和意识薄弱

当前的农村老年人一般出生于旧中国的艰苦时期，他们经历了当时的贫穷落后环境，面对当时艰苦的生存环境，养成了他们保守、封闭的生活习惯。所以，很多农村老年人出现了对体育生活方式认识不足、理解不够的局面，不能理解体育运动与健康的真正关系，很难接受一些新的休闲运动项目，所以阻碍了老年人进行体育锻炼的行为。

农村老年人受教育程度参差不齐，很多老年人根本就不识字，甚至有些老年人还固执地认为，休养生息、每天静坐或躺着休息才是增进健康的最佳方式。所以，这些传统、落后的体育生活方式意识，严重影响了农村老年人的身心健康的改善。再有一些农村老年人，由于长期从事艰苦的劳动，身体积劳成疾，对一些运动项目有心无力，无法进行正常的锻炼。

（二）体育活动场地和资源的匮乏，运动项目开展不足

人们对体育运动项目的选择，一般与体育场地设施、器材、自身的兴趣爱好、生活需要和经济收入等有关。农村居民经济水平、运动观念和健身意识较之城市居民都有一定的差距。政府部门对农村群众体育设施建设的关注程度不高，农村体育设施建设相对缓慢，场地资源比较匮乏，很多村落根本就没有专门进行体育运动的场地，限制了农村群众体育的开展。现阶段，农村群众体育健身氛围较差，而且平时忙于田间劳作，所以体育活动开展不容乐观。

由于缺少政府、村委会等相关部门的组织领导，农村体育运动项目的开展严重不足，特别是老年人体育运动项目就更少。老年人不能选择自己所喜爱、擅长的运动项目，对体育活动失去了兴趣，体育生活方式也就无从谈起。

（三）体育活动动机不足，缺少必要的指导

尽管体育具有的强身健体、防病治病、使人健康长寿的生物功能已经被大多数老年人所接受，但落实到自身的实际状况上时，却存在明显的差距。很多参与集体或小群体活动的老年人，其目的根本不是强身健体，而是为了消除烦恼、孤独感、消磨闲暇时间和与别人交往。很多农村老年人认为，与其他娱乐项目和活动相比，体育活动并不是他们的首选，他们觉得体育活动与其他娱乐活动相比，更加枯燥无味。而且缺乏体育知识技能又无人指导，进一步阻碍了其体育参与。现阶段，农村老年人比较能接受的，还是宗教祭祀体育活动，在开展过程中，农村老年人的参与性强、兴趣高。

六、农村老年人体育生活方式的科学发展标准

（一）农村老年人体育生活方式的发展趋势

体育生活方式是老年人生活方式的重要内容，对老年人的身心健康有着非常重要的影响。随着时代的进步和社会的发展，老年人对体育认识的提高和体育行为的深入，老年人体育生活方式已经逐渐得到普及，农村老年人体育生活方式将有以下发展趋势。

1. 体育活动逐渐普及化，老年体育人口不断增加

随着全社会人口老龄化趋势的不断加深，老龄人口的比例越来越大，在体育活动各年龄段的比例中，老年人口是最高的。随着社会价值观、生活观的日趋更新，现代化的生活方式日趋得到普及，体育也在逐步地向大众化方向发展，体育人口不断增加，体育活动内容也得到了普及。时代的进步，必然导致人们思想观念和价值观的转变，以人为本的社会发展观和体育价值观，正是新时期全面建设小康社会，促进社会和谐发展需要弘扬的一种重要价值观念。

摆脱了繁重的田间劳动和家庭压力的农村老年人，随着年龄的不断增大，身体衰退得更快，意识到体育锻炼的重要性，有更强烈的健康要求，体育活动在农村失去劳动力的老年人余暇生活中的地位已十分明显，成为他们提高生活质量的主要手段。农村老年人闲暇时间较多，但由于缺少相关的体育活动知识和技能，他们的体育活动并不频繁，也没有固定的时间和场所，更没有形成具有特色的体育生活方式。因此，积极开展农村老年人体育活动是实施"全民健身计划"的重要内容，是扩大体育人口的有效途径，更是终身体育的归宿。

2. 农村老年人体育活动逐渐走向科学化、合理化

随着国家和政府对老年人问题的不断深入关注，全社会对老年人的关心程度得到了进一步的加强，老年人的体育生活也将被提到重要议事日程。老年人体育的组织管理逐步走上系统化、科学化的轨道；政府和社会力量投资兴建的体育场地设施数量增加，分布合理，其功能日趋符合体育生活的需要；老年人体育生活的内容和形式将更加丰富多彩，更具吸引力。体育的发展依赖于社会的发展，农村老年人的体育生活方式也将更趋科学化。

党的十八大报告进一步提到，通过全民参与健身，提高中华民族整体素质，建立科学、文明、健康的生活方式，促进社会安定团结，推动社会主义精神文明和物质文明建设。"关注民生"是新一届政府工作的出发点和归宿，在老龄化社会进程中，关注老年人

的生活，提高老年人的幸福指数，更是全社会关注的话题。通过舆论环境的建立，给农村老年人以潜移默化的影响，让他们乐于参与其中，深切体验科学的体育生活方式给他们带来的乐趣和价值，适时地表扬和表彰一些具有代表性的个人、单位和乡镇，适时地举办一些体育保健方面的知识讲座，给农村老年人量身定做"运动处方"，加强卫生保健知识的宣传，促进科学的体育价值观的内化。同时，指导农村老年人进行科学、合理的体育活动，从而改善农村老年人的身体状况，达到延年益寿的目的。

3. 体育活动的空间和内容逐渐趋向多元化

现阶段，随着社会观念的不断革新，老年人的娱乐活动已经不再是单纯的体育运动，而是集文化、娱乐、健身于一体的综合性体育娱乐活动。农村老年人选择的体育运动项目，已经不仅仅局限于那些"缓慢"性的项目，也有节奏明快的项目，如交谊舞、广场舞、秧歌等项目。目前，中国老年健身体育活动的内容，可以归纳为10大类近50项，其中参加太极类、保健类、气功类、跑步类的老年人就有3000多万；舞蹈类、球类、棋类、体操类、水冰类及其他健身娱乐活动也深受众多老年人的欢迎，人均活动有了三项之多；最近几年，国内外新发展起来的"轻体育"，即"轻松体育"，其特点为体能消耗少、负荷力所能及、活动内容多样、锻炼轻松愉快没有紧张压力，将会更适合老年人体育活动的需求。同时，由于农村老年人文化结构的变化，其文化艺术品位不断提高，他们的娱乐活动已不再只是跑跑步、打打拳这样单纯的体育项目，而需要迫切地加以丰富，从而激发农村老年人的活动兴趣。

现阶段，农村经济水平虽然得到了提高，但是农村体育设施的建设还比较少，缺少相应的健身场地设施。在农村老年人体育活动开展的过程中，就需要基层服务机构开动脑筋，利用好当地的自然资源条件，广泛地组织与当地自然、人文环境相符合的体育活动，激发老年人的体育活动兴趣，使体育活动的空间趋向于多元化的发展。活动内容趋向多元组合的娱乐化，即以身体练习和心理调节、现代传统健身体育和外来健身体育等融为一体的娱乐性的身心活动，活动的格局趋向合理化和科学化。

4. 体育活动的时间段趋于稳定化

体育活动时间将成为老年人必要生活时间。老有所养（社会保障）、老有所医（社会医疗保险）、老有所乐（健康和娱乐）、老有所为（生存价值）基本代表了21世纪中国老年人生活方式的取向，老年人生活质量的关键是健康问题，体育活动仍将是老年人首选的保持自我健康的方法。农村老年人具有较多的余暇时间，可以较为自由地安排自身的活动。农村老年人进行体育和休闲娱乐活动，往往表现出集群性，使之具有较为稳定的时间段和频率。

（二）农村老年人体育生活方式的科学发展标准

1. 符合老年人的身心需求

闲暇时间多、孤独感强、缺少关注是农村老年人的主要特点。农村老年人的身体锻炼活动，不在于追求运动成绩，也不在于提高个人的身体机能，更多的是为了消磨闲暇时间、结交交流的对象、聊天解闷等，因此农村老年人体育活动的方法要简单、动作内容不易复杂、激烈，以老年人的身心健康得到满足为主。采用丰富多彩的体育活动，缓解老年人的孤独感、思念、自怜和无助等复杂的情感，使他们摆脱抑郁、惆怅、孤独的心情，形成积极、快乐的老年生活方式，达到老有所乐的目标。

2. 与时代的进步相结合

长期以来，农村老年人由于科学文化知识水平较低，思想观念更新较慢，所以对一些新鲜事物的接受能力较差，导致了农村老年人体育生活方式的发展与社会时代的进步不相协调的局面。农村老年人体育生活方式与现代社会的体育观念脱轨的局面，直接影响了老年人体育活动的开展，导致老年人本就不够开化的思想更加难以接受新鲜事物。

随着社会的日益发展，农村老年人应该逐步开放自己的思想，主动参与能满足于调剂生活、亲近大自然、恢复身心疲劳、增进健康、陶冶情操、追求欢乐和刺激、促进人际交往等多方面需要的活动项目。在体育活动的过程中，不断更新自己的观念，勇于接受新鲜事物，真正做到人老心不老，永远走在时代的前列，游刃于新时期的体育生活方式当中去，不断改善自身的身体状况，达到延年益寿、安享晚年的目的。

3. 具有鲜明的文化特色

农村老年人体育生活方式的发展，既不同于成年人体育生活方式的发展，也不同于城市老年人体育生活方式的发展。由于受到经济状况、政府关注程度、场地器材、体育活动观念等方面的影响，农村老年人的体育活动方式与城市老年人的体育活动方式出现了明显的差别。在没有专门活动场所和指导人员的情况下，农村老年人无法进行像太极、交谊舞等运动项目，取而代之的是农村的大秧歌，一些农村老年人积极地加入到村里的秧歌队里，既为秧歌队贡献了力量，也锻炼了身体、娱乐了身心、缓解了自身的孤独感和凄冷的心境；还有一些农村老年人，选择空气清爽的早晨，到田间地头或山坡进行漫步，既丰富了个人的晚年生活，也锻炼了身体、增进了健康。

与城市相比，农村具有得天独厚的条件，空气清新，污染较少，资源丰富，而且民风淳朴、热情，适合老年人交往、生活。政府等相关部门要重视农村老年人体育生活方式的开发和推进，因地制宜，利用好农村得天独厚的条件，开发适合农村老年人参与的体育运动项目，形成具有鲜明特色的农村老年人体育活动方式，改善农村老年人的生活质量，使农村老年人真正能够达到"老有所养，老有所医，老有所为，老有所学，老有所乐"的目标。

第三节　农村老年人体育生活方式的内容结构体系

当前社会的政治、经济、文化、科技高速发展，生活水平不断提高，然而人们在社会生活中的压力越来越大，对身体健康的关注程度越来越高。体育作为促进身体健康的主要行为手段，其促进方式的选择显得尤为重要。体育生活方式作为一个极复杂的系统，涉及人们生活的各个方面。在体育生活方式的结构要素方面，各位学者的认识较为统一。

一、体育生活方式的结构要素

吕彦等认为鉴于体育生活方式是个极为复杂的系统，因此要借鉴生活方式的结构主要由生活活动主体、生活活动条件、生活活动形式这三个要素构成的理论，把体育生活方式结构分解为体育活动主体、体育活动条件和体育活动形式这三个要素。对体育生活方式的构成要素可以从不同的角度和层次进行分类，在借鉴前人研究的基础上，可以将体育生活方式的构成要素分为以下四个方面。

（一）体育活动的主体及主体的行为习惯

毋庸置疑，体育活动的主体就是参与活动的人本身。体育行为的主体只能是人，有意识的人是体育生活方式行为主体的根本特点。很多学者按照不同的特点和需要对体育活动的主体进行了分类，使体育生活方式的研究更具有针对性。例如，根据性别可以分为男性和女性，根据年龄可以分为儿童、青少年、中年和老年，根据职业又可以分为学生、教师、医生等。通过对各位学者针对各类或各地区人群的体育生活方式的研究可以发现，不同的体育活动主体有各自的特点和意义，对于体育活动的理解和意识强弱不同，体育参与情况实际也有差别，对于完善体育生活方式也有针对性的途径与方法。

在体育活动进行的过程中，参与的人不仅指单个的人，还包括群体的人。由此可知，所谓的活动就是指个人的活动、群体的活动、社会的活动和整个人类的活动等。主体的行为习惯是体育生活方式的重要组成部分，也是体育生活方式的外部体现。行为习惯有优劣之分，好的体育行为习惯促进人们的身体健康，有利于人们参与体育活动，不良的行为习惯降低了人们的健康水平，阻碍了人们的体育参与行为。

体育的主体是人，体育活动的参与者是人，参与体育活动达到的效果也体现在人的身上，这跟生活方式的主体保持了一致。在这个过程中，人们参与体育活动的动机是由人们的价值观所决定，因此也就决定了人们参与的兴趣和爱好。从内容和形式看，体育的基本内容和基本形式都统一于称作身体练习的人的自身运动。但是即便是身体练习，人与人之间还是有着许多差别的，个人的体育运动的形式和内容也有着一定的差别。人的体育活动是有意识支配的社会存在物，体育生活方式是具有能动意识的主体的体育活动方式。

人们的体育兴趣爱好、体育习惯和体育行为也是体育生活方式的重要组成因素。良好的行为习惯促成了规律的体育生活方式，从而影响着人们的体质健康和身体状况。

（二）体育活动的行为基础及活动的条件

体育活动的行为基础和活动的条件是构成体育生活方式的另一个重要的要素。在现实生活中，个人、群体和社会对体育生活的需要是在外部条件的制约下实现的。孙晓明等指出作为满足人对体育活动需要的体育活动条件，包含了自然条件、社会条件和人自身的条件等方面。并从自然与社会、物质与非物质的角度，对体育活动的条件进行了整理，较为全面地指出了体育生活方式的影响因素。

自然条件主要是指制约体育生活方式形成的各类体育活动设施，涵盖了地理环境、温度、空气质量和季节等因素。体育活动会受到寒冷、高温、多雨、冰雪等环境的影响。但同时，体育活动的开展也可以利用诸如江河、湖泊、海洋、沙滩等独特的地理自然环境。自然因素可以使人们得到回归自然、返璞归真的真实体会，所以备受青睐。

制约体育生活方式形成的条件还包括了社会条件。社会条件是指制约体育生活方式形成的社会条件因素，是一个错综复杂的系统，其因素包括了社会结构、政治、经济、文化、风俗、教育程度、收入水平、消费水平和结构、闲暇时间、大众传媒等各个方面。这些因素都不同程度地影响着体育生活方式的选择趋向，调节着人们在体育生活当中的行为。

个人自身的条件也是影响体育生活方式的一个重要因素。个人自身条件因素包括年龄、性别、身高、体重、健康情况、个人嗜好、职业、文化水平、经济收入状况、婚姻、居住地、社会地位、对体育的认识水平等各个方面。人作为体育生活方式的执行者，既是活动的主体，又是活动的客体，还是活动的主要受益者，所以具有多重复杂的身份。因此，个人自身的条件也对主体的体育行为具有一定的制约作用。

（三）体育活动开展的主要形式

体育活动开展的形式主要包括体育活动内容的确定和形式的选择，此外还包括体育活动的手段及体育活动形式的类型与结果，即体育活动开展模式，也就是体育生活方式。体育生活方式在生活活动中形成，并支配着人们的生活。人类的生活活动与地理、社会、经济、文化都存在着必然的联系，同时与它们的联系逐渐趋向稳定，这种适合人生理、心理、社会、文化的联系一旦稳定便出现一种可遵循的规律，如果违背就会出现各种层面上的紊乱。体育活动开展的形式和手段丰富多样，包括一切与身体运动相关的体育项目。正是这些体育活动手段——带有中介性的"工具手段"，在各不相同的体育活动主体和千差万别的体育活动客体条件的相互作用过程中发挥了中介作用，满足了人们对体育不同层次的需要，使体育活动形式表现出时间和空间特征的不同，达到的效果也不同。

体育活动形式首先是体育活动的选择，选择哪种项目，如田径、球类、武术等项目中的一种或几种，按照主客观条件选择合适的锻炼项目能够更好地达到锻炼目的；其次是形式的确定，即自己一个人参与体育活动还是跟别人一起或几个人参加体育活动；另外是体育活动参与途径方法的选择，以及体育活动达到的结果。随着现代社会的不断发展，体育活动开展的形式也越来越多，根据划分角度的不同可以划分成不同的类别。当前的体育活动形式越来越趋向于贴近自然、回归生态、促进人与自然和谐发展的一种健康的方式。

（四）体育活动的行为特征和行为效益

体育生活方式的内容应包括体育活动的主体、体育活动的客体和体育活动的形式三个要素的总和。体育活动的形式是行为主体和行为基础在社会实践过程中相互作用的结果，在活动的过程中表现出一定的体育行为特征。这种体育行为特征表现出一定的稳定性和可见性，人们通过活动过程中表现出来的显著特点，来判断这种体育生活方式是否合理，是否符合大众的需求。同时，体育生活方式表现出一定的目的性、稳定性、规律性和自觉性的特点，这些特点表现于参与体育的方式、类型、手段、持续时间、体育消费等各个方面上。

在当今高速发展的社会中，人们的活动方式多种多样、精彩纷呈，伴随着各种不同活动方式的组合，出现的是人们各不相同的生活方式。在这些不同的生活方式中，具有主观能动性的人可以选择任何生活方式。根据科尔曼的个人行动理论和费希本的合理行动理论，可以认为体育生活方式是个人或群体的理性选择，人们在参与体育行为之前，对体育生活方式所带来的效益进行评价，这些效益包括体育生活方式对自身生活满意度的改善、生活质量的提高及促进身心健康、减少疾病的发生率等方面。

在参与体育活动之后，体育生活方式所产生的行为效益就会展现在锻炼者的身上，锻炼者根据自身锻炼前所设立的目标、对预期效果的达成程度进行评价，及时对自己的动机和需求进行修改，选择最适合自己的体育生活方式。所以，体育生活方式的行为效益对体育参与者能否终身进行体育锻炼，以及养成体育锻炼的习惯至关重要。

二、农村老年人体育活动模式的构建

（一）农村老年人的体育活动现状

1. 农村老年人余暇时间的生活方式

据统计，农村老年人在脱离生产劳动之后有大量的闲暇时间，通过调查可以知道，农村老年人的大部分闲暇时间多用于做家务劳动、看电视和串门聊天等，其次是打牌、下棋。从中可以看出，农村老年人不再从事农业生产劳动后，其家务劳动繁多。但在家务劳动之余，他们大多选择串门聊天、看电视、下棋、打牌等活动来消除孤独和寂寞感。这更说明了农村老年人体育生活观念固化，体育锻炼意识薄弱，没有形成体育锻炼的意识和信念，对体育锻炼增进身体健康、延年益寿的认识没有落实到实践中去。农村老年人从事体育锻炼活动的比例极少，说明农村老年人体育氛围较差，没有形成体育锻炼的社会风气。

2. 农村老年人体育活动状况

通过数据统计，农村老年人每周体育活动的次数较少。在调查的群体中每周活动 0 次的人有 271，占调查总体的 34.7%；每周活动 1~2 次的有 345 人，占调查总体的 44.3%；每周活动 3~5 次的有 106 人，占调查总体的 13.6%；每周活动次数在 5 次以上的有 58 人，占调查总体的 7.4%。

从统计的数据中可以看出，农村老年人每次参加体育活动的时间在 30 分钟以下的人数比例最高，为 37.3%；其次是一小时以内的，为 29.5%；有 21.7% 的人锻炼时间在两小时以内；有 11.5% 的人锻炼时间在两小时以上。由于老年人的个人偏好、兴趣、观念、习惯、性格等有所不同，所以在进行体育锻炼时持续的时间也会大不相同。

调查数据显示，在体育健身活动之后，感觉身体很少出汗的占 22.1%，感觉身体微微出汗的占 39.4%，感觉身体中等出汗的占 27.6%，感觉大汗淋漓的占 10.9%。分析表明，农村老年人每周锻炼次数不足且锻炼时间较短，低于国家"每天锻炼一小时"的要求。农村老年人体育活动的强度普遍较低，多以小强度为主，很少进行中等强度和大强度的活动，运动负荷偏小。

3. 农村老年人体育活动的形式

调查数据显示，农村老年人参与体育锻炼的主要活动形式是个人锻炼，占总体的36%；其次是与家人、朋友、村民一起活动，占调查总体的 33.7%；其中参加老年人体育组织的体育活动的人群占调查总体的 20.7%；参加政府、村委会组织的体育活动的人群占调查总体的 24.3%。说明农村老年人的体育锻炼还处在一个自发的、个人的阶段，个人锻炼与家人、朋友、村民一起参与体育活动是农村老年人主要的活动组织形式。出现这些现象的原因可能是在新农村建设的过程中，政府、村委会等主导部门只注重了农村经济的快速发展，忽视了农村体育设施的建设和农村老年人体育活动的组织管理，对老年体育活动的重视不足造成的。

4. 农村老年人体育活动的经费来源、科学指导情况

从调查数据得知，农村老年人体育活动的经费来源主要是政府、村委会拨款和乡镇企业的赞助，还有一少部分是自筹经费。农村老年人体育活动组织的经费来源比较单一，农村老年人体育活动没有得到应有的重视。在全民健身活动如火如荼的开展过程中，农村老年人体育活动的组织明显滞后，活动经费不足、缺少专业的体育活动指导人员等因素，严重限制了农村老年人体育生活的开展。

(二) 农村老年人体育活动模式的初建

1. 以家庭为单位、村落为基地的农村老年人体育活动模式

将农村建设成为一个文化生产场所，从而来提高农民的福利感受，是中国新农村建设的核心任务之一。现阶段随着社会经济的不断发展，人们的观念也发生了重大的改变，许多农村年轻人婚后与老年人住在一起，这就为老年人进行体育活动创造了条件。

通过对农村老年人体育生活的调查可以发现，村落是农村体育开发和发展的基地。村落是农村体育生活的第一场所，是构建农村体育生活方式的基地。以家庭为单位、村落为基地的农村老年人体育活动模式就要求老年人在活动的过程中依附于家庭单位中，利用家庭中年轻人的体育活动观念，以家庭为单位进行体育活动。农村老年人在家庭体育活动开展的过程中可以相互指导，而且家庭体育开展便利，不受时间、场地等方面的限制。

农村老年人家庭体育的开展可以拉近老年人与子女的关系，增加子女与老年人在一起的时间，促进子女与老年人之间的交流，缓解老年人因余暇时间增多而产生的孤独感与寂寞感。农村老年人家庭体育的锻炼项目和锻炼方法既要以理论为指导，又要考虑现实的基础，从理论中找方法，从实际中找出路，丰富现有的家庭体育锻炼项目，开展丰富多彩的锻炼内容，使家庭体育成为老年人体育开展的主要方式，促进农村家庭的和谐建设，增进家庭成员的身体健康，达到农村老年人延年益寿的目的。

2. 以乡镇企业为依托的农村老年人体育活动模式

随着国家对农村经济发展投入力度的不断增大及城镇化建设的不断完善，大批的乡镇企业蓬勃发展起来。很多上了年纪的农村老年人都在乡镇企业里做过工，为乡镇企业的发展贡献了自己的力量。在年龄偏大、失去劳动能力之后，他们回到了家庭生活。作为乡镇企业发展过程中的元老，他们理应享受企业发展带来的福利。农村企业的发展不仅要促进中国农村经济的快速发展和农民的增收，而且要在中国农村老年人体育生活方式的构建过程中提供力所能及的帮助，促进老年人体育健身活动的开展。

以乡镇为依托的农村老年人体育活动模式，要求农村企业要立足发展，在保证生产、经营的情况下，为农村老年人体育活动的开展提供便利。在农村老年人体育生活方式发展的过程中，乡镇企业要依托自身的资金状况，立足长远发展，为农村老年人修建适宜的体育活动场馆、设施，组织员工的父母进行体育活动，增进老年人的身体健康。

乡镇企业积极开展老年人体育活动，可以减少员工因工作不能陪伴父母而带来的担忧，安抚员工的担忧心情，使员工更加全身心地投入到企业的生产当中。而且农村企业所拥有的体育场地、器械等面向附近老年人开放，不仅可以解决农村体育公共品缺乏的问题，满足农村企业附近农民日益增长的体育需求，而且还能够将农村企业的工余体育生活与附近村落的农余体育生活有机地结合在一起，对于开阔老年人的体育生活视野、接受新

型的体育生活方式起着重要的引导作用。

3. 以政府为主导、村委会服务为主体的农村老年人体育活动模式

以政府为主导、村委会服务为主体的农村老年人体育活动模式是指在老年人体育活动开展的过程中，应以政府为导向、以村委会为主要载体，政府制定相关的计划、政策，规范老年人体育活动的同时，村委会等基层组织通过资金的管理、资源的分配、人员的投入等方式，向农村老年人提供相关的体育服务。

为了满足农村老年人的体育需求，通过政府投入和社会支持，应尽可能地在集镇提供较完备的体育场馆和设施，并成立各类农村老年人体育健身俱乐部和农村老年人体育社团等；乡、镇政府还应当建立专门的农村老年人体育组织管理机构，按集日、节日、假日、季节有计划地组织各类农村老年人体育活动，逐步提高农民体育生活的格调。老年人体育组织管理机构还要负责为下属村落、乡镇企业培养体育骨干，督促和引导村落和农村企业开展各类的体育活动。

这种以政府为主导、村委会服务为主体的老年人体育活动模式，通过政府的政策、法规引导及村委会的管理、投入，既可以保障老年人的体育活动时间，又可以保证老年人的体育锻炼效果，不失为老年人体育生活方式发展的一条良策。所以政府部门应加快相关政策的制定和管理，改变农村老年人的体育观念、认识和旧的体育生活习惯，为农村老年人更好地发展新型的体育生活方式创造条件，促进老年人身体健康状况的改善。

三、农村老年人体育活动的风险及其防范

风险是可能发生的危险，是影响目标实现可能发生的不利事件，是危险转变成灾难的可能性。体育风险是指在体育竞赛、教学、锻炼等过程中可能发生的不好或不利事件。老年人身体的主要特征在于一系列退行性改变，体力减退，不少人还患有各种不同程度的老年性疾病。老年人锻炼，如果不事先注意风险防范，极易发生事故，甚至铸成大错。

（一）老年人体育活动的风险因素分析

1. 老年人的生理和运动机能特点

老年人随着年龄的不断增大，其身体机能出现一定的衰老性蜕变，与年轻时期相比，老年人身体主要出现以下生理变化：皮下脂肪逐渐减少，导致身体的御寒能力降低；肌肉萎缩，致使肌力及耐力减退；骨质较年轻时变得疏松；心肌萎缩以及供应心脏血液营养的冠状动脉出现粥样硬化，致使心肌收缩力减弱，心输出量及心力贮备下降，使心脏工作负担增重；老年人呼吸功能明显减退，呼吸肌力量和韧带弹性减弱，肺脏的通气和换气功能相应降低，肺活量急剧下降；神经细胞减少，神经纤维出现退行性改变；中枢神经调节功能减退，神经过程的灵活性降低，导致动作的协调和灵敏反应能力减弱；免疫系统功能减退，心理上出现不稳定性。

这些生理特点导致了老年人身体运动机能发生变化，肌肉力量衰减，肌肉出现萎缩和退行性变化，运动耐力降低；关节和韧带的灵活性变差，运动的柔韧性、协调性变弱，最大摄氧量和最大心输出量降低，运动代谢能力衰减，运动中的应变能力和运动性对抗能力降低，运动体能减弱，运动潜能耗竭，易出现疲劳、运动恢复较慢等问题，由此带来自我保护能力、个人行为、机能状态等全面下降，直接导致其体育锻炼的风险性加大。

2. 运动项目的特点与体育活动的性质

老年人不宜参加速度项目、力量性锻炼和剧烈的比赛，较大负荷运动可能造成机体的疲劳和损伤，运动过程中导致的心血管疾病、运动中的相互碰撞和器械运动可能造成自己和他人损伤等。例如，因快速奔跑而造成休克，因突然弯腰而造成瘫痪，因猛然下蹲而造成残疾，因倏然转颈而造成昏厥，因深度低头而造成伤亡事故，因憋气、过分用力而引起血压骤然升高等。

3. 体育活动的环境因素

环境因素包括安全措施、场地器材、体育环境等造成的体育风险。例如，运动场馆的规划设置，体育设施、体育资源、运动器材的设置，安全保护设置，气候、自然环境等因素产生的体育风险。

（二）老年人体育活动风险的防范

由于不同个体的身体机能状况、运动方式、参与对象、环境、体育器械、交通、天气等多种因素的影响，以及老年人参与体育活动时的组织管理复杂多变，老年人参加体育活动过程中存在着不确定性，体育风险客观存在且较为复杂，稍有不慎，就会有伤害事故发生。因此，老年人参加体育活动一定要强调风险防范。老年人风险防范的关键，一要强调自我防范，二要强调防伤意识、防伤措施和防伤习惯的养成。主要途径如下。

1. 定期进行体质检查

老年人身体机能逐渐变差，承受能力大不如前，特别是农村老年人，由于长期从事繁重的农业劳动，所以身体机能更难以把握。所以在参与体育锻炼之前做好身体检查，掌握运动中身体健康和技能变化的规律，充分了解自己的身体状况可以更好地选择适合自己的锻炼方式。同时还可以检验锻炼方法的正确与否，体育活动的量是否适宜，从而更好地指导自身体育活动的开展。

2. 运动前做好充分的准备活动

准备活动是运动活动开始前必须要做的一个内容，准备活动的好坏关系到运动过程的质量和安全。老年人由于年龄增大，身体机能下降，热身活动需要更长的时间。做好充分的准备活动是避免运动过程损伤的重要条件，对老年人起着至关重要的作用。

3. 运动要遵循循序渐进、持之以恒、自我监督的原则

对于刚开始参与体育活动的老年人，在运动量的安排上要遵循循序渐进的原则，切不可操之过急，每次的体育活动量要在身体完全适应之后再作调整，不可盲目增加活动量，以造成不必要的伤害。在进行体育活动的过程中，要遵循一定的规律，坚持不懈，锻炼的效果是在长期的锻炼过程中形成的，所以参与体育活动要持之以恒。同时，老年人参与体育活动要做好自我监督，根据自身的感觉和身体反应，对活动量作出调整，以便于更好地增进身体健康，减缓身体衰老。

4. 尽可能消除一切导致风险产生的因素

在组织老年人体育活动前，分析该活动是否存在有重大事故的隐患和发生的可能性。如果可能性较大，而且活动组织者不能或不愿意承担相关事故责任，就应该取消该活动或采用其他活动代替。

采取各种有效的、合法的预防措施和处理方法，减小伤害事故发生的可能性和因事故

造成的负面影响和损失。具体内容包括：在体育锻炼前进行全面身体健康检查，合理选择项目和确定适宜的运动量，锻炼前做好热身活动，购买医疗保健用品，加强安全教育与科学指导，掌握急救处理的常识，全面检修、维护场地器材，加强医务监督与安全管理等。

第四节　农村老年人体育服务保障体系建设

目前，中国人口老龄化的形势已经十分严峻。在农村，由于中国现阶段社会发展的特殊性，农村大量的青壮年到城里打工，造成大量的留守空巢老人，经济困难，身心健康令人堪忧。在人口老龄化快速发展的新形势下，大力发展农村老年人体育健身事业，提高农村老年人的生活质量，已经成为全社会共同关注的焦点。

近年来，在全国老协办"促进城市、发展农村、重在基层、面向全体"的老年人体育工作方针指导下，全社会应更加关注农村老年人的身体健康，大力发展农村老年人体育事业，为农村老年人体育健身提供服务保障，采取合理、科学的体育健身方法，满足老年人体育锻炼的需要，建立农村老年人体育服务保障运行机制，为农村老年人开展体育活动提供物质和政策保障，已经成为当前老龄化背景下迫切解决的问题。

一、中国农村体育服务体系保障的政策法规

随着对政府职能认识的不断深化和行政管理体制改革的不断深入，以及构建和谐社会重大战略任务的提出，公共服务这一问题日益引起了人们的重视。

在《中共中央国务院关于进一步加强和改进新时期体育工作的意见》中明确提出"大力推进全民健身计划，构建群众性多元化体育服务体系"的任务，表明了党和政府对体育事业的关怀和对体育公共服务的要求。

此后，被国家体育总局定为"农村体育年"，之后各地农村掀起了"新体育、新农村、新生活"的活动，旨在改善和提高广大农民体育健身的物质条件，倡导培养健康文明的生活方式，增进农民的身心健康。

自从《全面健身条例》正式颁布与实施，政府将体育设施建设纳入体育强市、强县创建衡量指标体系之中，进一步调动基层的积极性和主动性。

随后，国务院又印发了《全民健身计划（2011—2015 年）》，计划中对农村体育的发展给予了高度重视，要求地方各级政府将发展农村体育纳入当地全面建设小康社会和社会主义新农村建设规划，统筹城乡全面健身事业发展，大力加强农村基础体育设施建设，促进城乡体育资源和公共体育服务均衡配置，逐步建成城乡一体化的全民健身工程建设项目。

建设农村老年人体育健身活动服务保障体系，为农村老年人开展体育活动提供物质和政策保障，对于促进老年人体育事业、改善身心健康、改变生活方式、促进社会和谐具有非常重要的意义。

二、中国农村老年人体育锻炼健身的基本情况

(一) 农村老年人体育锻炼健身的主要内容

农村老年人的闲暇时间相对较多，他们大多数的休闲时间主要是三五成群在一起聊天，在街头房檐下面晒太阳。据调查，农村老年人体育活动最常见的是散步、健步走、慢跑、健身舞、棋牌类、乒乓球、太极拳、武术、气功等；集体健身内容主要由传统体育项目、民俗类项目、舞狮舞龙、秧歌、旱船、老年迪斯科等。

农村老年人参加体育锻炼的项目较为单调，主要以不需要器材、对场地要求不高、以小运动强度和非对抗性的体育项目为主。预计到 2020 年，以动静结合为主的太极拳、太极剑和一些保健医疗操，将成为具有中国特色的老年体育活动内容的重要构成部分。

(二) 农村老年人体育锻炼健身的活动地点和时间

大多数农村老年人体育锻炼健身的活动地点不固定，以就近为基本原则，多采用以居家位置中心的村庄周边为活动地点，而且多选择空气新鲜、环境优美的村头巷尾、田间地头、场院、村边道路、江河湖畔等天然运动场地。农村的居住场所比较宽敞，在自己院子里锻炼的老年人居多。农村的场院是老年人茶余饭后经常集聚的地方，许多农村老年人自发性的体育锻炼、健身活动就集中在这里，因此场院成为了农村老年人进场锻炼的主要场所。

另外，农村学校体育场所也是部分老年人活动的主要场所。大多数农村老年人锻炼的时间选择在清晨和傍晚，清晨为主要的锻炼时间段，傍晚一般进行有组织的集体锻炼。农村老年人体育锻炼还具有季节性的特点，在农忙季节体育活动较少，只有在农闲和重大节日，才进行大规模的体育锻炼。

(三) 农村老年人体育锻炼健身的组织形式

有一半以上的农村老年人是自发地进行体育锻炼的，健身锻炼的主要形式为独自锻炼、与家人老友一起锻炼及与社会组织一起锻炼。项目选择单一，动作技术简单，运动负荷量较小，具有一定的娱乐性。

在农村，年轻人和壮年是劳动力的主要支撑，他们没有太多的时间陪老年人进行体育锻炼，农村老年人体育锻炼呈无组织状态，大多数人由于传统思想和对体育锻炼与健身的价值没有明确认识，不愿加入组织进行锻炼，可见农村老年人体育锻炼的形式较单一，参与的组织程度较低。

(四) 农村老年人体育锻炼健身的主要动机

进入老年期，人体各器官的机能不同程度地发生了衰变，多数农村老年人患有不同的疾病，因此老年人在进行体育锻炼时表现出很强的目的性和针对性。主要选择健身保健、延年益寿、祛除疾病、兴趣爱好、摆脱孤独和寂寞等目的依次排名前五位。老年人由于自身的生理和心理特点，决定了体育活动内容多以静、慢、强度不大的运动项目为主，活动的时间不等，以短时为宜。

三、影响农村老年人体育锻炼的不利因素

（一）对体育锻炼的认识不够

由于农村经济发展相对比较落后，农民受教育的程度相对较低，特别是农村老年人，其中大多数是文盲或半文盲。在一定程度上，他们的认识水平和思想意识受传统思想的限制，他们对待体育锻炼的态度、参与体育锻炼的意识薄弱，缺乏良好的体育思想及良好的体育价值观。在经济比较落后的较偏远山区，尽管体育作为一种强身健体、延年益寿、促进身体和谐发展的运动项目，但是由于农村老年人体育知识的缺乏，而体育作为一种强身健体、延年益寿、促进身体和谐发展的运动项目，由于农村老年人体育知识的缺乏，认为劳动可以代替体育运动的错误思想，缺乏体育锻炼的动力。

另外，一些基层对体育健身活动重视、宣传力度不够，使体育健身活动发展滞后，加之农村居住模式是以村为单元，很难形成体育组织，导致老年人的健身活动不能形成有效的带动效应，这些不利因素制约着农村老年人体育健身活动的发展。

（二）没有形成有序的体育管理组织

目前中国的全民健身组织，由于管理工作缺乏明确的基层执行主体，使全民健身组织管理工作表现出很大的随意性，管理效果欠佳，效率低下。正因为基层管理者重视程度不够和管理能力的低下，导致农村全民健身运动滞后。

另外，目前中国农村全民健身组织缺少一定的基层体育组织作为支撑，行政组织的最末端只能达到县一级，其他各类非行政体育组织基本上未能深入农村基层。由于缺乏体育基层组织，直接导致农村体育主体的模糊与缺失。农村老年人体育活动的开展，没有专门的组织和专职的指导人员，对政府的依赖性很强，再加上各级体育行政部门的注意力以及工作重心的偏移，使农村体育活动的开展始终处于一种自发、无序、零星的初级状态。

（三）农村老年人体育组织规章制度不健全，缺乏政策法规保障

农村管理肩负着完善体育设施、建设体育组织、组织体育活动等促进全民健身目标实现的任务，是实现农村体育总目标的组织保证。目前中国农村全民健身组织管理还不够规范，缺乏政策配套和有效的运行机制。一些经营性体育健身组织的管理更缺乏明显的执法依据，存在体育、文化、民政等多部门交叉管理的不合理现象。各级体育活动点大部分属于自发的非正式组织，规模较小，便于参与，但是由于各体育活动点自身性质和特点不同，管理规章制度不健全等原因，缺乏政策法规保障。

目前中国相关全民健身管理的法律层较低，法规不健全，整体效率较低，规范性程度不高，现有法规主要以《宪法》《体育法》为基础，配合有限的行业管理规范、制度和条例，基本上属于行政法规的范畴，对健身市场、经营场所等方面还没有形成政策法规。

（四）经费匮乏，缺少专门的健身指导人员

目前中国农村老年人经济收入的主要来源是靠种植带来的经济收入，其产业结构仍是传统的"粮畜型"。农村老年人经济收入渠道单一，有些贫困地区的温饱问题还没有解

决，经济效益低下，阻碍了他们在体育上的投入。全面健身组织需要人力、物力、财力等资源的保障，以及农村体育场地、器材的经费投入。当前中国社会体育指导员已有一定数量的积淀，问题的关键在于相当一部分社会体育指导员有名无实，缺少专门的健身指导人员，对体育经费的投入相对较少。

另外，缺乏体育组织，缺少专门的健身指导人员，也是制约农村体育发展的不利因素。老年人体育组织主要是政府主导型的体育组织，民间体育组织较少，力量薄弱，生存困难。

四、农村老年人体育公共服务运行保障体系的构建

（一）完善农村老年人体育组织的政策法规

农村老年人体育组织要健康发展，必须把农村老年人体育管理要纳入法制化轨道，必须做到良好的政策法规保障，所以要加强《中华人民共和国体育法》《全民健身计划纲要》《老年人权益保护法》《关于加强老年人体育工作的通知》法规的完善和执行，这些政策法规的制定，为开展全民健身活动奠定了基础，提供了政策保障。

建立农村老年人体育组织的管理制度，制定长期的发展目标，落实管理服务主体，细化管理服务责任，形成完整的监管评考机制，将老年人体育工作纳入各级政府政绩考核的实质性框架，杜绝形式与作秀形式，形成完整的法律体制，找到农村老年人体育活动体系存在的问题及其成因，建立健全与现阶段相适应的农村老年人体育活动管理机制，保障农村老年人体育组织的建设与发展。

（二）建立和完善农村老年人的体育组织机构

建立健全以中心镇、乡镇文化站为一体的体育组织机构，赋予乡镇文化站体育管理职能，以此为依托，形成在镇政府领导下由文化站站长负责、体育社团主要负责人和体育指导员参与的镇级体育管理组织，负责对中心镇老年人体育的社会管理；建立健全行政村和自然村体育活动室（点），探索建立以体育活动室（点）为依托，学校体育教师和民间体育爱好者自愿参与的具有民间社团组织的村级体育服务组织。

加强对基层老年人体育的组织指导，提高组织的规范化程度，为中国农村老年人健身的普遍化、生活化提供组织保证。将农村老年人体育组织实体化，或者在一些发展较好的乡镇，建立农村老年人体育俱乐部，自主经营，自主管理，把农村老年人体育推向市场，使农村老年人实现商业化、产业化，实现农村老年人体育的自我规范发展。

（三）通过多种形式拓宽经费来源的渠道，增加农村老年人体育事业的经费投入

农村老年人体育事业的发展离不开国家财政实体的投入，同时也需要民间、社会、企业等多方面的资金集聚以保证必要人力资源和硬件、软件设施的建设。农村基层老年人体育组织要正常运转和发展，政府和有关部门应给予政策上的支持和资金保障。

乡镇主管文化的体育部门应利用体育彩票、公益基金，有计划、有步骤地建立基层老年人体育组织，向老年人提供价格低廉或免费的体育活动场所和建设设施。通过体育彩票的发行、企业赞助、个人投入等多种渠道，拓宽体育组织经费来源。建立体育组织基金，

保证体育活动正常开展。坚持体育社会化和产业化经营培训，适度发展体育产业，运用多种融资方式筹措组织经费，全面推动农村老年人体育组织工作更加广泛、深入、持续发展。

（四）开展形式多样、内容丰富的农村老年人健身活动

农村老年人体育锻炼与健身活动的内容和形式相对单一，要改变这种传统的体育活动模式，各级县级人民政府必须坚持面向基层、面向农村、面向全体老年人的健身原则，积极支持老年人开展形式多样、丰富多彩的体育健身活动。提倡科学健身，普及科学健身知识，让广大老年人通过科学健身，增进身心健康、陶冶情操、延年益寿。

在活动内容上，要坚持以人为本、重在参与、具有娱乐性、调动情绪、养生保健的原则。

在活动项目上，重点推广适宜在农村开展，对场地要求不高，具有普及性、健身性、趣味性的体育项目。

在活动形式上，采取文体结合、动静结合、保健养生结合、现代和传统相结合、现代城市广场舞和传统体育项目相结合，引导老年人走出家庭、融入社会，促进他们的身心健康和社会和谐。

（五）建立完备的媒体信息传播系统，加大体育锻炼与健身的宣传力度

在农村老年人中推动"科学健身、全民健身"的理念，营造农村老年人积极参与运动健身的良好氛围，将科学健身的理念、知识、技能融入农村老年人的生活中，使科学健身逐渐成为农村老年人喜爱的生活方式之一。

乡镇体育管理部门和宣传部门，应充分发挥报纸、杂志、电视、广播、公益广告等舆论宣传工具，有目的、有计划地为农村老年人提供体育法规、政策、体育文化知识、科学健身方法的传播。

除此之外，地方电视台还可以开设体育卫生专栏，聘请体育健身专家讲授体育健身的知识和健身的方式，解答农村老年人体育锻炼健身中遇到的困难，使全民健身活动深入到老年人中去。

第五章　多维视角下的体育研究

回顾了中国体育界学者对现代"体育"定义的界定，从哲学、现象学、人文学等多维视角下对其进行多维审视和重新思考。可以认为，体育是一种复杂的社会现象，是以促进身心发展为主观意识上根本目的的身体活动，旨在澄清人们在体育及体育本质认识上的混乱，促进体育事业的健康发展。

第一节　多维视角下的现代体育概念的再认识

体育作为一种社会产物，具有其本身的复杂性，对于体育的理解，也只能限定在某一个特定的时期。社会作为体育的一种存在背景，其中各因素之间的差异，造成各地区间体育事业发展的不平衡性，使人们对体育的初步认识很难统一起来。

在现代文化冲击下，出现体育价值的万能化、体育本质的夸大化的现象，这给自身基本理论研究较滞后的体育工作者造成负面影响：在学术上，阻碍其进一步发展；在管理上，导致体育事业相关部门出现"管理漏洞"和"双重管理"的现象。

这里以此为切入点，对存在的各种体育概念及其本质认识进行研究，并从逻辑学、哲学、现象学、人文学的角度总结和分析。

一、体育概念的回顾

早些年，胡晓风在《关于体育科学体系的若干问题》中的表述：体育是一种寓教育于运动之中的社会现象，是通过运动促进人的全面发展并丰富人们文化生活的一种社会现象。

后来，林笑峰在《体育和体育万法》中的表述：体育是身体教育或体质教育的简称，指的是教育者向受教育者传授增强体质的知识技能和运用这些知识技能实际锻炼身体的过程。

曹湘君在《体育概论》中的表述：体育是指以身体练习为基本手段，以增强人的体质、促进人的全面发展、丰富社会文化生活和精神文明为目的的一种有意识、有组织的社会活动。它是社会总文化的一部分，其发展受一定政治和经济的制约，也为一定社会的政治和经济服务，包括体育（狭义）、竞技运动、身体锻炼和身体娱乐。

在《体育概论》中的表述：体育是以身体活动为媒介，以个体身心健康、全面发展为直接目的，并以培养完善的社会公民为终极目标的一种社会文化现象或教育过程。

　　刘湘溶、李宏斌、龚正伟在《质疑传统体育概念和体育分类》中指出，体育就是人的特殊育化，即人类依据自身需要，有意识地以身体运动为根基，以人本为本质，以强化体能、娱悦身心为目的，以"释放"方式为特征，化育自身，使人向"完全人"（完善人）方向发展的方式和过程。

　　周西宽在《现代"体育"概念几个问题的探讨》中表述：体育是人类为适应自然和社会，以身体练习为基本手段而自觉地改善自我身心和开发自身潜能的社会实践活动。

　　简而言之，体育是人类以自身运动为主要手段改造自我身心的行为或过程。

　　熊斗寅在《"体育"概念的整体性与本土化思考》中表述：体育是一种复杂的社会文化现象。它以身体与智力活动为基本手段，根据人体生长发育、技能形成和机能提高等规律，达到促进全面发育、提高身体素质与全面教育水平，增强体质与提高运动能力，改善人们生活方式与提高生活质量的一种有意识、有目的、有组织的社会文化活动。

　　张洪潭在《体育的概念、术语、定义之解说立论》中表述：旨在强化体能的非生产性肢体活动。"体育"一词本身就是最简洁、最响亮、最适宜的最上位术语，其他各个下位术语的合成，只须在"体育"词前附加定语。

二、多维视角下体育概念的再认识

（一）逻辑学角度下的体育概念重述

　　逻辑学是研究思维规律的学科。它是具有工具性质的科学，在体育科学领域里应用逻辑学这一工具，能够有效提高体育科研工作者运用概念、判断、推理反映体育客观规律的能力，并且形式逻辑对概念的确定与划分都有明确的规定，它可以帮助我们辨析长期悬而未决的体育概念问题和正确界定体育概念。

　　1. 明确内涵的方法——属加种差的定义法

　　所谓概念，是人们对事物本质认识的高度概括，反映事物特性和本质的一种思维形式。那怎么样才能做到概念明确了最重要的就是要弄清楚概念的内涵和外延。概念的内涵反映在概念中事物的特性或本质，用于揭示其本质属性的；概念的外延是指反映在概念中的一个、一类的事物，是对概念所指范围的界定。明确一个概念的内涵就是要明确概念所反映的对象的特点和本质。其中定义就是用来明确概念内涵的一种逻辑方法。

　　定义通常由被定义概念、定义概念和定义联项组成。下定义最基本的方法是属加种差定义法，它可以用一个简单的公式来表示，即"被定义概念＝种差+邻近的属概念"，其基本步骤是，首先找出最邻近的属概念，就是把一个概念放到另一个更广泛的概念中；其次，着力找出其与其他种的差别，即种差。

　　2. 下定义应当遵守的逻辑原则

　　（1）定义的概念与被定义概念的外延必须重合。

　　（2）下定义的概念不应该直接或间接包括被定义概念。

　　（3）定义不应该包括含混的概念，不能用隐喻。

　　（4）定义不应当是否定的。

　　3. 明确外延的方法——划分

　　要明确概念，除了依靠定义来揭示概念的内涵，揭示这个概念所反映的事物的特性和本质以外，人们还需要了解概念的外延，了解一个概念究竟反映哪些事物。划分就是帮助我们明确概念的外延，从而明确概念的一种逻辑方法。将一个概念所反映的一类事物，按照某个或某些性质分为若干个小类，这就叫作划分。划分是由三个要素组成的，被划分的概念称为划分母项、划分后所得的概念称为划分子项、划分时所依据的对象的属性或特征叫作划分的根据。

4. 划分应当遵守的逻辑原则

（1）划分应当相应相称，即划分所得的各子项的外延之和应该等于母项的外延。

（2）划分所得的各子项，其外延相互排斥。

（3）每次划分必须按同一标准进行。

（4）划分必须按层次逐级进行。

（二）哲学角度下的体育概念重述

学者李力研认为，体育的本质就是人的自然化。人的自然性是人的身心发展的前提条件。人的自然属性包括人的自然个性的发育与成熟，体脑结构及其生理和心理机能以及身体素质和人的基本活动能力等方面。这些内容正是构成人类体质的内容，是整个人类任何个体都需要发展的内容。

在中国哲学中，注意的是人与自然、人与人的关系与统一，强调事物彼此的共性。"天人合一"的思想，强调人与自然的统一，人的行为与自然的协调，道德理性与自然理性的一致。然而体育的主要作用是促进人的自然属性的发展，即促进人的自然个体的生长发育与成熟，提高人的生理功能水平，促进人大脑结构、功能以及心理功能的发展，使人的体能得到全面发展。

此外，在《体育之研究》一文中写道："体育者，人类自养其身之道，使身体平均发达而有规则次序之可言者也；动之属于人类而有规则之可言者，曰体育。"这也是对体育发展人的自然属性的解释。

（三）现象学角度下的体育概念重述

按现象学观点，任何活动都是有意义的活动，而这个活动的意义不是活动本身与生俱来的，都是人给予的。人的意识活动就是一个建构对象、指向对象、赋予对象意义的过程。体育的内容称为意向内容，这些内容所指向的篮球、排球等具体活动称为意向对象。因此，所有人类的活动都是具有意向内容或称"意义"的活动，意向内容和意向对象是能指与所指的关系，对象和所指是意向内容所指示的对象，意向内容和能指就是它所表达的东西，两者不是一一对应的关系。

客观世界中有多种对象，但可能有不同的意义和含义。即同一种身体活动可能是也可能不是体育活动。看一种活动是不是体育活动，要看人们是否赋予这种活动体育的意义，而不在活动本身的形式。

海德格尔指出，要想理解体育的本真，就要到体育自行发生意义的生活世界中，悬置一切已有的认识，按事物本来面目认识事物。人的生活世界是通过人的交往活动呈现出来的，体育活动从来不是孤立地在人们的生活中显现，是在人们的交往中，在意义指引的网络中，在某个视域中与我们照面。随着人们生活世界的变化，反映身体基本活动能力和技能的形式不断多样化。体育活动的形式才能更高级、更复杂，体育运动的大家庭才能不断扩大。

（四）人文学角度下的体育概念重述

人是一切生产关系的总和，体育的主体对象也是以人为主，因此，认清和说明体育活动中人的主体性地位和作用，才能真正挖掘出体育对人的本质的生成、展现和完善，以及丰富和发展人的本质的重要作用。体育是人类针对自身所创造出来的一种身体运动文化，任何对于体育的研究，如果不考虑人类的健康和体质的终极效果，都免不了陷入误区。但是，用一般表浅的眼光，容易误认为体育只与生物学科有关，这样的理解是对体育中人文精神的忽视。中国传统文化历来忽视人文体育观，生物体育观占统治地位。新世纪呼唤人文精神，即以人为本发展体育，体育本质的回归——人文精神的复归。

三、体育概念再认识

当今，体育以从一种单纯的教育过程逐渐变为一种社会文化现象。体育的内涵和外延不断扩大，体育的概念也在不断发展中变化，我们要用发展的眼光看待体育这一社会文化现象，从多个维度审视体育的本质，可以更好地确定其概念。

（1）应将竞技运动与竞技体育区别开来，竞技运动在挖掘运动员的潜力时违背了体育的适量性原则。

（2）体育是以促进身心发展为人主观意识上的根本目的的身体活动。

（3）按其主观意识上的根本目的，将体育分为以传习方式的来发展身心的教育体育，以身体娱乐和休闲方式来发展身心的休闲体育，以竞争比赛方式来促进身心发展的竞技体育。

以人自身的主观意识为原则来定义和划分体育，不仅突出以人为本的体育价值观，并且提高了人的主观能动性，这样可以极大地调动人们的主动性和积极性，也为体育事业相关部门的管辖划清了界限和任务，为体育事业的发展提供了更好的出路。

第二节 多维视角下的阳光体育运动及其开展对策

"阳光体育运动"是新时期加强青少年体育意识、增强青少年体质的战略举措。从不同社会视角来看，阳光体育运动的开展既具有丰富的社会学意义，也具有重大的经济学意义：阳光体育是建设人力资源强国的必然选择；有利于和谐社会的构建；有助于提升个体的人力资本存量；可以提高政府体育财政的支出效用。

然而现实中，阳光体育运动的开展却不尽如人意，在从多维视角审视阳光体育运动的基础上，从应试教育与体育锻炼之间的博弈、学校对体育意外伤害事故的畏惧、政府对阳光体育财政投入不足等角度，揭示制约阳光体育运动开展的瓶颈问题并对问题的原因进行深入分析，进而有针对性地提出现阶段开展阳光体育运动的对策选择，为相关政府部门提供决策参考。

　　阳光体育运动的目的是通过开展阳光体育运动，促进各级各类学校形成浓厚的校园体育锻炼氛围和全员参与的群众性体育锻炼风气，吸引广大青少年学生走向操场，走进大自然，走到阳光下，积极参与体育锻炼，提高体育健身意识，培养体育锻炼兴趣，形成体育锻炼习惯，有效地提高学生体质健康水平。

　　从不同社会视角来看，阳光体育运动既具有丰富的社会学意义，也具有重大的经济学意义，然而，应试教育与体育锻炼之间的博弈、学校对于体育意外伤害事故的担忧、阳光体育活动经费不足等在很大程度上制约了阳光体育活动的顺利开展，这里拟从以上几个方面对阳光体育活动的开展提出相应对策和建议。

一、研究方法

（一）文献资料法

　　通过参阅有关阳光体育、学校体育、群众体育和经济学方面的书籍资料、评述性文章、相关学术论文等中外研究成果，为研究提供参考。

（二）逻辑分析法

　　通过对所获得资料与事实进行逻辑思辨，并结合以往的研究成果，运用演绎与归纳的方法得出本研究的结论。

二、研究结果与分析

（一）多维视角下的阳光体育运动

1. 社会学视角下的阳光体育运动

　　（1）阳光体育是建设人力资源强国的必然选择。党的十七大报告指出，要努力"建设人力资源强国"，而人力资源强国的典型特征之一就是健康特征。健康作为人力资源的重要因素，早在经典人力资源理论中就被提过。至于什么才是健康，世界卫生组织（WHO）作出如下定义：一个人只有在身体健康、心理健康、社会适应性良好和道德等四个方面健全，才算是"健康"的人。对于体育与健康的关系，诸多学者作出各种诠释，其核心要义不外乎，科学的体育活动有益于促进身心双重健康，在发展学生的社会适应能力和树立良好的道德品质方面更有着不可忽视的作用。即便只从促进身体健康的角度来看，体育也具有医疗保健无法比拟的优势，长期来看，体育健身投入少、收益大，边际成本呈现递减趋势，如图5-1所示。

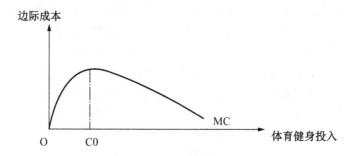

图 5-1 体育健身的成本曲线

具体地说，阳光体育运动的开展，一方面可以促使青少年提高体育健身意识，养成锻炼习惯，增进体质健康水平；另一方面也可以促进人们的心理健康水平，用蔡元培先生的话说就是"完全人格，首为体育"；同时，阳光体育运动的开展也有助于青少年学生在丰富多彩的体育活动中深入接触社会，发展自我意识，培养人际交往和耐挫折能力，提高自身的社会适应能力；阳光体育更可以通过各种活动中体现出的公平、公正原则，使青少年学生将书本上、生活中学到的道德准则和要求内化为深层次的良好道德品质。

由此可见，建设人力资源强国的必然选择之一就是提高中国人口的健康水平，而这其中，阳光体育运动的开展在促进健康的各个方面都起到了奠基作用。

（2）阳光体育有利于和谐社会的构建。研究表明，国民幸福指数（GNH）在评价一个国家社会和谐发展程度方面具有重要意义，且当一个国家的总体收入水平不高时，人们的幸福感受很大程度上取决于收入数量的多少，即收入高，幸福指数相对就高，收入低，幸福指数相对就低；但是，另有一些研究表明，在收入水平总体不高的情况下，体育活动可以使人们的幸福指数得到提升。

1）投身体育活动可以促进人的身心健康。一个身心不健康的人，即便拥有万贯家财，他也不会感到幸福。

2）在当今社会贫富差距较大的情况下，参与体育活动有助于那些对社会怀有不满情绪的人发泄不良情绪，调整心态，进而减轻社会犯罪现象，促进和谐社会氛围的形成。

赵富学、张学忠等学者的研究表明，大学生体育活动参与程度与生活满意度、积极情感和总体主观幸福感存在显著正相关且 P 值小于 0.01。鉴于此，范围广、涉及面大、方式灵活的阳光体育活动的长期、普遍开展势必将在很大程度上提升青少年和广大群众的幸福指数，进而对构建和谐社会起到推动作用。

2. 经济学视角下的阳光体育运动

（1）阳光体育有助于提升个体的人力资本存量。现代人力资本理论的奠基人舒尔茨认为，人力资本是体现在劳动者身上的、以劳动者的数量和质量表示的资本。它是体现在人身上的知识和技能的存量，通过教育、培训、保健等方面的投资形成。这些知识、技能在其使用中具有资本的基本属性——增值性，高投资必然会产生高回报。正因为如此，近些年来，人们越来越重视对自身人力资本的投资，以期获得较高的未来收益。

个体对于体育的投资，除了能够强健和愉悦身心之外，也是一个提升人力资本存量的过程。阳光体育是一个持续性开展的活动，在此过程中，当参与某项体育活动成为青少年和广大群众的一种习惯甚至发展成自己的特长时，对该项体育活动的基本知识或技能的掌握程度也会随之提高，掌握的相关知识、技能越多，其积累的人力资本存量也就越多。

正如毛泽东同志在《体育之研究》中所指出的，"体者，为知识之载而为道德之寓者也""夫知识则诚可贵矣""道德亦诚可贵矣"，然而，"无体则无德智也"。

（2）阳光体育可以提高政府体育财政的支出效用。从财政支出角度来看，体育财政属于政府公共支出范畴。众所周知，政府公共支出的根本目的就是满足公共需要，实现公共利益。衡量政府财政支出效用的标准主要有两个：一是看在多大程度上满足公共需要和实现公共利益；二是财政投入是否实现边际效用的递增。

体育财政支出同样如此。由于中国举国体制造成的重竞技体育，忽视大众体育的做法，造成了竞技体育与大众体育的一种非均衡，甚至畸形发展。

从经济学角度看，在体育财政支出这块蛋糕不变的情况下，竞技体育投入与大众体育投入之间是存在挤出效应的，即国家为竞技体育投入的多，势必投入到大众体育方面的就会少，以2000年为例，中国竞技体育投入为1.8亿，群众体育投入仅为2.7亿。

虽然我们不能否认竞技体育在拉动体育产业发展，提高国家的世界影响力方面的作用，但是相对于财政支出效用而言，投入上亿元培养奥运冠军与支持大众体育相比，显然大众体育对增进公共体育利益的价值更高。

阳光体育活动的开展是"面向全体学生"的，它可以使投入到学校体育中的经费辐射到每个学生身上，而现在的学生就是未来大众体育的主体，因此，阳光体育的开展将提高政府体育财政支出的效用。

另外，在体育财政支出严重非均衡的情况下，将体育财政支出向阳光体育倾斜可以实现财政支出边际收益递增，尤其是对各级各类学校中的体育弱势群体的投入，其边际收益递增将更为明显。

（二）开展阳光体育运动的障碍及成因

1. 应试教育与体育锻炼之间的博弈

自十年前阳光体育推行以来，全国各级各类学校结合实际开展了形式多样的体育活动，学生体质得到了明显的增强。然而，一个不容忽视的事实是，在以升学率为衡量标准的应试教育中，作为素质教育的阳光体育仍然在夹缝中生存发展。

究其原因，主要是由于激烈的高考竞争致使理性人陷入囚徒困境所致。博弈论中的囚徒困境描述了个人理性导致集体的非理性。在高考指挥棒的指引下，学校一味地片面追求升学率，学生、家长、学校不断把高考压力前置：重点高中、重点初中，甚至延伸到了小学和幼儿园。而对于应试教育的最大受害者——学生来说，时间是一种稀缺资源，而且很多人认为相对于学习而言，用于体育锻炼的时间机会成本很大。

换句话说，人们的一个惯性思维是，学习成绩好是通过刻苦获得的，似乎花费学习时间越多成绩就越好，反之，运动时间多必将减少学习时间，成绩自然会受影响。

在这种惨烈的升学竞争的现实压力下，学生与家长面临着两难选择。他们在与其他高考竞争者博弈过程中的占优策略就是投入更多时间学习，减少体育锻炼时间，因为假如其他竞争者不投入更多时间学习，我的理性选择是投入更多时间学习，悄悄地超过对手；假如其他竞争者投入更多时间学习，我的理性选择也是投入更多时间学习，唯恐因掉以轻心而被投入更多时间学习的对手打败。

简言之，无论对手是投入更多时间学习，还是不投入更多时间学习，学生和家长的理性选择都是投入更多时间学习，这是高考竞争中取胜的占优策略，由此，这种个人的理性导致了集体的非理性，社会为这张文凭付出了学生体质健康状况逐年下降的惨重代价。

2. 学校对体育意外伤害事故的畏惧

近年来，学校体育伤害事故频繁发生，据不完全统计，学校体育伤害事故占全部学校事故的30%~40%。而阳光体育运动的主要手段就是广泛开展各项课外活动，由于每个学生的个人体质等多方面的原因，在参与体育活动的过程中，难免会出现某些意外伤害事故。中国民法通则规定：学生在校期间所有意外伤害都应该由学校负责。

而由于目前各方面对学生伤害事故的认识存在分歧，法律法规不健全以及个别司法处理有失公正的原因，在学生伤害事故处理中时常出现一些不正常、不合理现象，严重影响了学校正常的教学秩序和生活秩序。更有甚者，有些非学校责任事故也被当作学校责任事故处理，事故发生后不管责任在谁，都找学校，而学校财力也有限。

这种情况造成学校的管理者普遍存有畏惧心理，一些课外实践活动不敢开展，甚至连体育课都不敢上，这在很大程度上影响了学生体质健康。对于一线体育教师而言，出了意外情况更是第一责任人，惮于此，他们也大多选择"不求有功，但求无过"的上课形式，尽量避免组织强度较高的体育活动，这也使体育锻炼的效果大打折扣，甚至使学生缺失某些方面的身体锻炼。

3. 政府对阳光体育财政的投入不足

党的十七大报告强调，要"优先发展教育，建设人力资源强国"，而教育的发展离不开强有力的财政支持，同样地，要使阳光体育运动的开展取得实效，也必须有充足的经费保障。

一方面，阳光体育运动需要体育教师探索新的活动项目和活动方式，以调动学生参与体育锻炼的兴趣，培养他们参与体育活动的意识，而这些能力的获得和发展离不开以经费支持的各种学习和培训。

另一方面，多种形式的阳光体育运动的开展需要相应的体育场地、设施和器材相配套，这无疑也离不开经费的保障；同时，开展阳光体育方面的课外活动也都需要经费投入。

虽然《学校体育工作条例》明文规定，各级教育行政部门和学校应当根据学校体育工作的实际需要，把学校体育经费纳入核定的年度教育经费预算内，予以妥善安排。然而，目前中国教育经费总体投入不足，教育经费严重短缺。

有数据表明，2002年以来，国家财政性教育经费占UDP比例分别是3.41%、3.28%、2.79%、2.82%，而目前世界平均水平为7%左右，其中经济欠发达国家也达到了4.1%。试想，整个教育经费投入水平尚且如此，又何以保证对开展阳光体育的经费投入呢？

三、结论与建议

（一）结论

阳光体育运动既具有丰富的社会学意义，也具有重大的经济学意义：是建设人力资源强国的必然选择；有利于和谐社会的构建；有助于提升人们的人力资本存量；可以提高政府体育财政的支出效用。

然而，应试教育与体育锻炼之间的博弈、学校对于体育意外伤害事故的担忧、阳光体育活动经费不足等原因在很大程度上制约了阳光体育活动的顺利开展。

（二）开展阳光体育运动的对策选择

1. 为学校的意外伤害事故立法

虽然近些年来，全国一些省市区制定的地区性《学生伤害事故处理条例》取得了一定成效，但可以这么认为，要加强学生伤害事故处理工作，应尽快在全国范围内制定《学生伤害事故处理条例》，明确事故认定标准和处理原则。把校园安全管理和学生伤害事故的处理问题纳入法制轨道，做到在维护学生权益的同时，也保证学校的合法权益，进而使学校放下思想包袱，动力十足地开展阳光体育活动。

2. 多渠道筹措阳光体育活动资金

学校体育经费是阳光体育活动顺利开展的重要保证，在目前教育经费总体短缺的情况下，从教育部门获得更多的阳光体育经费支持是不现实的。

在现有条件下，一方面可以通过政府部门下拨专项经费或以财政补贴的方式对阳光体育活动的开展提供经费支持；另一方面，各级体育部门还应放眼于吸纳社会资金、获得社会捐赠等来支持阳光体育活动的开展。可以由学校通过举办公益性质的体育活动获取一些企、事业单位的赞助，进而为阳光体育活动筹措资金；同时，在阳光体育活动经费使用方面，除了开源，还要节流，即提高经费的使用效率，不能造成浪费。

3. 形成学校、家庭和社会的合力，促进阳光体育的开展

（1）在目前升学压力挥之不去的前提下，需要建立学校与家长的沟通制度，使学生家长切实意识到体质健康在学生一生发展中的基础作用，包括对身体、完整人格形成的作用，同时，更要使家长们认识到一定程度的体育锻炼是有助于学生提高学习效率的，用经济术语来说就是体育可以引起学生学习边际收益的增加。同时还可以通过阳光体育家庭等活动，吸引家长跟孩子一起参与体育活动。家长的意识提上去了，就会愿意配合学校督促学生参与各种体育活动，培养体育锻炼的意识。

（2）各级教育部门和体育部门需要加强联合，通过政策制定、加强引导、努力宣传、组织活动等在全社会范围内引起大家对阳光体育运动的重视，引起全社会对青少年体质健康的关注，进而获得一些如免费实践活动场地、免费使用器材、设施和其他免费的社会支持。

（3）要定期以家庭和其他社会群体为单位对阳光体育运动的开展效果进行评价，要立足于学生自身体质状况的改善和变化进行纵向评价，最终形成评价反馈机制，从真正意义上促进学生体质健康状况的改善。

第三节　多维视角下休闲体育的价值与发展

随着人民生活水平、体育意识观念及消费水平的提高，休闲体育在国内逐渐兴起，已成为一种社会文化与经济模式。这里通过对休闲体育的现象进行调查，并对休闲体育的价值进行分析和探讨，从物理、社会、经济、文化等方面着手研究，分析研究中国休闲体育的起源、发展和现状，为国内休闲体育持续发展奠定良好的基础。

一、休闲体育的界定

随着休闲体育的发展，针对休闲体育的研究也逐步走上了科学化的道路。随着研究的深入，相关学者从多种角度、多方位对休闲体育进行探讨与界定。

王胜等人把休闲体育总结为："在休闲时间运用各种方法、手段，开展多种形式、内容的身体娱乐，并把它作为一种现代化文明社会互动和沟通的方式和手段。"周莹、申萍认为："在空闲时间内，在一种体育思想的引导下，为达到健身、消遣、宣泄等目的的一种体育活动，休闲体育的特点包括自由性、个人性、情感性和群众性。"

从以上资料可以看出，对休闲体育的释义可谓是仁者见仁、智者见智，形成了多种有价值的看法。虽然众多学者对休闲体育的定义有所不同，但基本上都认为休闲体育是指人们在闲暇时间以增进身心健康，丰富和创造生活情趣，完善自我为目的的身体锻炼活动。

休闲体育的特点是能够锻炼身体，预防和治疗疾病，防患于未然，提高人民综合素养，丰富精神文明和促进人际交往，使人们建立良好的人生观和世界观等有着重要意义和作用。开放性、非目的性、文娱性和主动性等是休闲体育的特点。

二、休闲体育的价值分析

（一）休闲体育的身心价值

休闲体育是指人们利用空闲时间，为了改善自己的身心健康，以丰富平时生活和增进生活兴趣为目的，完善自我而进行的锻炼与娱乐的活动。休闲体育首先带给人的就是身心方面的价值。

现代生物学、生理学、心理学和体育科学表明，休闲体育对增强人体健康、保持良好的活力，减轻心理压力有着积极的作用。人体通过身体的活动，能促进大脑皮层的兴奋性，能改善相关神经兴奋与抑制的转换，提高中枢神经支配人体各器官系统的灵活性，从而提高人的身体的综合素质。例如，增加骨密度，提高骨强度及抗骨折能力，促进消化系统消化吸收。社会压力常常引起人的心理高度紧张和内心的焦虑和压抑，若不能有效处理，势必会导致心理创伤或心理疾病。

正如弗洛伊德所指，当人在心理被压抑的情况下，必然要在"快乐原则"的指导下，通过各种途径释放出来，寻求快乐。而休闲体育可以为人体提供发泄途径、释放情绪、减轻心理压力和负担，通过参与休闲体育可以使人的身心得到整合与调整，达到"身心双修"。

（二）休闲体育的经济价值

随着社会生产力的提高、经济的飞速发展和人类社会文明化，人们对生活质量的要求越来越高，休闲体育成为现今社会大家追捧的一项活动，它涉及各行各业，并渗透于制造、教育、文化等各个方面。休闲体育的经济价值主要体现在购买与休闲体育有关的器材和参加休闲体育活动及体育旅游方面。越来越多的发达国家，如美国，人们非常舍得在购买休闲体育产品、参加休闲体育活动等方面投入更多的资金。休闲体育为经济发达的欧洲作出的贡献也不容小觑，例如在英国，休闲体育对 GDP 的贡献是 7%，而在俄罗斯是 1.9%。

最近几年，旅游业成为地方经济新的增长点，其中体育旅游占有很大一部分，西班牙的旅游业比较发达，每年有近 5790 万元的收入，体育旅游者高达 3500 万人左右，每年为西班牙带来 170 多亿美元的收入。从以上事实可以看出，休闲体育的发展一定会带动许多与之相关产业的发展，它不仅可以带动整个第三产业的发展，优化第三产业的内部结构，而且它的影响可以覆盖到第一、第二产业，从而促进产业结构优化升级，它还可以推动传媒业、旅游业、娱乐业和其他相关产业的发展，不断挖掘它的作用，甚至可以带动一个国家国民经济持续稳步增长。未来休闲体育的发展之路将是能够带动经济飞速发展、丰富社会经济结构产业化经营模式、为社会经济作贡献、为人类可持续发展作贡献的绿色休闲发展之路。

（三）休闲体育的社会价值

休闲体育不仅能使人的身心素质得到提高，还能促进经济的发展，除此以外，作为社会成员生活的一部分，它的社会价值主要体现在两个方面，一是促进社会的稳定和发展，二是能丰富社会文化生活与整合社会情感。

休闲体育是一种健康文明、使人愉悦、具有科学性的生活方式，也是人们排解精神压力、缓解紧张情绪、发泄心中不满的一个安全释放窗口。许多研究表明，孤独冷漠以及大量犯罪等社会消极现象都与缺少体育活动有关。

近些年统计结果已经证明，在重大比赛，如奥运会、世界杯、各项锦标赛等大型比赛召开期间，举办地的犯罪率明显降低。这与大赛期间加大安保投入有一定关系，但在比赛过后，各主办地的犯罪率都会明显降低。这些都说明在休闲体育文化的示范和导向作用下，可以引导和调节人们的社会生活，对社会稳定与发展起到不可低估的作用。

另外，休闲体育作为一种社会文化，人们通过参与休闲体育，排解心中不良情绪，让人们真正体会到运动所带来的乐趣。休闲体育的项目众多，花样繁多，人们根据不同需要，参与到不同的项目中去，大致可以分为三类：一是观赏性活动，指观看各类体育竞赛或是体育旅游等；二是体力支出小的活动，指棋牌类、垂钓等智力为主的运动；三是运动性活动，指户外等各种带有休闲性质的运动。

休闲体育种类繁多，让社会各阶层的人都能参与进来，不仅充实了人们的休闲生活，也丰富了社会生活。休闲体育大多以多人的形式出现，在整个社会群体与个体之间架起了一座桥梁，增进人们之间的相互理解与认同。休闲体育都是非功利性的，使活动的人们感觉愉悦、轻松、快乐，使这种美好的感觉更具有感染力，让更多的人身心愉悦，具有情感整合的作用。

三、中国休闲体育的发展

（一）中国休闲体育兴起的时代背景

在 20 世纪中叶，现代大众休闲体育起源于美国，是以年轻人为主体、以大自然为载体、以冒险为目的慢慢发展形成的，并被规划为体育范畴的一种体育活动，休闲体育在西方国家已经发展到了相当高的程度。

改革开放之后，中国经济快速发展，中国的休闲体育也跟随着逐步兴起。休闲体育的发展与中国现在的时代背景有着密切的关系，首先离不开闲暇时间的增多，这是人们进行休闲体育的根本保障。其次消费社会的形成和生活方式的转变，使得人们在满足物质生活后开始追求精神生活。

最后，健康观念的变化，也是人们热衷参与到休闲体育中来的重要原因。在人们物质水平不断提高的背景下，同时人们闲暇时间也在增多，人们对精神生活及健康追求是休闲体育和体育经济蓬勃发展的原动力。

（二）中国休闲体育的发展现状

在中国的旧社会，休闲体育已经存在。例如，羽毛球、骑马、游泳、高尔夫球等，这些运动项目都是中国休闲健康的体育项目。由于参与人数少，更重要的是显示了参与者的个人身份和社会地位。中国自从解放之后，有一时期中国休闲体育的发展基本处于停滞状态。直到 1978 年进入市场经济以后，中国的休闲体育才开始走向正轨。

由于休闲体育的定性及统计方法比较困难，还不能准确地对中国休闲体育发展现状作出说明，也没有一个国家能用直观数据来反应本国休闲体育的发展现状，但可以从一些与体育相关的数据来推断休闲体育的发展现状。主要是由体育场地、设施、产业和消费等方面来体现中国休闲体育的发展现状。至今为止，中国的体育人口（不算学生）基数达到1.1 亿左右，但其比例却相当低，不到 10%，远低于世界 50% 的水平。就场地设施方面，据不完全统计，中国广大城乡的大众体育设施总量超过 200 万个。

总的来说，这些场地设施远远不能满足中国城乡人口休闲锻炼的需要。从体育场地面积来看，中国人均约 1.2 平方米，比起西方国家平均水平还差很远。体育产业方面，也是总体大、人均小的格局。据国家体育总局发表的《中国体育用品行业发展报告》披露，我国体育产业逐年扩大，达到 2200 亿元，成为继美国后世界第二体育产业大国，但人均额度与发达国家相比却相当低。

通过以上所举数据，可以大致看到中国在现阶段休闲体育的成长情况。总体来说，中国休闲体育与发达国家还有不小差距，但中国的休闲体育已经有了坚实的基础，休闲体育由经济发达地区到经济欠发达地区，由城市到农村，由个人到团体，逐步在全国各地普及起来。

（三）中国休闲体育的发展趋势

中国进入 21 世纪后，居民对体育需求因收入层次、文化层次、环境层次的不同而多样化。随着中国城市化进程越来越高，城市本身就是休闲体育发展之地，城市的居住环境为人们休闲活动提供了广泛的选择方式，未来的休闲体育将以城市为出发点向四周辐射。

另外，在休闲发达的西方，休闲服务分别由政府、非营利性服务机构和营利性服务机构来实施，其中营利性机构占很大比例，如在美国的休闲服务，95%都是营利性服务机构。随着体育产业市场化的不断深入和人们对健康观念的不断提高，中国各种健身俱乐部和体育娱乐场所等以营利性为目的服务性机构将不断地增加。

随着中国人民生活水平的不断提高，休闲体育将成为人们精神文明生活的不可分割部分。探寻发展休闲体育之路，不仅有益于人类的身心健康，还能带动经济发展、丰富社会生活、降低社会犯罪率，是一条绿色可持续的发展之路。

随着社会的不断发展，人们体力劳动越来越少，在身体和精神上的压力却不断增大，于是，人们便倾向于通过休闲体育运动来放松身心、舒缓压力、娱乐消遣。同时，寻求相关休闲体育市场化经营模式是未来体育经济和体育健身发展的趋势之一，它的影响将越来越大，占据绿色休闲生活的主导地位。

第四节　多维视角下体育文化的内涵、价值与建设

体育文化是一个复杂的概念，理解体育文化，要从其本质属性和本真关照入手。从哲学、科学和艺术的多维视角，阐述体育文化的定义；在现代化的视野下，揭示体育文化的多维价值；从观念和制度等方面，提出体育文化建设的策略。

党的十七届六中全会提出，要深化文化体制改革，推动社会主义文化大发展大繁荣，努力建设社会主义文化强国。作为人类社会生活的重要形态，体育不但是建设体育强国的重要支撑，也是中国社会主义先进文化的重要组成部分，既肩负着建设体育强国的重要任务，又肩负着建设文化强国的重要使命。

基于此，正确认识和理解体育文化的内涵，加强体育文化建设，对于推动中国体育强国和文化强国建设，促进文化大发展大繁荣，具有十分重要的现实意义。

一、理解体育文化：哲学、科学与艺术的多维视角

体育文化是一个复杂的概念。当前，学术界对体育文化概念的界定主要从以下三个向度展开。

（1）从物质和精神的二元关系向度定义体育文化，认为体育文化是有关体育运动的物质文明和精神文明的总和，即一定社会中的人们通过长期的体育实践所创造的物资财富和精神财富的总和。

（2）从文化结构主义的向度定义体育文化，认为体育文化是关于人类体育运动的物质、制度、精神文化的总和，包括体育认识、体育情感、体育价值、体育理想、体育道

德、体育制度和体育的物质条件等，是人类在所有体育现象及促进体育发展的活动中，在价值观念、精神状态、情感倾向等层面，及理论知识、方法手段、技能技术等层面表现出的思维方式，在有意识的实践活动中表现出来的行为方式的总和。

（3）从狭义文化内涵的视角定义体育文化，认为体育文化是在以身体的活动为基本形式、以身体的竞争为特殊手段、以身体的完善为主要口标的体育活动过程中，关于人的精神生活的那些方面。它是人类生存的一种方式，是文化生活的组成部分和文明社会的显著标志。

要对体育文化有一个边界清晰和内涵明确的定义实属不易，这是因为它"实际上有两个上位概念：一个是'体育'；另一个是'文化'"。这两个概念定义的纷繁复杂决定了对体育文化概念进行定义的难度。同时，观察角度的不同，对体育文化在文化中所处地位认识的差异，对体育的文化属性揭示的分歧，均造成了对体育文化概念看法的不一致。

无论如何，体育文化作为一种社会存在的客观现象，有其自持的呈现样态。可以认为，体育文化是指人们在从事体育活动过程中所呈现出来的文化属性。理解体育文化，要从体育文化的本质属性和本真关照入手，真正揭示体育以文"化"人的价值。

（一）从关怀人的"类生命"视角理解体育文化的哲学内涵

人是生命的存在，却又不满足于生命的生存。作为生命体的人，具有双重生命，即种生命和类生命。种生命是自然赋予的，体现人的自然属性，而类生命属于自为生命。类生命作为人的自我本质则要靠后天去形成、创造，个体必须获得类的规定，才能够作为人而存在；种生命必须结合于类生命，才能够作为人的生命而发挥作用。

从体育发展史看，文明进程中体育内涵的变迁，恰恰体现了作为种生命存在的体育向作为类生命存在的转变，所以，体育作为一种"文化"过程，就是人的类生命"以文化成"的过程，其本质是它的人性内涵，实质是以类文化的方式存在。

"人是文化的存在。"体育在人从种生命向类生命的转向过程中，发挥的重大作用不仅体现在体质的增强上，更多的是体现在以体育文化的方式实现了人的类生命生存。从体育文化对人的类生命的关照视角，为避免我们以两极对立的绝对化观点和"运动即为体育"的简约化观点理解体育，提供了新的理解方式，即"身心一统"的类生命理解。

中国著名体育教育家吴蕴瑞在将中国传统文化"形神合一"和西方唯物主义哲学思想结合的基础之上，提出了"身心一元"的体育思想。他认为，体育的主要价值不仅是促进身体发展，更重要的是为了人的全面发展，注重体育即生活，是人类生活的经验和习惯，是生活中不可缺少的，因而体育应当促使人们擅用闲暇、丰富生活，使生活关满和幸福，也使个性得到充分发展，从而达到身心两健的目的。

（二）从揭示现实体育现象本质与规律的视角理解体育文化的科学内涵

科学是反映现实世界各种现象的本质与规律的知识体系。英国学者查尔斯·帕希·斯诺将科学看成是一种文化，认为现代社会存在着人文文化和科学文化两种相互对立的文化，科学文化的约束力甚至比宗教、政治和阶级的模式更强。

近代科学发展建立在对自然界进行分门别类研究和每门科学内部的独立分析研究基础之上，作为近代科学的一个门类，科学意义上的体育正是在此基础上兴起和发展起来的，这就意味着以科学形态呈现出来的体育文化，实质上是一个以"体育"为标识，在描述社会体育现象、揭示体育本质、探究体育规律、运用科学方法等方面形成的知识体系，它是在揭示现实体育本真过程中体现出来的文化属性。

（三）从培养人们审美情趣的视角理解体育文化的艺术内涵

体育审美是人们对参加体育活动的个体或群体的动作和行为表现出来的一种艺术的内化过程。在此过程中将人的思想感情和关的意识融合在一起，对其进行判断、品鉴与欣赏，引起人的思想共鸣。

体育是一种艺术：一方面其本身就是一种艺术形式，无论是观看比赛，还是亲自参与体育运动，人们都从中得到关的享受，从中满足精神文化需求；另一方面体育还与其他艺术门类相融合，给体育音乐、体育绘画、体育雕塑、体育摄影、体育电影、体育电视等提供了非常丰富的创作源泉。

马克思曾指出，人也按照关的规律来建造。发掘体育的艺术内涵，不能单从艺术形式上展开，而是要从对人们审美情趣培养的角度进行，形成一种人与体育、无功利、形象和情感的关系状态。

（四）从丰富的社会主义精神文明内容的视角理解体育文化的精神内涵

体育文化的内涵还体现在"体育是一种精神"上。在参与体育的过程中所体现出来的公开、公平、公正的规则意识，团队精诚团结的协作意识，追求更快、更高、更强的挑战精神，以及顽强拼搏、永不言弃的自强精神，都是体育文化的鲜明体现。它所沉淀下来的精神财富，将成为社会主义精神文明的重要内容，在弘扬以爱国主义为核心的民族精神和以改革创新为核心的时代精神方面，发挥着独特甚至是不可替代的作用，将成为推动社会主义事业发展的精神动力。

二、重视体育文化：中国现代化视野下的多维价值

体育文化的哲学、科学与艺术层面的多维内涵的界定，基本出发点和立足点都在于"人"本身，而没有也不能脱离"人"。这与工业文明以来现代化进程的基本逻辑是一致的。因为"在现代化的整体进程中，人的现代化是核心内容，它既是现代化的起点，又是现代化的归宿"。

文化在现代化过程中发挥着巨大作用，它以一种"黏合"的形态整合着现代化的分化倾向，起到了独特的中介转化作用，保证了现代化进程的"人本化"发展。在现代化的视野下，体育文化对于中国培育现代公民、弥合体育工具理性与价值理性的分离、建设体育强国和小康社会、进一步推进社会主义现代化发展进程，具有十分重要的意义。

（一）从"人"的视角看，体育文化建设是培育现代公民素质的内在需要

现代化的实现程度取决于"人"的现代化程度，有现代公民才有现代化的中国。一般认为，现代公民应具有理性的思维、独立的判断力、开放的视野、平和的心态、不卑不亢的外交节操、一定的社会责任心；而往往忽视了现代公民应具有的体育要素。

高校作为培养现代公民的重要场所，历来重视对人的体育文化的塑造。蒋南翔在担任

清华大学校长期间，亲自抓学校体育工作，把它看成是学校工作的一个重要组成部分。

西安交通大学校长郑南翔指出："一所合格的大学，是把教育教学搞好；一所好的大学，更要注重学生的人格养成；一所优秀的大学，除了前两者之外，还要注重体育精神的培养。"

深圳大学于 2011 年 8 月举办的国际大体联学术会议，就把主题定为"大学体育：从'怎么样'的文化到'为什么'的文化"。这些都体现了高校在现代公民培养过程中对体育文化的高度重视。

（二）从"体育"的视角看，体育文化建设是弥合体育工具理性与价值理性背离的内在需要

现代化的过程是一个不断分化、专业化和理性化的过程。"随着不可避免的专业化和理智化的过程，主要作用于物质领域的进步，也将精神的世界分割得七零八落。生活领域的被分割，进而使普世性的价值系统分崩离析，信仰的忠诚被来自不同领域的原则所瓜分，统一的世界于是真正变成了'文明的碎片'。"

哈贝马斯将这一过程看成是工具理性逐步与价值理性相背离，并取得了至高无上霸权地位的过程，工具理性的发展是现代化的重要结果。工具理性与价值理性逐步背离的现代化逻辑嵌入生活的任何角落，体育也毫不例外。人们对"更快、更高、更强"的奥林匹克精神的功利化理解和现代体育极端科技化的发展等，造成了体育价值理性的失范；唯金牌至上、兴奋剂泛滥、体育比赛黑幕等现象，均体现了体育工具理性的无限肆虐，导致了体育主体地位的缺失、人身心健康的损害、公平竞争环境的破坏等问题。

价值理性植根于人们的宗教信仰或哲学理念，它涉及人生的根本选择和文明的根本合理性走向问题，其核心在于强调目的、意识和价值的合理性。重新强调体育的价值理性，让体育关照于"人"本身，进而实现体育价值理性与工具理性的有效弥合，成为体育科学化发展的基本方向。价值理性是人生存的价值基础和信仰依据，也是人的文化核心与安身立命之本。从此意义上讲，加强体育文化建设成为体育发展的必然要求。

（三）从"国家"的视角看，体育文化建设是实现体育强国目标的内在需要

体育文化不发达的国家不可能是体育强国：一方面，体育文化不发达就意味着体育尚未真正关照人的"类生命"，尚未揭示体育现象的内在本质与规律，尚未通过艺术的形式改善人们的审美情趣，即尚未转化成人们的生活方式；另一方面，"当今世界，体育竞争已不仅仅是一种技能竞赛和简单的'与国际接轨'，已经成为一种体育价值观及体育文化发展模式的竞争，简言之，即体育文化的竞争"。

无论是为了争取国际体育话语权，还是为了实现民族体育文化的安全，其当前直接目标必然是提升民族体育的软实力，进而提升实现体育强国目标的综合实力。所以，加强体育文化建设是建设体育强国必不可少的内在支撑。

（四）从"社会"的视角看，体育文化建设是推进小康社会建设的内在需要

对小康社会的衡量，体育是一个不可或缺的指标。形成"体育是一种健康生活方式"的浓厚文化氛围，全民有较高的参与体育健身的自觉意识是建设小康社会的必然要求。推

进小康社会体育发展，最重要的是实现体育生活化，这是小康社会人们生活方式的重要特点。

体育生活化可以营造体育环境，形成体育文化氛围，促使人们形成一种以终身体育为指向的新型生活方式。这是"以人为本"原则的重要体现，是实现高品质生活的重要途径和特征，是推动全民健身向更高层次和更广泛领域发展的重要动力，是促进人的全面发展和社会文明全面进步的重要手段之一。

三、建设体育文化：观念、制度与策略的多维路径

文化建设旨在处理好人与世界的关系。体育文化建设是一项系统工程，是一个"人"与"体育"内在关系的重构过程，其本质在于构建一个以"人"为价值而非以"体育"为目的的文化认知体系和基本生活方式，具有人本性、包容性、开放性和多元化的特点，需要从观念共识到制度构建，再到策略选择的传承、融合与创新。

（一）观念共识：形成体育回归生活与教育的文化认知

体育源于生活。随着现代化进程的推进，出现了某些脱离生活的现象，体育的功利化发展造成了体育运动的"精英化""明星化"和"贵族化"趋向，体育脱离百姓日常生活的现象较为明显。体育回归生活，实现体育生活化，并形成社会共识，是当前体育文化建设的重要前提。联合国教科文组织在《体育运动国际宪章》中，明确提出"参加体育运动是每个人的基本权利"，将体育运动融入人们生活之中并使其生活化，已成为国际社会的共识。体育生活化体现在体育与生活的相融性、体育价值观念的多元性、体育参与的自主性、体育活动的经常性、体育活动项目的多样性等方面。

体育回归生活，就要让体育成为一种生活方式、精神寄托和财富载体，形成体育是一种健康生活方式的浓厚文化氛围，让体育不仅真正嵌入和充实人们的现在生活，更要"着眼于将来良好生活"。

体育是以发展体力、增强体质为主要任务的教育，在活动的过程中以锻炼人的身体为目的。马克思指出："我们把教育理解为三件事，第一德育，第二体育，即学校和军事训练所教授的那些东西，第三技术教育……对儿童、少年和工人应当按不同年龄循序渐进地授智育、体育和技术教育课程。"即使在竞技体育发达的今天，国际奥委会主席罗格先生也认为"国际奥委会的职责不应仅局限于主办体育赛事，我们同样应该肩负起对青少年运动员进行教育的责任，因为体育就是一种教育"。

建设体育文化，要让体育真正回归教育本质，发挥体育文化的育人功能，不但培育人的良好体质，更要培育人的良好精神，形成身心一统的健全人格。

（二）制度构建：形成政府—市场—社会综合联动的体育文化供给机制

文化建设离不开制度保障。党的十七届六中全会要求，必须牢牢把握正确方向，加快推进文化体制改革，建立健全党委领导、政府管理、行业自律、社会监督、企事业单位依法运营的文化管理体制和富有活力的文化产品生产经营机制。体育文化建设的系统性要求构建一种政府、市场和社会相互支持、相互弥补、无缝融合、综合联动的体育文化供给机制。

政府要在建立和完善体育公共文化服务体系上有所作为，要以公共财政为支撑，以公益性文化单位为骨干，以全体人民为服务对象，以保障社会公众能够有效参与体育文化生活为主要内容，完善覆盖城乡、结构合理、功能健全、实用高效的体育公共文化服务体系。

发挥市场在文化资源配置中的积极作用，通过竞争手段，构建现代体育文化产业体系。推进体育文化科技创新，培植并提供体育文化产品（如图书、音像制品等）、体育文化传播服务（如广播电视、文艺表演、博物馆等）和体育文化休闲娱乐活动为内容的产业增长点，打造有影响力的体育文化品牌，扩大体育文化消费，大力发展体育文化产业。

社会要通过志愿公益机制，建立和完善体育文化的社区化、志愿化和自主化供给模式。当前，随着社会主义政治体制改革的深入推进和市场经济体制的完善发展，从政府和市场分离出来的社会职能，逐步落入基层社区。再加上社区主义精神、志愿服务精神的兴起，社区家庭、居民点、自治单位、志愿者组织、公众在社会治理框架中的作用越来越重要。因此，最大限度地鼓励大众关心并参与体育文化建设，形成体育文化的社区化、志愿化和自主化供给，成为一种可行方案。

（三）策略选择：形成多元累进的体育文化建设策略

体育文化的系统性特征必然要求体育文化建设要选择多元策略，形成多元策略系统累进的建设态势。

1. 多模态策略

随着现代科技的发展，多媒体技术、计算机技术和网络信息技术的广泛应用，在人类的交际、交流活动中，以图像、声音、文字、色彩、空间等多模态同时出现的话语形态，日益成为人们交流的主要方式。体育文化建设应适应时代发展的趋势，应用现代图文、声像基本话语载体，传达富有内在"意义"的体育文化内涵。

2. 全球化策略

文化是全世界人们共同创造的精神财富"世界文化即将进入一个崭新的阶段，该阶段的核心任务将是在反思和沟通的基础上，建设一个多极的均衡互利、多元文化共生的全球化"。作为文化的体育，同样也是全世界人们的共同生活方式。体育文化的构建要坚持全球化视野，建设一种而向世界、富有包容的体育文化。

3. 民族化策略

越是民族的就越是世界的。体育文化建设的全球化视野不能影响它的民族化本位，要充分发掘中华民族的体育文化元素，形成富有中华民族特征和生活特色的体育文化。

4. 产业化策略

发展体育文化产业是在社会主义市场经济条件下，不断满足人们多样化体育文化需求的重要途径。为此，要充分发挥市场竞争机制和资源配置的作用，加快发展体育文化产业，优化体育文化产业布局，打造体育文化知名品牌，提高体育文化产业的规模化、集约化、专业化水平，推动体育与旅游、影视、绘画、音乐等艺术形式的融合发展，延伸体育文化产业链，提高附加值。此外，体育文化建设要坚持智慧化、生态化和休闲化的方向，进一步推动体育文化的全面、协调、可持续发展。

从体育文化的本质属性和本真关照入手，从哲学、科学和艺术的多维视角，揭示了体育文化的复杂内涵，凸显了体育以文"化"人的人本价值。这里认为，在现代化的视野下，体育文化对于中国培育现代公民、弥合体育工具理性与价值理性的分离、建设体育强国和小康社会、进一步推进社会主义现代化发展进程，具有十分重要的意义。同时，也提出了建设体育文化的多维路径，认为体育文化建设是一项系统工程，需要从观念共识上形成体育回归生活与教育的文化认知，从制度构建上形成政府—市场—社会综合联动的体育文化供给机制，从策略选择上形成多元累进的体育文化建设策略。

第六章　基于城镇化进程中的农村体育研究

新中国成立之前，中国的农村体育完全处于自发状态，新中国成立后，体育成了农村城镇化进程中建设的一部分，并有组织、有领导、有计划开展起来，但由于经济基础薄弱，落后的生产条件，农村体育发展十分缓慢。随着农村经济体制改革的推行，农村体育活动也发生了重大变化。劳动力的解放，农民自己支配闲暇时间增加，为农村地区开展体育活动奠定了基础。

第一节　城镇化进程中农村体育的特点

政府根据农村地区体育发展形势开展了一系列的关于发展农村体育的新举措，如批准成立"中国农民体育协会"、举办四年一届的全国农民运动会等，使中国农村体育活动成了农村社会主义精神文明建设的组成部分，但由于人们对农村体育的特点认识不够，以及农村体育的发展还不够充分，因此，当务之急需认真研究农村体育的特点及其规律。中国现阶段农村体育活动的特点受传统文化、经济、生活方式影响较大，它有其自身的特点，主要表现为：

一、参与对象的广泛性和体育活动组织的松散性

中国农村体育是以亿万农民为对象的，参与体育活动的人口众多，具有广泛性的特征，符合体育活动开展的群体性特点。但由于农村地域分散，经济基础比较薄弱。从全国范围来看，多数地区农民还只能是解决温饱问题，开展体育活动的场所和必要的体育器材相当缺乏。因此，难以对体育活动进行有效地组织和引导。

另外，农村居民受教育程度普遍不高，农村干部和群众对体育的功能缺乏正确认识，加上在广大农村地区没有建立起农民自己的体育组织，使得体育活动要么难以发展，即使发展也是带有很大的主观随意性，要使大多数农村居民自觉地、科学地、有组织地开展健身活动，是一项十分艰巨的任务。目前，农村体育在体育组织方面具有松散性，同时农村社会体育指导员队伍人数极少，很难对地域宽广、占中国人口大多数的农民进行实质上的体育健身指导。

研究发现，一些基层兼职社会体育指导员在获得社会体育指导员资格后，除了正常工作外，业余时间很少对农民进行指导工作，即使现有的为数很少的农村社会体育指导员实际上的指导率也是很低的。这些问题造成了人们体育锻炼和体育活动的业余性，广大农民

只能进行简单的体育锻炼和活动，无法获得较为专业的技术指导和帮助。

二、农村体育活动项目的随意性和形式的灵活性

农村经济体制改革以来，特别是近几年，随着农村物质条件的好转，农民闲暇时间的增多，农村居民中有文化的富裕青年人迅速增多，使农村地区体育需求发生了变化，农村体育活动的内容比过去丰富了许多，参加锻炼的成员可以根据自己的具体情况"各取所需"，随意选择。

在活动和组织形式上也具有极大的灵活性。既可以个体为单位，也可以群体为单位，既可以由村、乡、镇组织，也可以由参加者单个或几个人自由组织。就开展体育锻炼活动的形式而言，也是丰富多样，因人而异，因地制宜。既可以是田间地头劳作间隙的摔跤、对弈，也可以是传统节日时的重大集体项目舞龙、舞狮、赛龙舟。项目既可以是传统的内容，也可以是即兴发明的新项目，形式多样、不拘一格。

三、体育活动的自发性和季节性

农村体育活动作为一种群体行为，除了有时表现出有组织、有领导的群众行为以外，常常表现为非组织、非领导的自发行为。农民的生产和生活时间不像其他职业一样有固定工作和休息时间，他们的时间划分是以农业生产为主要标准和依据，要满足农业生产的需要。每天的农活也有轻重之分，农业生产的时间可能因为天气等客观条件限制，使得农民的体育活动时间不固定，经常会产生一些变化，表现出一定的随意性。从一些调查和研究可以发现，农民体育锻炼的时间是诸因素中最不稳定的分子，在闲暇时间多是在早晨、傍晚等时间段进行锻炼。

一般情况下，只要农村居民主观上热爱体育娱乐，就能通过其成员间连锁式的情绪感染，临时组建运动队进行体育比赛。从某种意义上说，这种广泛而生动的民间自发性，正是农村地区体育活动生机勃勃的深厚基础。但自发性带来了体育活动开展的偶然性，而且自发性制约了体育活动的地域跨度性，同时自发性也不具有时间连续性。农村地区自发性更多地受到季节性的制约。每年的夏秋季节是以粮食生产为主的农业生产主要时间，而像一些蔬菜种植区可以说一年四季都处在较为繁忙的生产中。但无论哪种农业生产方式都是有农忙和农闲之分的，这就形成了农民体育活动时间具有季节性的特点。

一年中农闲和农活量小的时间段是开展体育活动较好的时机。作为人类群体中的一种共同的行为和思维模式，民俗本身就具有很大的惯性。因此，早在封建社会就已经形成的许多优良的民俗体育活动形式至今仍广为流传，各种时令节日中的民俗体育活动，其中影响较大的有元宵节、清明节、端午节、重阳节等，除了以上全民节日性体育活动之外，各地还流传着大量具有地域性、民族性特点的节日体育活动，如傣族的泼水节、蒙古族的那达慕大会、彝族的火把节、瑶族的盘王节等。从上述这些传统的体育项目中可以发现体育活动在时间上表现出它的季节性特点。

四、体育项目具有地域性和民族性

中国国土面积大跨越区域广，境内拥有众多的高山、湖泊、沙漠等，地形地貌复杂。

各地区处于不同的气候环境之下。生活在不同气候类型的人们特别是青少年在某些生理结构方面的生长发育程度是不同的，因而他们在某些体育活动项目的运动能力是不同的，从而形成了一定地区的传统运动项目。多样性的地理条件产生了丰富多彩的，项目庞杂的，具有浓郁地域色彩的体育运动。

同时，中国辽阔的地域上孕育了 56 个民族，各民族的风土人情各异。根据中国体育博物院和国家体委文史委员会组织有关专家所进行的全国性调查研究，其调研报告显示：在中国广泛流传的、具有悠久历史的民族传统体育项目多达 977 种（项）。因此各地农民喜闻乐见的体育项目也就不尽相同。中华民族的传统体育简便易行，健身、健心等有民族和民俗特色的体育项目深受农民喜爱。如蒙古族的摔跤、赛骆驼、打布鲁；苗族的爬竹坡、踢脚架、拉鼓卢笙刀；朝鲜族的秋千、跳板等。具有民俗节日的体育庆典式的活动有傣族的泼水节、苗族的踩花山、宁夏藏族的响浪节和彝族的火把节等，这些民族特色的节日都成为了农村少数民族重要的体育赛事。从中可以发现不同的体育项目反映出不同的民族习惯，这也形成了中国农村体育的民族性特点。

各具民族特色和地方风格的体育项目，反映了不同地区农民劳动生产的场景，构成了不同地域特色文化的多彩画卷。因此这些传统的体育项目特别深受农村居民喜爱，通过制定和完善这些项目的竞赛规划，使其规范化、条理化，民族风格更加突出，地方特色更加明显，使得中国农村地区体育活动内容丰富多彩。

五、活动场所的多样性和简陋性

近年来国家比较重视农村体育的开展，尤其是体育设施的投入，通过建立示范点来带动农村体育健身路径的建设和发展，并采取诸如"体育下乡"等措施和方式来影响农村体育的发展。

相关的调查和研究表明，农民体育锻炼场所一般选空地、公路和街道的占 39.63%，选家庭院占 27.68%，选公园、体育场（馆）、文化指导站等占 13.54%，其他如田间、河畔等占 19.15%。分析看，城郊农民体育锻炼的首选场所为公园、体育场（馆）和田间，普通农民和边远农村选择自家庭院、街道和文化指导站。从中可以发现锻炼地点有自家庭院、田间地头和自然空地等天然场地，也有在附近学校的体育场地、体育健身路径等人工规划和建立的场地进行体育锻炼，锻炼的场所呈现出多样性的特点。

由于农村公共设施整体落后，体育场地器材设施作为非生产和生活必备设施条件，更显得匮乏。乡镇尚有一些新旧不一的、以篮球场地为主的公共体育场地以及新建的少量花园绿地和小广场，可利用来充当健身场所。但是，作为广大农民聚集地的村落，则很少有合乎标准的体育场地。即使是农村中小学，体育场地器材也很缺乏、陈旧。农村现代意义上的体育设施和场馆比较少是不争的事实，现有的设施和场馆中条件也是简陋的，很多只是几件简单的健身器材，表现出场地器材的简陋性。

六、体育功效的积极性和失控状态下的偏向性

农村体育多以传统项目为主，传统的农村体育项目是农民从自身的生产、生活中代代总结、口授身传并在体育的表演、竞赛中继承和发展下来的。这种既有丰富的具体表现形

式，又有深厚文化底蕴的传统体育，与农村其他现代体育项目一样有着强身健体、娱乐生活、调剂精神、活跃关系、劝喻人生等积极的功效。若能放开思维把农村体育活动与地方经济发展、特色文化开发结合起来，体育的意义可谓更加深远积极。

但事物总是包含着正反两方面的因素，当我们倾情于体育的积极面的时候，同时也要看到其在特定状态下出现的负面影响。由于农村体育多以自发性形式出现，缺少有效的组织和领导，因此，现时农村体育功效的偏向性就是一个我们必须面对的特点。例如，一些农村有的人借下棋、打牌、桌球等体育运动大兴赌博之风，有的地方借舞龙、舞狮、习武等炫耀宗族势力，恃强欺弱，称霸乡邻，有的则借体育活动传播封建迷信等等，使体育活动的功能、目的偏离了正确方向与轨道。

第二节　城镇化进程中农村体育服务发展模式

发展模式是指一个国家或地区比较具体的发展形式。同一条道路内可以有不同的发展模式，而一种典型的模式又往往体现了该道路的主要特征。发展模式是由发展目标、发展战略和发展实现方式组合而成。体育发展模式不是孤立在国家社会环境背景之外的独特模式，它的发展目标受社会政治、经济、文化及社会发展目标的影响；发展战略受国家发展战略、经济发展战略、文化发展战略、社会发展战略的影响；它的实现方式受到政治体制、经济体制、文化体制、社会需求的制约。不难想象；中国体育的深层次转型将是中国体育摆脱现实困境的必然选择，而中国体育的改革又难以摆脱体育所处的宏观政治、经济等强势要素的牵制与渗透。因此，中国城镇化进程中的农村公共体育服务发展模式研究，需要注重对外部环境的关注。

一、制约新农村体育发展的主要因素分析

（一）农村社会经济因素

"十一五"期间，中央出台了一系列惠农政策和改革举措，农民收入持续稳定的增长，农民消费增长出现了积极变化，生活质量得到明显改善。农村居民人均纯收入由最早的 3255 元增加到 6977 元，增加了 3722 元。农村居民人均生活消费支出 2185 元，到了农村居民人均生活消费支出 5221 元。这些都说明了中国农村经济建设取得了一定的成绩。

虽然从上面的数字上看中国农村居民的生活水平得到了一定程度的提高，但是与城乡居民收入和消费水平相比还有一定的差距。农村居民人均收入 6877 元，城镇居民人均可支配收入 21810 元，相当于城镇居民可支配收入的 31%。人均生活消费支出 5221 元，相当于城镇居民消费性支出 15161 元的 34%。这种城乡差距日益突出可能成为农村经济乃至整个国民经济发展的障碍。农村经济基础差、农民生活水平低的现状将成为中国新农村体育发展的根本性制约因素。

（二）管理机构重组因素

根据现代公共行政学的一般原理，"作为凌驾在社会之上的公共机构，政府的各种行政支出只能从财政收入中支付，政府的规模在一般情况下，不能超过财政供给能力。如果在一个财政供给能力很低的地区，仍然保留着庞大的政府规模，其结果只能是阻碍而不是有利于这个地区的经济发展与社会进步"。

因此，计划经济时代遗留下来的行政机构设置庞大、人员臃肿的局面，在现代市场经济体条件下理应对其进行改革。历次政府机构改革中，基本上从横向上解决了机构庞大、职责交叉、人员臃肿、结构不合理等矛盾和问题，但却采取了把文化部门、体育部门等机构进行合并重组。

例如，不少县（区）和乡（镇）撤销了体育部门，而将其置于门下或与文化部门、教育部门、卫生部门等合并重组。这在很大程度上限制了中国农村体育事业的发展。在基层公共体育事业仍需要以国家和政府投入为主的今天，基层体育管理部门职能的弱化将直接导致对包括农村体育在内的公共体育事业投入力度的减弱。这将成为中国新农村体育发展的又一个重要的制约因素。

（三）主体力量外迁因素

在 20 世纪 70 年代，中国农村蓄积了约 2 亿的剩余劳动力。但由于党的十一届三中全会开展的市场取向的经济改革为农村劳动力流动由"势能"转化为"动能"提供了巨大的内驱力。因此，从 20 世纪 80 年代末开始，农村中剩余劳动力开始涌向城市，全国出现了"农民工潮"现象。

国家统计局网站公布 2011 年中国农民工调查监测报告。报告显示，2011 年全国农民工总量达到 25278 万人，比上年增加 1055 万人，增长 4.4%。其中，外出农民工 15863 万人，增加 528 万人，增长 3.4%。住户中外出农民工 12584 万人，比上年增加 320 万人，增长2.6%；举家外出农民工 3279 万人，增加 208 万人，增长 6.8%。本地农民工 9415 万人，增加 527 万人，增长 5.9%。

《中国流动人口发展报告 2012》显示，当前中国流动人口平均年龄约为 28 岁，"80后"新生代农民工占劳动年龄流动人口的近一半。在这些外流的农村劳动力中，青壮年劳动力占绝大多数，而这些农村青壮年劳动力的素质普遍高于农村劳动力的平均水平，他们是开展农村体育的中坚力量。但这些青壮年劳动力如果长年漂泊在外，将势必会削弱新农村体育的主体力量，影响新农村体育的发展。

（四）农民文化素质因素

农民的文化素质是反映中国农民整体水平的基本素质，没有良好的基础教育和文化水平，也就没有新型农民，随着中国政府对农村教育重视程度的提高，以及党的教育方针在农村的贯彻落实，使得广大农民文化素质整体水平有了较大提高。但现时期中国农民的文化素质仍不容乐观。有研究表明，目前中国农民平均受教育年限只有 7.3 年，与城市相差三年，全国92%的文盲、半文盲在农村，农村劳动力中，小学以下文化程度占 38.2%、初中文化程度占 49.3%、高中及中专文化程度占 11.9%、大专及以上文化程度仅占 5%。

从以上数据可以看出中国农民的文化素质比较低下，已经不能适应建设新农村和现代农业的需要。而且，长期以来农村经济基础相对薄弱，文化设施相对落后，农村思想解放的步伐缓慢，小农经济意识、计划经济观念和封建迷信思想根深蒂固，农村发展的理念、方法、措施和精神风貌比较陈旧。这些因素必然影响"农民体育健身工程"的宣传、推广、普及工作，从而抑制新农村体育事业的健康发展。

（五）农村贫困文化因素

所谓贫困文化现象，就是贫困群体对自己的处境无任何抗拒意识，听天由命，无所作为，这种文化流行于贫困人群生活中，并对后代产生影响，世代传承的一种现象。农村贫困文化必然导致小农思想根深蒂固，封建迷信思想滋生泛滥，低俗文化乘虚而入。在现实农村生活中，不少村民由于自身的愚昧无知和文化生活的空虚而迷恋于吸毒、赌博等非法活动。这种现象致使现时期"全民健身计划"在农村的宣传、推广和普及难度较大。农村文化体育活动的开展是农村文化建设的重要组成部分，由于农村贫困文化的影响致使农村体育事业发展滞后，从而导致农村健身文化的落后。农村的贫困文化是制约中国新农村体育事业发展的重要因素。

二、城镇化进程中农村公共体育服务发展模式的构建

按照本章之初界定的发展模式的构成："发展目标、发展战略和发展实现方式"，本研究将按照上述逻辑对中国农村公共体育服务发展模式进行描述。

（一）城镇化进程中农村公共体育服务发展模式构建的目标

目标是事物发展的引领，在城镇化进程中农村公共体育服务发展模式的目标具有趋同性，主要体现为如下几个方面。

1. 关注农民：找准农村公共体育服务的价值群体

"三农"问题由来已久，国家采取诸多措施推动农村和农业的发展，进而推动农民权益的实现，但多年来政府以一号文件的形式持续关注"三农问题"，由此可见，政策实施的效果不尽如人意。学者指出，类似中国二元经济社会格局的改革逻辑，二元格局的形成本质是由于单一治理主体（政府）的非均衡制度设计所导致的，这相对于整体性的社会空间自然发展路径而言，内在地包纳了三层隐性缺位：即农村社会缺位、农民主体缺位以及城市反哺缺位。

城乡体育二元结构是中国和宏观经济社会二元结构的具体体现，因此在农村公共体育服务发展过程中，重视农民的体育需求，重建农民的主体地位具有重要意义。尽管当前的中国农村社会结构转变处于质变的过程之中，其中也有少数农民通过各种途径，而上升为其他阶层的成员，但是作为一个阶层广泛、社会结构庞大的社会群体，当代中国农民群体无论其社会分化程度如何，其农民"身份"仍然是其社会地位的主要标志。农民阶级遭到了许多歧视性限制，被定格在主流社会之外，进而成为"中国特色"，农民的主体地位一定程度上被遮蔽。

在城镇化进程中，包含经济权利和文化权利在内的多项权益受到高度重视，这正是处于重建农民主体地位关键时期的积极政府行为。在农村公共体育服务发展过程中，确立农

民的主体地位，首先要明确农民的体育权益，确保其公共体育服务需求的有效表达，祛除农村公共体育服务发展的体制性障碍。农村公共体育服务中需要强化公民参与。公民参与是指公民个人或公民团体参与公共体育政策的决策及管理的过程。尤其是在地方公共体育政策制定中的公民参与，对于提高地方政府公共体育政策质量，提高公民的政策满意度和政府满意度，进而对公共体育政策方案的有效实施和政府政令畅通等都具有非常重要的作用。农村公共体育服务发展过程中，发现农民公共体育需求、保护农民公共体育权益是实现农村公共体育服务体系建设的必要前提。

2. 满足需求：确立农村公共体育服务的发展导向

当前中国农民的经济收入日益增强，农民的公共体育服务需求日益膨胀。因此，在农村公共体育服务发展过程中，必须强化农民公共体育需求为先的思路：就当前农民需求发展的阶段性而言，主要体现在以下两个方面：

（1）确保"健康第一"目标的实现。和城市居民相比，中国农村的医疗保障体系建设尚不完善。农民群体针对健康"小病挨、大病拖、重病才往医院抬"的状况比较明显。

实践也已证明，体育是促进健康养成的重要手段，长期参与体育锻炼，可以增加机体的生理机能，提高抵御疾病的能力。同时，健康包含的心理健康部分，可以通过从事体育活动，对提高农民的心理愉悦程度，扩展其社会空间具有重要意义。通过农村公共体育服务建设，为农民健身提供条件，一定程度上能够减少医疗支出成本，保持农民的身心健康状态。

（2）改良农民不良的生活习惯。农民群体在闲暇时间从事的休闲娱乐活动主要以"看电视""打牌或麻将"为主，"参与体育活动"的选择率不高，不良休闲活动，导致农村体育健身休闲文化日渐淡漠，农民群体因参与"打牌或麻将"中暗藏的赌博行为引发了众多矛盾，使农村社会的安定团结受到一定挑战。体育活动在农民文化体育生活中发挥了极为重要的作用，农村地区"修建一个球场减少十个赌场"，社会效益极为明显。从当前中国农村公共体育服务发展实践来看，农民的文化体育需求在一定程度上得到了满足。

3. 服务均等：实现国家公共体育服务的战略意图

发展农村公共体育服务是实现国家公共服务均等的重要战略步骤，对提高国家整体的公共服务水平具有重要意义。2012 年全国群体会议中指出：当前，公共体育事业投入不足，基层公共体育服务能力薄弱，公共体育服务的均等化差距逐步扩大。鉴于当前部分地方政府对公共体育服务投入较少，存在以体育彩票公益金代替政府性财政投入的状况。承担公共体育服务主要职责的县级政府事权过大、财权较小，供给能力较低，县域公共体育服务发展滞后，形成城乡二元结构。东、中、西地区在公共体育服务的基本要素方面存在差异逐步增大。因此，公共体育服务体系在推进公共体育服务均等化等方面应发挥巨大的作用。由于中国各地在自然环境和资源禀赋方面存在差异，公共体育资源在地区和项目上分布不均等；按照经济学边际效应原理，将个别地区富余的公共体育资源投入到公共体育服务严重不足的地区，可以产生不同的边际效应，促进地区间公共体育服务均等化进程。公共体育服务是具有非排他性和非竞争性特点的公共物品，它可以辐射周边区域的相关活动，促进各项社会事业的发展。

4. 经验总结：挖掘农村公共体育服务发展的实际经验

中国幅员辽阔、区域广大，不同资源与制度约束下的农村公共体育服务成长路径不一，现今中国实践中已经取得了较为丰富的成果。从东—中—西不同区域的农村公共体育服务发展实际来看，东部地区农村公共体育服务发展更多以公共体育设施投入为主体的硬性服务供给，西部地区主要采取以体育活动服务为主的软性供给，主要在于区域间的经费投入的不同。而在调研中发现，很多区域基于自身的资源优势和制度创新，实现了区域农村公共体育服务的持续发展，为中国多元化的农村公共体育服务发展提供了参考的蓝本。农村公共体育服务发展模式的构建，必须立足于实践并应用于实践。因此，目前中国形成的丰富、可行的农村公共体育服务发展经验将是中国农村地区发展公共体育服务的重要参考。

（二）城镇化进程中农村公共体育服务的多种模式

根据前面分析与讨论，结合课题组实地调研的结果，基于应用的角度和可行性操作概念，提出如下几种模式，为推动中国农村公共体育服务的发展提供些许对策建议。

1. 农村社会公共服务中心模式

基层调研中，很多人强调要跳出去"体育"看"体育"，站在宏观的视角看体育，将体育融入国家经济建设和新农村建设的大潮中。这体现了农村公共体育服务发展的大局观。体育事业和文化、科技、信息服务和环境保护等都属于支持性的公共服务范畴，此类公共服务项目应该倡导集体推进，体现整体性的思路。

体育与其他公共服务项目整合，不仅不会减少农村公共体育服务的投入，在很大程度上可以吸引其他资金注入，实现农村公共体育服务投入的增加。促进公共服务中心建设，不仅将使体育活动获得较好的社会认可机会，同时与其他项目在一起，最大化地吸引村民对体育活动的关注。

目前，很多地方将村级公共服务中心建成具有"文化体育""便民服务""农民培训""卫生计生""综治调解""农家购物"等综合功能的场所，可以充分满足群众办事、就医、就学、休闲购物、健身娱乐、培训、就业等生产生活需要，获得了农民群体的一致好评。

公共体育服务依托农村公共服务中心，投资主体主要以政府等相关部门为主，公共体育服务和其他公共服务融合成一体，符合当前政府推广的新农村建设的思路，因为很多地方政府对体育工作的重视尚未提高到单独建设体育服务中心的高度，和其他服务项目整合推进，可以最大化地利用政府的公共资源。如江苏启东坚持"不调用村组集体积累、不动用一事一议资金、不新增村级负债"的三不原则，利用政府资金和社会投资积极推广包含农村体育服务在内的公共服务中心，根据村民的居住情况，分别设计了270平方米、350平方米和500平方米三种规格的建筑图纸，最大化地满足村民的健身娱乐、休闲需求。

诸如村级公共服务中心和新农村综合体等创新，都需要依托当地持续推进的公共服务改革与实践，在土地制度、惠农机制等方面取得积极的成果才可以推行，这些类型的公共体育服务发展模式需要一定的前提条件。

2. "校社互动" 模式

农村地区具有现代体育气息的主要为学校，由于教学需要，学校体育设施相对比较充足与完善。学校在开展农村体育和提供农村公共体育服务时拥有许多优势，包括体育设施及体育指导，这些优势的发挥，就需要通过学区体育这样的形式来发挥作用，通过建立以学校为主要活动场所，以社区内居民为主要活动对象，开展丰富多彩的社区体育活动，推动社区的和谐发展，提升社会的文明程度。农村公共体育服务的 "校社互动" 模式就是学术界以前提出的 "学区体育" 的概念。学区体育是在国家提出 "终身教育、终身体育" 理念指导下，通过学校体育与社区体育融合互动，推动全民健身、提高全民体育文化素质及身体健康水平的新型社区体育发展模式。

"校社互动" 发展模式，使农村学校成为农村公共体育服务的主要依托点，政府等多元主体的投资都进入学校，用于添置体育器材和修建体育设施，不仅满足学校体育教学和锻炼的需要，同时满足周边居民的健身需求。课题组在实地调研中发现，学校体育对外开放虽然已经纳入中国政策视野并强制推行，但呈现一种尴尬的结果：办学层次越高，学校体育场地设施开放越频繁。小学等层次基本上不对外开放，主要基于学校教学秩序维护和安全考虑。后者在管理者思维中更为重要。

农村学校需要做到 "教学、安全、社会服务" 的平衡，在考虑前面两项的基础上，诸如服务居民锻炼的社会服务功能需要进一步强化。北京市开展了高校与农村公共体育服务的互动发展，北京市大兴区通过与北京高校大学学生体育社团或其他体育协会、团委、学院等部门的共建活动，大学生积极为农村提供信息支持、提供体育器材、开展体育科普知识宣传，进行体育比赛和文艺演出等活动来扭转农民的体育锻炼行为、体育健身意识、成为 "体育三下乡" 活动的补充，调动农民树立新农民形象的积极性，为新农村建设做贡献。

目前，学校体育归教育局管理，农村社会体育工作归体育局管理，鉴于当前基层政府大部制改革的推进，农村公共体育服务 "校社互动" 需要教育和体育部门的合作。因为 "校社互动" 需要发挥学校体育资源服务社会的功能，在一定程度上，教育部门更具有约束力，尤其是针对学校体育教师担当社会体育指导员这一角色，更需要教育行政部门的大力推动。安徽省宣城市郎溪县以学校篮球服务群众的实践，就是由政府教育和体育部门合并，体育总会成立为契机开展的。郎溪县针对农民篮球运动意识较高的状况，积极引导农村中学体育教师参与群众体育指导，县教体局和体彩中心合作出资，在所有乡镇中学开展 "有奖投篮" 活动，在活动期间，只要参与投篮就能领取一张体育彩票，能否获得奖品就靠个人运气，极大地推广了篮球运动。

3. 节庆和民俗发展模式

中国幅员辽阔、文化多元化比较明显。各地在文化传承和变迁过程中，产生了诸多具有身体锻炼价值和文化传承意义的民俗体育项目。尤其是很多少数民族地区，民俗体育发展更为繁荣。如湖南湘西自治州利用民间、民俗体育资源，大力发展春节体育旅游，每年正月十五在吉首市举办元宵钢火烧龙等体育活动，正月初一到初五在古城正街、十字街、北门街、文星街等地举办新春民俗体育大比拼、凤凰龙狮赛等体育活动，丰富旅游内容，吸引游客参与，使节庆民俗体育已成为自治州旅游业的支柱。

同时，中国民间生存的技艺项目，如武术也是实现农村公共体育服务发展的重要载体。中国武术流派众多、拳种复杂，在这些武术之乡的农村老年人身上聚集着中华武术之精华。有些地区、乡村体育活动开展得朝气蓬勃，正是由这些身怀绝技的老年人的传授在起推动作用，如太极拳之乡、杂技之乡等。

节庆和民俗体育成为独特的公共体育服务发展模式。由于民俗体育的独特社会影响力和民众基础，这类模式容易形成以政府投入和民间参与的良好效益，对于农村公共体育服务的发展具有重要意义。

节庆和民俗体育发展模式，更是一种活动引领的公共体育服务发展形式。发展、推动主体都是政府部门，确立了地域节庆、民俗体育发展模式后，地方政府基本上会定期举行具有纪念意义、文化价值和传播推广作用的集体性活动。而为类似的集体性活动的准备工作，需要针对性地投资建设场地设施、建立正规的组织机构和经常性的训练等，这形成了政府针对公共体育服务的投资行为，如山东潍坊地区为了发展风筝运动，不仅成立了政府机构——风筝办，而且还推动风筝进校园、建立风筝纪念馆等，直接推动了该地区风筝文化的飞速发展。

4. 全民健身（苑）点模式

政府作为农村公共体育服务发展的重要主体，在推动农村公共体育服务发展方面采取了很多措施，但能深入基层的就是全民健身苑点。全民健身苑点，是政府以公共体育设施为主的投资形式。为了改变以往投资体育场地设施的政策取向，地方政府已经推动诸如"公共体育指导服务""公共体育信息服务"等软性服务的供给。

第三节　城镇化对农村体育的影响

农村体育的功能是中国农村国民经济和社会发展不可或缺的部分，它的地位和作用是不可忽视的，不能用任何其他的文化生活来代替，是社会文明进步的一部分。因此，在社会变迁的历史背景下，只有更深入地把握农村体育功能的性质，深刻理解体育各功能在农村社会发展中的作用，才能推动中国农村体育的发展。

一、社会变迁对农村体育功能的影响

一般来说，体育的功能有以下五个方面：①健身功能；②政治功能；③教育功能；④娱乐功能；⑤经济功能。其中，健身功能是体育的本质功能，适当的体育锻炼可以提高人体各种机能，增强适应环境的能力等；体育的政治功能，体育本身没有政治的性质，作为政治交流和服务的工具，体育特别是竞技体育披上了浓重的政治色彩，而在广大农村，特别是在目前社会状态下，该功能不存在；教育功能也是体育的本质功能，世界上任何国家和地区无不强调德智体的全面体育教育，这充分体现了体育教育的功能多样性，体育是教育不可或缺的一部分。随着社会不断发展，体育的这一功能逐渐社会化，它不但是学校教育的一部分，同样成为社会教育的主要内容；娱乐功能，体育的这一功能说明体育是使人愉悦、排解痛苦的活动，这也是体育区别于体力劳动的重要方面；体育的经济功能，体育产业化在社会中是一种社会存在，也是体育事业发展的不竭动力，体育的这一功能必将为体育的发展提供强大的经济基础。

由于农村经济条件落后以及农村本身的工作性质等造成了农村体育发展相对落后的社会现状。体育的各种功能因此也没能在农村中传播开来，农民所看到的主要他的本质功能健身功能，加之农民将健身功能等同于"体力劳动"，农村体育经常被他们忽视，体育功能也很难被发掘和利用。但是随着社会的进步，农村对体育的各种功能需求越来越多；同时，社会变迁背景下，流动人口对农村体育文化发展的促进也必将带动农村体育功能的动态性变化发展。

体育的上述五种功能在社会的发展过程中存在着动态变化性，社会变迁背景下，农村社会的发展存在着动态变化性，因此农村体育的功能也受到相应影响，表现如下。

（一）生产结构变迁引起的体育功能的变化

社会变迁背景下，出现了长期流动在农村和城市之间的流动人口。中国社会正从二元结构向三元结构变迁，这些不但引起整个社会的变迁，同时也改变着农村社会的发展和产业结构的变化。在时间和空间上存在动态变化的农民工，他们不但是农村社会建设的主力军，同时也是农村社会体育的主体。农民工的动态流动改变农村体育的结构，同时影响着农村体育的发展。

（1）流动性带给农村体育的改变。农民工的长期流动性，使得农村体育非正式组织主体在时间上存在着动态变化。

（2）农民工的流动性使得农村体育活动的内容发生了变化。

（3）农民工的流入和流出给农村带来了城市中先进的体育活动组织形式和组织内容，以及新的体育活动理念和活动意识。

农村体育主体结构上的动态变化，使得农村体育功能发生动态发展。

（1）农村体育活动的组织者随着农民工的流入流出发生着动态变化。因为不同组织者对体育的理解不同致使农村体育活动呈现出不同的组织形式和内容，体育活动也因此呈现出不同的功能。

（2）农民工的"流入流出"所带来的农村的先进组织内容、形式、组织理念和体育知识，可以不断地更新和强化农村体育的各种功能，对留守的农村体育组织者来说，也是一种知识和能力的个洗礼和进步。

（3）在不同的时间里，因流动人口的流入和流出，农村体育主体发生着动态上的变化，不同的人群对体育功能的需求是不同的。同时，流动人口所造成的家庭成员和农村社会成员的缺失，使得这部分人所应该承担的家庭和社会责任转嫁到农村社会文化生活上面，包括农村体育，承担这部分责任就意味着农村体育必须展现新的功能形式，农村体育功能也因此而更加丰富。

（二）社会基本单元时间上的动态变化引起的体育功能的变化

农村社会的基本单元是人口和家庭，同样也是农村体育的基本单元。农村人口和家庭随着社会的变迁发生了巨大变化。在农民工进城务工以后，农村体育活动除了体现其本质外，更多地应该体现其教育和娱乐功能，从而满足老人、小孩和部分农村妇女精神上需求，从体育活动中感受到集体的归属感，弥补家庭成员暂时缺失给他们带来的精神上的孤独感。同时，体育的教育功能主要展现其德育和智育功能：德育方面是通过组织一些娱乐性的体育活动丰富留守人口的文化生活，培养留守人口之间的互助能力和互助意识，提高他们的道德修养，同时通过消遣农村儿童的课余时间、满足他们精神上的空虚感从而降低儿童的犯罪率，当然也可降低成年人的犯罪率；智育方面主要是通过各种形式的体育活动提高农村留守人员的组织和自我管理的能力，同时通过一些益智性体育活动可以开发农村儿童智商和情商的发展，这些对家庭教育的缺失是一种很大的弥补。

（三）社会阶层结构的变化引起的体育功能的变化

社会阶层对农村体育的另外一个影响就是"英雄人物"，"偶像"的影响力对体育功能的作用。农村社会阶层的变化，产生了新的"英雄人物"和"偶像"。过去带有政治色彩的阶层分化出来的"英雄人物"主要是村干部或乡干部，农民将其作为"偶像"进行效仿，由于"英雄人物"比较单一和稳定，使得农村社会各方面学习和效仿的知识和能力较少。随着社会变迁下阶层的结构变化，农民眼里的"见多识广"的人多了，他们效仿和敬重的人多了，而这些打工归来的"英雄人物"在城市中所获得的体育知识，因为他们的影响力而更容易被人们所接受。"英雄人物"的力量将会促进农村体育功能的丰富和发展。

二、农民农运会对农村体育发展的影响

（一）激励农村体育组织领导进一步加强

充分发挥农村体育竞赛的杠杆作用是发展农村体育的一条成功经验。农运会毕竟是各省市之间在农民体育发展水平上的一次较量，各省市运动员在运动会上的成绩与表现直接关系到各省市的声誉。因而，农运会不仅成为各省市农村群众社会生活中的一件大事，吸引着各自省市领导和广大人民群众投入较大的关注，而且也对各省市领导以及广大教练员、运动员形成了极大的动力和压力，促使他们更加重视本省市农村体育的发展和水平的迅速提高。

历届农运会中，不仅中央领导人要参加运动会的开、闭幕式，而且各省市的主要领导人也大多兼任代表团负责职务。一些在农运会中成绩不佳的省市领导更感到责任重大，促使他们采取果断措施振兴本省市农村体育运动的发展。例如，在第五届农运会上，海南农运会代表团没有一项进入前八名。赛后，海南代表团喊出不能总当"小弟弟"，力争第六届农运会有所突破的口号。

（二）推动了《全民健身计划》的贯彻落实

为了迎接每届农运会，各省市都对本省市农村体育工作进行一次人力、物力、财力的投入。农民运动会举办之前，各省市围绕参加农运会一般都要召开全省（市）的农民运动会，而各县市又要围绕省农运会组织各县市的农动会，选拔一批优秀农民运动员参加比赛，从而形成一次本省（市）农村体育运动的高峰。各级主管领导还亲自带队参加农运会，这不仅体现了对群众性健身活动的重视，而且大大推动了各地农民体育运动的提高和普及。由于各地广泛开展群众性的体育活动，使得农民的身体素质有了一定程度的提高，

为奋力奔小康注入了新的活力。

农运会在展示农民体育优异成绩的同时，又举办了全国群众体育先进表彰大会。第一届全国农民运动会在北京举行，同时表彰了第二批80个全国体育先进县和2147名全国农村体育积极分子。作为推动《全民健身计划》的重要措施，在每届农运会召开时举行"群先会"已形成制度。第四届农运会期间，召开了第五批全国"亿万农民健身活动"先进乡镇、第二批全国县（市区）体育先进个人表彰会，对322个先进乡镇的代表和159名体育先进个人进行了表彰。第五届全国农运会召开了第七批"亿万农民健身活动"先进乡镇表彰大会，并且宜春市筹委会还认真组织了"全国小项演试赛""迎农运、红色之旅全国农民体育邀请赛""迎农运万人长跑"等重大活动，使宜春乃至全国的农民全民健身活动推上了一个新的台阶，对中国《全民健身计划》的实施和全面健身运动的发展起到了积极的催化作用。

（三）促进新兴体育手段的产生

农运会的参赛主体是农民而不是专业运动员，主体的特殊性决定了比赛项目的特殊性。因此，农运会有别于奥运会、全运会等竞技类赛事。如何让农运会真正成为农民的运动会，激发亿万农民参加体育活动的热情，甚至使之成为农民的狂欢节，这才是举办农运会的意义所在。中国农民体协多年来试图从调整设项入手，抛弃陈规、改革出新，在逐步取消一些纯竞技项目的同时，增加能体现农民、农业、农村特色的比赛项目。

农运会从第二届到第五届，项目设置更接近农业、贴近农民，注入更多的"农味"，传递了鲜明的时代特征，不仅大大提高了农运会的吸引力和影响力，更重要的是使农民健身的概念更加深入人心，也使农运会成为全国人民日益关注的运动会。

第五届农运会上，田径新增项目有男女5分钟抗旱提水保秧苗赛跑、60米插秧赛、原地抛掷秧苗赛、60米5人抗洪搬沙包赛、集体奔小康接力赛。这些项目充满中国农村特色，与欧美国家民间开展的"滚奶酪比赛""泥塘游泳比赛"等趣味性比赛有异曲同工之妙，其共同特点就是不重视比赛的结果，而在于参与的乐趣，不仅反映了农村的现实，而且融入了农村的进步和农民对未来的期盼。这些项目的开展，标志着贴近农民的新兴体育手段的产生，预示着农民完全可以将生产生活与体育结合起来，积极开发新的体育运动项目，并使之多样化、生活化，为世界体育宝库做出新的贡献。

农运会毕竟也是全国的大型运动会，既然是运动会就要体现出"更高、更快、更强"的运动精神。如何将竞技体育充分融合到农味十足的比赛项目中，在农味中挖掘出体育的竞技性来，是农运会要解决好的一个难题。农味与竞技并不是此消彼长的关系，而是可以在博弈中达到共同发展，这就需要在农运会的比赛实践中不断探索。

（四）为选拔优秀农民运动员提供了平台

新时期，广大农村已成为中国培养体育高端人才的沃土。实践证明，定期举办全国性农民运动会，可以提高农民体育运动水平，进一步调动农村人口参与体育活动的积极性。据不完全统计，至20世纪80年代末，全国体育先进县共向省以上优秀运动队输送人才1000余人，在省以上优秀运动队中，来自农村的运动员所占的比例越来越大。山东省中长跑运动员王秀婷是1988年第一届全国农民田径运动会上发现的人才，也是中国农民在自己的运动会上出现的第一个运动健将。经过短短三年多的培训，她先后创造了女子3000 米和 10000 米的亚洲纪录。

为了迎接每届农运会，各省市都有一套围绕农运会培养竞技体育人才体系，包括竞技体育人才的选拔、培养和输送体制，从而加速了中国农村优秀竞技运动人才培养。有关专家认为，中国体育界在选拔体育人才时必须扩大视野，改变过去单纯靠大中型城市作为体育人才基地的做法，把全国体育先进县建设成为中国体育的人才基地，充分发展这些体育先进县的传统项目。

（五）促进了中国农村文化的交流

农运会不仅是农民体育运动的一次大检阅，而且也是一次文化的大交流。全国农民运动会从创办以来，其中两次在直辖市，五次在农业大省举行，离农民和农村越来越近；从开幕式到闭幕式，从赛场内到赛场外，交流越来越广泛，日益成为彰显中国农村文化的大舞台。

历届农运会开幕式、闭幕式文艺晚会和各种体育文化艺术活动是主办地文化特色的重要载体，展现了非常强的文化氛围。从项目设置看，竞赛项目与时俱进，极大地反映了农村特色和农民生活的实际。而有些项目如舞龙舞狮、龙舟等，本是农村节庆驱邪祈福的方式，进入农运会，使中华民族传统文化得以传承。农运会项目设置除了竞赛项目，还设置了表演项目。第一届设置的表演项目为武术、蒙古式摔跤，第二届设置了搏克、武术（部分项目），从第三届开始，各团都要选择历史悠久、具有地方特色、经整理创新的民间体育活动，作为表演项目参加赛会。因此，历届的表演项目便成了展示各地区、各民族特色文化的缤纷舞台。而在赛场外，农民朋友在比赛之余交流更多的，往往是家里的收成及致富信息。不少农民兄弟还互相介绍着家乡的好山好水、家乡的歌谣和久远的传说。

第四节 城镇化、市民化、进程与农村体育发展的思考

加强宏观调控，实行区域协调发展，着重解决农业、农村和农民问题成为中国今年全部工作的重中之重。使大家强烈地感受到解决"三农"问题对中国改革和发展的巨大推动作用。

随着国家对"三农"问题的重视，随着农民生活水平的提高，将使农村的体育需求增大。"三农"问题是一个复杂的社会系统工程，[①] 中国有近 9 亿农民，要提高 9 亿农村人口的素质，坚持体育真义的重要性就显而易见。农业振兴，人才是根本，人才素质优秀是关键，农村社会发展便会呈出一个非常重要的趋势，农民更加注重身体健康，对体育活动的需求，对体育专业化人才指导健身的需求将会急剧增长。

---

① 杨敏. "城镇化""市民化"进程与农村体育发展的思考 [J]. 成都体育学院学报，2004（3）：16-17.

一、农村体育发展存在的问题

经过发展的当今农村体育虽是群众体育的一部分，具有群众体育的一般特性，同时具有社区体育的一般特性，但是由于农村经济在发展中很不平衡，农民生活方式差异很大。另外，农村幅员广阔，地域分散，有些地区经济基础比较薄弱，这就说明了农村体育开展存在很多制约因素。就其开展项目来说，就更需要根据各地区各民族自身的特点来发展，而不能用一个固定的全国性的标准和模式来统一规定农村体育的开展。过去的几届全国农民运动会的结果表明，全国性农运会已经不能有效提高农民的参与、组织的积极性。农村体育活动在不同的地域、不同的民族、不同季节来开展，并使其民间化、小型化，既易组织，又有实效，从而展现中国农村体育活动的丰富多彩。

二、农村"城镇化""市民化"给农民体育发展带来了机遇

（一）农村"城镇化"为农村体育的进一步发展提供了有效载体

中国农村城镇化建设通过多年的实践，摸索出要从可持续发展的视角确定整体发展的规划。在现代化的变迁过程中，农村经济的发展同时提出了村民向城镇集中、工业向园区集中、农田向农场集中的"三集中"模式，并适时出现"中心镇"模式，使其成为政治、经济、文化、教育、体育的中心，并辐射若干的周围村，形成特色模式。正是这种农村经济社会结构的改革为农村体育运动的开展提供了载体。

经济发展中的"三集中"和"中心镇"的模式的出现，有利于设立以乡镇为载体的农村体育中心，有利于健全各种体育组织网络，有利于汇集本地和外来体育人才，有利于吸引本地和外地资本为体育投资，从而有利于建立农村体育实体。总之，它为农村体育运动的发展提供了舞台，为其顺利开展提供了管理资源和可操作性。

农村居民收入增加，消费结构必然发生一系列转变，农民文化消费比例必定增加。另外，政府部门的积极性得到提高，农村体育设施的建设也纳入各城镇发展的总体规划中去。这一切都为农村和农民体育运动提供了潜在的和巨大的发展前景。

（二）农民"市民化"为农民体育的开展打下了良好的基础

随着社会生产力的提高，农业劳动逐步向非农业劳动转移，从事农业的劳动力在总劳动力中的比例普遍下降，农村大量剩余劳动力被市场社区所吸收。社会结构和生产方式也逐渐由封闭型的乡土社会向开放型的都市社会发展。商品经济越来越发达，社会组织结构越来越严密，农村居民生活也越来越组织化，收入的增加、生活条件和劳动条件的改善、生活方式也日益变化，文化、体育生活逐渐得到改善，文体设施越来越普及。农村居民的信息量成倍增长，与城市居民的信息交流也越来越密切，他们的心理状态和价值观念逐渐改变，城乡差别日益缩小。

近年来中国城镇人口增长快速，农民"市民化"进程加快，这也是社会主义市场经济发展的重要标志。农村人口"市民化"后所具有的集聚效应、辐射效应、联结效应及融合效应将为进一步普及农村体育、扩大农村体育人口发挥重大作用。"市民化"进程

中，随着农村教育面的增加扩大，农民的科学文化素质大大提高，农民的体育意识和对体育的价值认识将与现阶段的城市居民接近和靠拢，为农村体育的开展提供了良好的人文基础。如果再加上地方政府、企事业单位、学校、军队以及体育行政部门和农民体育协会的协同，必将更快更有效地"唤醒"农村、农民沉睡了几千年的健康需求和健康意识。

三、当前农村体育发展方向需要做的工作

新时期带给农村体育工作新的发展机遇，在目前以及今后的时期内，发展农村体育的总体要求和目标就是要坚持以"健康农村"为指导，坚持党的基本路线和方针，以"三农"问题的提出为基本思路，积极推进农村经济发展和社会进步，努力建设社会主义新农村。坚持从实际出发，以农民为主要对象，以乡镇为重点，服务农民，以开展全民健身活动为基础，深化体育改革，推动体育发展，提高农民身体素质，丰富农村文化生活，为农村两个文明建设服务。

在不久的将来，"城镇化"和"市民化"渐成气候，农村社区体育就会得到飞速发展。因此，发现和培养优秀农村体育指导人才业已刻不容缓。农村改革和发展的实践证明，农村社会主义精神文明建设，必须高度重视对人才的培养和管理。农村体育的发展也必须为适应农村改革和发展以及精神文明建设的需要进行新的探索。

（一）扩大体育人口

扩大农村体育人口的数量，是农村体育发展的一个重要工作。它的发展应该纳入农村的文化教育事业的总体社会和经济发展的规划之中，得到政府和各种群众团体的支持。各级乡镇政府根据当地的经济条件，以及文化、教育、卫生等项事业发展的规模和水平，了解当地农民对体育的态度和需求，制定出切合实际状况的农村体育人口发展的规划，并做好宣传、组织工作。

（二）有计划地培养农村体育骨干

发现和培养体育积极分子，以他们为骨干，把农民组织起来，使更多的农民参与到体育活动中去，是当前农村体育发展的另一重要工作。农村体育骨干中包括社会体育指导员和组织、指导群众开展体育活动的体育教师、教练员、裁判员及其他志愿者。他们要动员、组织群众参与和开展体育活动，宣传体育科学知识，传授体育技能，指导群众进行科学锻炼，引导群众进行合理的体育消费，各县、乡镇体育主管部门更应当加强对体育骨干的培训和管理，提高体育骨干的思想道德素质和业务能力，充分发挥其作用。

第五节　新型城镇化进程中农村体育基本公共服务供给

加强乡镇综合文化站等农村公共文化和体育设施建设，提高文化产品和服务的有效供给能力，丰富农民精神文化生活。可见，包括体育在内的基本公共服务均等化已成为新型城镇化推进的着眼点。从"人的城镇化"角度来看，农村体育基本公共服务供给已经不

仅仅是公平与效率的问题，更为重要的是如何实现均等化、实现何种程度的均等化，如何通过一个切实可行的制度安排使得供给更加有效，更加贴近农民的需求。

一、科学定位政府职能，为农村体育基本公共服务创造制度保障

从实践层面看，新型城镇化推进"以人为核心"，其承载的含义远远超越经济领域，已经触及到社会的结构性改革。涉及农村体育基本公共服务领域就意蕴着应该重视"民生体育"，应该发挥政府主导下的多元供给。民生体育要求政府应该以公共行政精神担当起供给的主导地位，树立科学的政绩观，展现民本思想，倾听基层组织和农民的声音，改变传统的"自上而下"的单一供给模式，引导广大农民参与到农村体育基本公共服务供给决策和评价之中来，体现"草根性"。政府在践行民生体育价值取向时更要突出去"不良政绩观"和"行政任务导向"，将重心下沉到村级，下沉到农民，把有限的体育文化经费用到基层体育文化活动之中，做到"以钱养事"。

另外，政府在农村体育基本公共服务中表现出的"行政任务导向"和"政绩观"倾向，其中一个主要原因在于农村体育文化政策法规的缺乏，应该加强这一方面的立法进程，应该把政府、社会力量、市场工具的权、责、利以政策法规形式予以明确，应该把诸如人均体育经费等一定标准的农村体育基本公共服务纳入到地方法规之中。因为受制于现阶段农村经济文化发展的相对滞后性，作为回报性非常小的农村体育基本公共服务是市场、社会组织很少涉及的，作为公众愿望代言人的服务型政府，既要承担责任，又要分流事务，必须有法规来约束和监督这种责任，用法的形式来规约政府体育行为，规避政府的"自利性、随意性"供给。同时用法的形式确立政府供给服务的权威性和规范性，确立政府在财政投入、人才队伍建设的责任，以提高政府行为的有效性。更是用法的形式对社会组织和市场工具等供给主体的服务形式、工作方式、财力与人力投入等方面进行规范，以期提升多元供给主体的有效性供给。

二、厘清各级政府的责任关系，完善财政转移支付制度

在财税改革中，中国各级政府中层级越高，其财权相对集中，而事权相对下放，特别是对于县、乡（镇）两级政府来说，主担着农村体育基本公共服务的重任，但是在履行责任的财权方面显得力不从心。应该清晰界定中央、省级与县市、乡（镇）的财力事权，合理划分各级政府间事权，以财力定事权，使县、乡（镇）政府的体育公共服务事权与财权对等。在明确事权财权后，各级政府应确保农村体育基本公共服务的投入增幅不低于同级财政支出的增幅。通过建立专项资金、征收体育文化事业建设经费等形式，形成稳定的增长机制。注重体育基本公共服务投入的量化，如本级政府所辖区的人均体育经费额，以增强可操作性和保障力度。

借鉴教育经费做法，逐步稳健推行以法律形式规定"农村体育基本公共服务经费占财政支出的比重"，在经济发展较好的地区，可以考虑将农村体育基本公共服务预算从"文化、体育、传媒"中单列出来，以期一目了然。逐步展开"体育服务低保"试点，纳入到地方的社会保障范围和医疗保险范围，使得农村老年人口、妇女群体等社会群体在享有基本物质生活保障的同时，享有体育文化精神生活保障。

在履行好政府主体管理责任同时，还应积极拓宽农村体育基本公共服务经费渠道，充分发挥社会组织的"自愈能力"，引导社会资本和市场资本进入农村体育基本公共服务行列，例如调研中的重庆永川区三教镇利民村，在社区文体活动开展方面探索出"政府承担点、村委会补点、村企业赞助点、公益组织出点、村民拿点"的"五点"运营管理机制。既保障了村民参与文体活动的权利，又体现服务型政府的责任。

此外，在加大投入的同时，还应完善中央和省级财政转移支付制度。

（1）注重完善一般性的财政转移支付制度，以增强省级和县市级的自主性和投入力度。

（2）完善专项资金转移制度，以确保相对贫困的农村地区的场地设施、人力资源分配和服务标准的制定相对均衡；

（3）中央政府直接支付一些重大农村体育场馆设施的费用。针对目前农村发展的现实，应该加强省、市级的财政负担责任，保证农村体育基本公共服务有效开展。

三、加强农村体育文化组织体系构建

农村体育文化组织建设是农村体育基本公共服务有效供给的重要载体，当前农村体育公共服务的供需矛盾主要原因在于政府和农民的沟通渠道不畅，农民缺少一定组织来互递信息。鉴于此，应该根据当前农村人口结构的多元化特点，根据村农民和流动人口的群体性特点，构建体育文化组织，以基层文体协会、体制内基层组织为基础，形成县、乡（镇）、村的系统体育文化组织体系，发挥社会体育指导员，乡（镇）、村级体育爱好者，中小学体育教师、乡镇企事业体育骨干等的作用，定时、定期、定点组织多样化的体育文化活动。在组织建设中，突出政府主导、社会支持、农民参与的格局，在管理上突出县、乡（镇）、村三级负责制。另外，组织不仅要开展形式多样的文体活动，还要和现代文化传媒、医疗卫生等社会组织广接触，加大自身宣传和内涵建设。

农村文体组织体系建设中不仅要突出自身的业务活动能力，而且要体现出畅通政令，表达民意的价值取向，集上承、下采、内联、外协等功能于一身，突出组织的"思维"能力。首先，畅通各级政府的农村体育政策承接，在国家政策与农民需求之间有效配置体育文化资源，提升农村体育基本公共服务的价值和品质；其次，采集农民意愿，让农民在参与中实现自己的体育需求；再者，协调体制内各部门间的运作，以减少体育公共服务政出多门的老大难问题，用信息整合技术改善公共服务过程中各部门的相互合作；最后，发挥联袂体制内外的优势，促使多元供给主体在互动中承担应该担当的责任，形成良性的合作伙伴关系。

四、加强农村体育基本公共服务队伍建设

有效的供给服务，离不开高质量的人才队伍，目前由于农村人口流动性大，大量青壮年外出务工，使得体育文化服务方面的专业人才和管理人员较为缺乏。政府应该优化农村文化建设软环境，使得从事文体事业的人员感到有依靠、有保障、有奔头。同时严格规章制度，做到有奖就有惩，用制度提升文体工作效率和绩效；在专业人才建设方面，政府应该联合社会力量，强化培训、挖掘工作，有计划地开展各种类型的农村体育文化业务培训

班，挖掘分散在乡村各地的体育文化能人，加强他们的体育技术技能培训。加强乡镇社会体育指导员培训和考级工作，不断提升他们的业务水平。

结合农村生产生活的季节性特点，利用农村传统节假日开展多样性的、民俗性的、传统与现代相结合的文体活动，营造农民参与的文化氛围，从中发掘优秀体育文化人才。同时加强与地方性高校体育院系联系，在农村设立大学生实习、实训基地，创办校—村合作基地：一为大学生提供学习、工作的环境；二为农村吸纳专业人才提供舞台。

五、构建以社区为平台的针对性供给

新型城镇化推进中，中国社会结构正在从"政府"一元向"政府、市场、社区"三元结构趋近，社区正在走向承担政府、企业剥离出来的社会性公共服务。在农村，社区与农民的关系最为紧密，农村社区中集聚着务农农民、离土不离乡的农民工，是一种熟人社会，老年人、妇女、儿童已经成为村中的主流人口。

在农村经济发展日趋走好的现今，农村人也向往休闲、娱乐的精神文化生活，同时一些生活孤单、不良嗜好也充斥农村社会，社区应该发挥其自身的优势与功能。新型城镇化建设突出强调公共服务均等化发展，强调建设服务型政府，这就意味着政府权利的收缩和下沉，赋予农民更多的参与权、决策权和监督权，原本是农民自己的权利又将回归社区、回馈农民。

因此，农村体育基本公共服务应该立足社区，采取政府、市场与社会的有机结合供给，依托已建起的农村社会服务中心，与农村文化、教育、旅游等社会事业联动发展，成立农村体育文化服务站等类型机构，从决策、融资、执行和监督等方面多管齐下进行运作。

具体操作中，政府应该明确不同农村社区的体育基本公共服务当量，应该根据社区中的人群数量与特征、地域环境等展开有的放矢地供给服务。

（1）根据农村老年人和妇女群体的文体需求，在场地器材、文体项目、组织形式、健身知识与方法等方面加以专项服务，经常性开展一些适合他们需求的文体赛事，激发他们参与的激情，以体育活动的集体氛围，消除他们因"空巢"而带来的孤独感和不安全感。

（2）针对当前农民频繁流动于城乡的特点，应该形成城-乡（镇）-村一体化服务新思路，把城市社区和农村社区的体育公共服务对接起来，在活动开展、资金投入、人才交流、项目设置等方面进行组合。①发挥城市社区担负起本辖区农民工的体育文化事宜，用城市先进的体育文化提升他们的素养；②根据居村的农民工（多数是乡、村级企事业单位的精英），通过在节假日和重要活动中开展形式多样的体育赛事与活动，利用他们的社会资源充实农村体育基本公共服务根基；③在农村社区建立农民工体育文化组织，每逢节假日，农民工返乡之际开展各种文体活动，使其体育文化生活得以延续，更是促进城市体育文化与农村体育文化的互融发展。

六、建立体现农民需求、政府责任的农村体育基本公共服务绩效考核机制

（1）绩效考核中，农民群体的需求表达愿望、渠道、方式都应有定量和定性相结合

的指标体现，引入"听证制度、社区民意征集制度、公共服务咨询制度"等现代管理手段，提高农民群体的体育公共服务需求表达的组织化程度。建立理性化的甄别机制，排除一些不合理的需求成分，呈现出合理、有效的体育公共服务需求信息。

（2）绩效考核中，要把客观程度较高的热衷于农村社会事业的专业性咨询研究机构等外部评估主体纳入考核体系中。

（3）绩效考核机制中体现政府体育公共服务的目标—效果导向的财政管理模式，提升政府等供给主体的财政或资金投入效率，以期把体育公共服务目标、使命和组织愿景落到实处。

（4）立足体育基本公共服务的基本责任，本着集约、节约、低碳、智能理念，制定标准化的考核指标，激励供给主体在总结服务经验中，纠正服务实践所出现的偏差，全面提升服务强度和规模；第五，绩效考核要充分展示政府等供给主体的农村基本体育服务的公共责任和公共利益，体现农民群体的体育文化福利和农民合理的体育基本公共服务诉求，建构农民对政府为主导的供给主体的信任平台。

七、构建"以镇带村"的推进路径

无论多完善的供需机制，最为关键的还是在于如何落实和有效地运行。新型城镇化强调的是城乡一体化发展，要求遵循自然发展规律和城乡空间差异化发展原则，科学规划县域村镇体系，统筹安排农村基础设施和社会事业发展。也就是说，在农村体育基本公共服务中，不能仅仅局限在行政村或村落中找出路，而应该把农村和（城）镇放在一个系统中去健康发展。在城乡统筹中，推动"以镇带村"的思维模式，突出小城镇体育的"承上启下"和带动、示范与辐射作用。也就是说，要以小城镇为支点，让城市体育辐射进来，在小城镇中整合、消化后再延伸到村（落），反之村（落）一些优秀体育文化，特别是传统的民俗体育文化融入小城镇去继承、整合与发展，进而形成城-镇-村"三位一体"互动发展。

例如，在体育组织建设方面，一方面村级要加强自行建设，但更为重要的是要利用小城镇的体育组织资源优势，把村级体育组织建设纳入相应的城镇体系中共同建设，在业务管理、日常活动开展、专业人员业务培训和资金运转等方面给予支持和扶持，要把小城镇体育组织建设功能延伸到村。

又如在人才队伍建设方面，要做到镇村一体化建设，村级要在充分发挥自身潜能的基础上，善于利用小城镇资源（人力、财力）的集中性和丰富性优势打造各种体制内外培训。同时（城）镇在人才队伍建设之时，也要把所辖范围的村级体育人才培养纳入进来。借鉴教育系统的流动制，镇级人员下村参与一线指导，村级人员上镇进行充电和学习，形成镇村级体育人才互相交流的机制，进而充实村级体育基本公共服务的人才基础。

又如在活动开展方面，村级不仅要不断完善自身的活动，还要学会主动向上"靠"，有计划地把自己的活动融合到镇级之中，竭力借助镇级的力量办自己的活动，操作中可以分为村级活动和村镇级活动。在有村级体育文化活动的村庄中，（城）镇级应该主动在管理上、技术上、运行理念上给予指导、规范和帮扶，把城镇先进的体育文化经验融会到村级去丰富它；在没有体育文化活动的村庄中，城镇体育组织和管理部门应该主动下乡，把自身的组织活动与村委会对接，不仅做到送体育下乡，更要做到"体育驻乡"，一方面和村委会合力开展活动，另一方面还要与村委会着力打造适宜农民需求的村级体育文化组织，用自身丰富的体育文化活动内容辐射到村（落），去影响村中的农民，特别要注重传统体育文化的发掘、渗透和培育，找回村民的文体回忆。

让村中的农民体验到一体化的活动情趣，更是把村落中优秀的传统体育文化和小城镇现代体育文化交融发展，使得基层农民对体育文化活动有一个新的认识，提升他们的"体育意识"和"自我展现"。同时，小城镇在参加省市级的农村体育活动（赛事）时，也要适当注重在村级选拔人才，一是体现"农"字，二是为村级培养体育骨干。

第七章　基于新农村建设的体育研究

新农村体育建设是社会主义新农村建设的子系统，应该站在国家发展大战略中去研究和实施。新农村体育建设迎来了良好的发展机遇，但困难和挑战更多的是来自体育之外的因素。研究认为农村要依据社会经济发展水平、社会体育管理体制、体育发展战略规划、新农村建设需要和农村居民对体育的需求配置体育资源；要遵循以人为本、重视效益兼顾效率、动态配置和统筹平衡的配置原则；中国农村体育资源的配置是计划和市场并存的复合机制，这一机制实质上是现实农村体育资源配置的过渡机制。

第一节　新农村体育建设的机遇与挑战

"三农"问题一直是决定中国全面建设小康社会进程和现代化发展的关键性问题，也是关系国家工作全局的根本性问题，第十届全国人大四次会议明确提出了"建设社会主义新农村"的决议。新农村体育建设也是建设社会主义新农村的内容之一，它与广大农民朋友的生活息息相关。而当下，中国农村体育参与人口比例极小、场地设施严重缺乏、意识淡薄、组织不健全等。农村体育工作是一个基础差、涉及面广、任务艰巨、长期的系统性工程，中国还有一段很长的发展道路要走。

新农村体育建设在借助全面建设小康、构建社会主义和谐社会的大好背景下，将迎来一个新的历史发展机遇。从来都是机遇与挑战并存，如何面对挑战，我们认为制约农村体育发展的瓶颈问题是体育之外的非体育问题。

只有当经济有了实力，体育的本质才会实现回归。在广大农村开展群众体育活动，不仅是一种手段，它本身就是一个目的，它和社会主义最终要让人民过上幸福、文明、科学、健康生活的目的是一致的。农民作为社会的主人，应该而且可以享受体育运动赋予他们的一切。一种优越的社会制度，应该保障人民有更多参加体育运动的权利。

中国是农业人口大国，理应重视和大力发展农村体育。它对社会稳定、丰富农民的业余文化生活有着重要的作用，把广大农民朋友吸引到健康有益的体育文化活动中来，占领农村思想文化阵地，引导农民朝着积极健康的方式生活，对于中国的经济和文化发展都是一种坚强的社会根基。文化繁荣，社会稳定，是和谐社会的重要体现，更是农民朋友生活水平提高的直观反映形式。所以，世界各国在推动经济发展和社会进步时，都十分看重农村体育的作用，看好它的价值，也是中国体育实现人文本质回归的重要一步。

一、新农村体育建设面对的机遇

（一）人性化的执政理念为新农村体育的发展提供了价值观上的统一性

党中央和国务院在短短的几年中，分别提出了诸多人性化的执政理念，如全面达到小康生活水平、建设社会主义新农村、构建社会主义和谐社会、号召全民健身运动等一系列与老百姓生活息息相关的重大战略决策，充分表明了中共中央立党为民、执政为民的人性化指导思想。

在尊崇中国传统文化价值的基础上，全国上下建立起一个统一的价值观，逐步改变农民的生活质量，积极引导其生活内容、生活方式的改变，表现在农民朋友的"民生、民风和民俗"等具体问题上。新农村体育建设正是在这样一个价值观念比较认同的社会和时代背景下提出来的，这样的机遇不敢说是绝后的，但至少是空前的，并且在以后相当长的时间内不容易找到这样天合、地合、人合的历史机遇。

（二）劳动力的剩余及转移增加了农民在体育活动时间上的可能性

中国农村人口多，耕地少，农民每人经营承包耕地仅 2.07 亩，全国有 2.38 亿个农户，户均耕地仅 7 亩左右。因此，农村存在大量富余劳动力。2006 年中国有农村劳动力近 5 亿人，在乡镇企业就业和外出务工的农民超过 2 亿人，其中外出务工 1.15 亿人，比去年增加 670 万人。中国在现有生产水平下，一般认为，农业仅需要 1.5 亿左右的常年劳动力。

因此，农村仍有 1.5 亿左右的富余劳动力。同时，随着农业的技术进步还会产生更多的富余劳动力，这为新农村体育建设的主体——农民，增加了在时间上进行体育活动的可能性。

另外，农民的余暇时间不仅量大，而且相对集中，余暇生活也单调，外界干扰因素较少。体育运动可以依赖其高度的竞争性和变化性来吸引农民，将他们的体闲取向引导过来。

（三）"村村通"和"集镇化"建设增加了农民在体育活动空间上的可能性

小城镇背靠城市，植根农村，既有城市的属性，又有乡村的属性，是连接城市和乡村的桥梁与纽带，是带动农村经济和社会发展的龙头，推动着城乡文化的渗透与交融，最适于把城市的生活方式推广、辐射到农村，促进城乡一体化发展。相对于城市居民来说，镇（乡）自然村的农民，总体上地广人稀，开展某些体育活动就在前庭后院、河边地头即可进行。体育场地或设施建设的土地也容易规划，使用价格也远低于城市用地。

"村村通"公路工程是由国家和省出资为主，地方财政配套部分资金，以小城镇为中心投入五千亿元，实现所有村庄通沥青路或水泥路，以打破农村经济发展的交通瓶颈，解决八亿农民的出行难题。中国东部、南部和中原地区，镇与镇之间，村与村之间的公路网非常发达，基本做到从集镇到村社能够全通公路，这就极大地增加了农民的活动空间和出行半径，为农村体育建设增加了在空间地域上实施的可能性。

（四）生产方式的改善使体育走近农民生活方式成为可能

人的生产方式决定人的生活方式，传统的农民生活方式是由以体力劳动为主的生产方式所决定的，受客观条件制约。这些客观条件就是生活数量与生活质量。生活数量常常取决于国家或城市的经济实力，是家庭或个人不能决定的，而生活质量则是可以通过学习和个人努力有较大程度改变的。由于农业科技的进步，农民收入的绝对值明显增长，收入构成也出现多元化趋势，体力劳动的时间和强度大为降低，生活方式所依赖的客观条件（生活数量与生活质量）也发生了深刻变化。这为农民朋友渴望改善生活方式提供了客观可行的生产条件，广大农民朋友已经具备了把体育活动这种身体行为，从生活内容的盲区逐步纳入到生活方式中来的心理准备。

二、新农村体育建设面对的挑战

（一）农民经济收入低是阻碍新农村体育建设的核心

据中国国家统计局统计，十几年前全年城镇居民人均纯收入为11.759元人民币，扣除价格因素，实际增长10.4%，同期农村居民人均纯收入3.587元，扣除价格因素，实际增长7.4%。历次群众体育调查都表明，经济收入的高低同人们的体育参与程度之间有着很强的关联性。农民作为整个社会的经济弱势群体，如果农民的温饱问题还没有解决，终日为生计苦苦挣扎，是很难想象还能把体育这种身体活动方式引入生活之中。

只有农村经济发展了，人们生活宽裕了，人们才会有意愿、有能力参与体育活动。因此，农村经济基础差是中国农村体育发展的根本性制约因素，解决了农民的收入问题，让农民真正地富起来，这才是新农村体育建设的关键因素，也是核心因素。可见，发展农村体育还有很长的路要走，必须探索出不同于城市体育的发展道路。

（二）农村文化变迁是体育着陆于农村的基础

中国传统体育文化主要是以黄河流域为基础的农业文化，反映到精神层面便是"静"态的价值取向。孔子说："仁者乐由，智者乐水。知者动，仁者静。知者乐，仁者寿。""仁"为儒家思想的核心，由代表厚重安稳，仁者取由取静，从而奠定了中国传统体育文化以"静"为主体思维的基本特征。总的来说，中国体育文化心理也是追求一种"静"态的价值取向。例如，大家所熟知的少林武术的发展史，正是隐藏于佛教"禅"的"静"思想中才得以保存至今。正如张岱年先生所说："中国文化既形成，特别是在秦汉以后，社会经济和政治制度都僵定了，柔静的精神占优势，佛教思想输入以后，中国文化几乎全部成了柔静的。"

人是社会中的人，区域和群体亚文化对人的社会行为有着深远的影响，农民并不例外。农民的居住地为传统乡村社会，沿习传统农村习俗，农民从根本上还是沿袭了数千年流传下来的生产方式和生活模式，与先进文化和先进生产力发展要求相符合的现代生产机制与生活方式还是有很大的文化距离差异，这种距离看不见摸不着，但又确确实实地影响着广大农民的生活方式和价值观念。中国广大农村是中国传统文化的源头与根基，文化变迁对于农村来说更是一个漫长而艰苦的过程，用城市人的思想或文化价值观移植到农民头上是绝对行不通的。农村还未脱离文化贫困，要重视农村的文化扶贫。中国农村少有现代体育运动的踪迹，体育这种文化形式在广大农村找不到落脚点。要将体育引入到农村文化中，要农民接纳甚至是影响全村人的文化因素，需要有一个文化变迁的过程。

（三）农民具有对体育的绝对选择权是关键

人们对体育的需要和参与是人们发自内心的向往与追求，这种群体活动与行为所构成的社会关系所表现出的自觉能动性，正是农村体育群体发展的重要基础。参与体育活动并不一定非要是"全民"的事情，我们要求农村居民参与体育运动，也只能是一种不合时宜的意愿而已，尤其是农民。以往的论文过于强调体育对健康的促进作用，夸大了体育在农村生活方式中的地位。应当注意到，人们重视和描述体育的健身作用是在社会由传统向现代的变迁中开始的，现代社会以脑力劳动与局部身体活动为主的工作方式和由钢筋水泥与塑料制品构筑的城市生活环境在农村一直没有出现。并且体育起源于劳动，农民"日出而作，日落而息"的充满自然节奏的生活方式在生理上给了农民足够的量和强度刺激，农民对体育的健身价值有理由受到置疑。所以，我们坚定地认为，过多的身体运动反而会加重农民的身体负担。他们有绝对的理由不选择体育活动，余暇生活兴趣不在体育，而是在能有效地改善农村单调余暇生活的其他形式。

例如，许多民间商业文艺演出团队，在借助结婚、做寿、奔丧等机会大量出现在农村，价格从几百元到数万元不等。农村有文艺演出市场，说明农民有这种需求。当然，不是说农民就不需要体育了，关键是要找出和设计适合他们的运动，为他们提供参与运动的条件，把选择权交给农民。

（四）镇（乡）一级政府难以发挥向农村辐射的支撑点作用

中国虽然正处在转型期，工业化和城市化蓬勃发展，但由于农村人口众多和历史的因素，生活在自然村落中的人口在相当长的时期内并不会被当然的边缘化，以镇（乡）体育所发挥的带动和辐射效应尚不十分明显。中国小城镇应有的聚集与辐射效应并不显著，尤其在西部和不发达地区。农民可能为了获得经济报酬而去集镇谋求工作和市场，但不是每个农民都愿意围绕着集镇开展体育生活。国家体育总局强调"农村体育以乡镇为重点"，这一导向需要在农村体育发展的实践中进一步接受检验和完善。况且，中国大规模地"撤乡并镇"，致使镇（乡）政权处于非稳定的状态。自身组织的不稳定必然会影响镇（乡）林育的发展，进而也动摇镇（乡）一级作为农村体育支撑点的可能。中国目前采取"县政权取实，乡政权取虚"的做法，镇（乡）一级从县、镇（乡）一级政府在管理地方体育事业中所拥有的财权和事权关系上出现了矛盾。

近年来，省以下政府的财权划分模式与事权划分模式出现了两相背离的格局，资金层层向上集中，基本事权却有所下移，特别是县、镇（乡）两级政府，履行事权所需财力与其可用财力高度不对称，出现"财权在上，事权在下"的局面。这一状况在县、镇（乡）一级政府在管理地方体育事业所承担的财权、事权关系上也得以体现。《体育法》第4条规定，县级政府既有管理农村体育的事权，也有财权，是体育事业经费投入的最下一层承担主体，而与农村体育更为接近的镇（乡）一级政府有管理农村体育的事权，却没有赋予相关的财权。

第二节　新农村建设与农村体育协调发展的理性思考

建设社会主义新农村是中国现代化进程中的重大历史任务，而发展新农村体育是推进社会主义新农村建设的一项重要举措，对于增进农民健康，提升农村的文明程度和农民的文明素养，丰富农村业余文化生活、移风易俗、形成科学文明健康的生活方式将发挥重要作用。

实践证明，健康生活方式具有低投入、高产出的特点，倡导农民选择健康生活方式，对保障农民享有"科学生活、健康快乐"既是当务之急，又是理想之策。目前在建设新农村的过程中，对发展农村经济、改善道路、住房等基础条件等"硬件"工作力度大，对农村新型合作医疗体系建设投入的精力多，但对农村健康教育和倡导健康生活方式的"软件"工作重视不够。事实上，如果广大农民群众无法及时实现健康生活方式的话，那么新农村建设的效果也将大打折扣。

党和国家领导人历来十分重视体育工作。由于单纯有钱不行，单有经济实力也不行，必须把人民的体质搞上去。"把人民的体质搞上去"是一件大事，是一项工程，这一工程的实现形式就是让人民参与体育运动，而健康不是进行一次、两次锻炼就能够实现的，它必须培养人们持续的体育行为，把体育纳入人们的生活，培养人们的体育运动习惯，形成各自独特的体育生活方式。

因此，当务之急是要认真从理论与实践结合的基础上研究加快和完善新农村全民健身体系的建设，它对于推进新农村全民体育运动，促进社会主义新农村建设，全面提高中华民族的体质与健康水平具有重大而深远的意义。

一、现阶段制约新农村体育发展的主要因素

制约体育发展的一个重要因素就是经济，然而农村经济的快速发展，并没有相应的带来农村体育的快速发展，其原因何在？国内已有许多学者对此问题进行了研究，其主要观点有以下六点：①农村体育经费来源不足，渠道单一；②农村体育资源的配置严重不足；③农村文化建设落后，农民文化素质偏低；④青壮年流动频繁，无形中主体力量削弱；⑤体育职能部门力量削弱，农村体育指导员匮乏；⑥缺乏场地、器材的基础体育设施。

除此之外，制约农村体育发展的因素还有以下三点：

（一）农村体育的法律法规不完善

法律法规为推进农村经济发展和体育持续健康发展提供了保障。目前，"城乡分治，一国两策"的基本格局并没有发生根本性的改变，城乡"二元不平等现象"依然存在，要素的不平等流动使得农村公共体育设施建设，以及农村居民获得的福利性体育服务远落后于城市。因此，政府应考虑在财政分配体制上进行调整，要统筹城乡，协调发展，完善农村体育发展的法规政策，包括加大对农村体育经费的投入，总而言之，中国体育发展政策应向农村倾斜。

（二）体育意识淡薄与健康观念落后

体育意识是一个人参加体育活动的重要原因。然而由于农村生产力落后，中国农民体育意识尚不成熟，农民对体育的理解和认识仅在运动场上竞争表层的意识中，缺少自觉投身和参与的意识。在传统道德和价值观的影响下，各自从不同的角度看待体育现象，以各种不同的意识形态解释体育现象。他们认为，一年四季、春耕夏管、秋收冬藏、体力劳动量较大，使其有着健康的体魄，劳动就是体育运动。"劳动可以替代体育""劳动即是体育"的思想在农村根深蒂固，这种思想已经成为阻碍农村体育发展的一个重要因素之一。

（三）乡、村、队（组）体育锻炼服务体系不健全

有效的组织和管理是新时期加快发展农村体育，提高体育发展水平的重要环节。然而，由于中国基层领导对农村体育重要性的认识不足，加之乡镇财力和体育事业经费有限，管理体制不健全、管理人员缺乏等因素的影响，使乡镇政府对农村体育管理缺乏必要的重视和有力的措施，从而导致管理手段落后、管理活动松散甚至疏于管理，使农村体育活动难以有效开展，有限的体育资源难以发挥应有的作用，最终成为影响中国农村体育活动的主要因素之一。众多研究认为，由于中国农村的农民居住得比较分散，乡、村、队（组）体育管理机构不健全，因而多数农村体育活动无人问津。

二、解决目前新农村体育发展落后状况的思考

社会主义新农村体育的发展离不开服务于农村居民健康的卫生、医疗、保健和体育等部门、组织和集团。通过完善基层体育组织和研发体育服务新组织，并使之转化为现实运作模式的农村体育服务综合系统，是当前发展农村体育的主要途径之一。但目前传统的服务体系仍然滞留在高级政府体系内部，导致农村体育服务体系不足甚至失衡。新农村建设为重构农村体育服务体系提供了难得的机遇，我们要用全局的、长远的和战略的眼光看待农村体育的发展，要与时俱进，立足村落，服务大众，走"村落包围城市"的体育发展道路。

（一）大力发展农村体育资源，合理规划场地设施建设

农村体育服务的公共财政支撑，是政府履行公共服务职能和保证农村公共物品提供的基本保障。政府需承担起农村体育服务体系建设发展的主体责任，落实人力、物力、财力等各项保障措施。调整国民收入分配格局，逐步增加对农村体育投资规模，逐步形成新农村体育发展服务体系建设长期稳定的资金来源。同时，应积极调整投资结构，加大发展农村体育资源的力度，加强体育基础设施的建设，引进和培养体育人才，增加农村体育健身指导员的人数。

农村体育场地设施的不足，农民群众缺少相应的健身活动条件，无法享受到基本的体育服务机会，是农民体育权利缺失的主要原因。"截至 2007 年 1 月底，全国 31 个省（自治区、直辖市）共建设农民体育健身工程项目 26159 个，用于工程建设的总投资达 11.87 亿元。其中，国家资助的试点项目为 5460 个，占 20.87%；地方自建的项目为 20699 个，占 79.13%"。然而，农民体育健身工程的实施还处于初始阶段，与农民现实的体育物质

需求还有不小的距离，因此，从现实矛盾出发，仍然需要进一步加大体育场地设施的资金投入。与此同时，在修建体育场地设施时应着眼于未来，根据新农村建设的动态变化，进行整体性和前瞻性考虑。具体应考虑以下两方面的内容：是从农村体育人口的年龄结构、体育活动项目、农民的体育兴趣偏好、体育活动区域等出发，对体育场地设施建设进行合理布局，多建一些多功能、中小型的体育场地设施；二是要适应未来发展的需要，提前作出预测，准确判断，制定可行的发展规划。

（二）继承创新民族民间体育，力显新农村全民健身的中国特色

新农村全民健身活动作为文化的重要组成部分，其在农村的广泛开展，必将在促进乡风文明建设、培养社会主义新型农民、保障农民享有基本体育服务、拉动农村经济增长、继承创新民族民间体育等方面发挥着重大作用。中华民族有近千项传统体育项目，其中有很多优秀传统体育项目与中国传统节日联系在一起，经过千百年的提炼与优选，流传至今，深受大众喜爱，具有鲜明的民族性和浓重的文化特色，如新年的舞龙舞狮、端午节的龙舟飞渡、重阳节的登山望远……在开展全民健身活动中，中国各地农村将会继承创新民族民间体育，力显各地农村的全民健身特色，各地特色汇成中国特色。

构建社会主义新农村全民健身体系，就是将"农民"置于"体系"的中心，把不断满足广大农民的体育文化需求，提高农民的身体素质，促进新农村"乡风文明"建设作为最高目标。从一定意义上就是要新农村具备一定的全民健身服务和保障能力，为全体农民提供平等性的体育权利和机会，创造更好的条件，促进人的全面发展。

（三）整合体育文化资源，营造农村体育文化氛围

传统是一个民族发展不能割断之根，是民族文化现代化的逻辑起点。把弘扬优秀传统文化与发展新农村文化结合起来，是新农村文化建设的战略问题。在农村体育文化建设过程中，应继承从古至今众多的民族体育文化资源，取其精华，去其糟粕，注重融合与创新，逐步形成具有中国特色的新农村体育文化。一要加大政府投资力度，吸收和引进社会资金，完善公共体育文化建设网络；二是着眼于发动广大农民体育文化建设的积极性，加强农村体育人才培养、培训和继续教育，为其提供优惠的政策和资金支持；三是发挥农村自然地理的资源优势，结合当地农村生产劳动的特点和生活方式，合理开发和利用农村体育的自然地理资源。

农民既是新农村体育发展服务体系建设的受益人，也是建设的主体。农民生活富裕，有了余暇时间，还要让农民拥有体育意识，他们才会积极参加体育活动，体育发展工程才能发挥其有效作用。在建设新农村体育发展服务体系进程中，加大体育文化资源向农村倾斜，开展多种形式的农村体育文化活动，积极推动农村体育文化信息服务。通过举办各种体育活动、媒体宣传、树立体育模范等途径增强农民体育意识，让农民看得到、感受得到体育发展体系建设的益处，从而积极投入到体育发展体系的建设中来，成为农村体育发展体系建设的主体。

（四）引导农村居民健康消费，优化体育消费结构

根据凯恩斯的经济理论，收入是决定消费的主要因素，尤其是对于低收入阶层。改革

开放以来，中国很多省（市）的经济增长取得了可喜的业绩。例如，广东、浙江、江苏等沿海地区省（市）的很多地区的农民也确实富起来了，但是这些农民富起来之后，如何让他们树立起"健康第一""健康储蓄""花钱买健康"等意识，怎样引导他们善度余暇、健康消费、养成健康的生活方式，成为了摆在各级党政部门面前的一大新课题。

（1）加快培养农村居民积极而健康的消费观念。引导他们逐步放弃计划经济条件下"无处消费、不敢消费、不愿消费"等消费观念，主动抵制有害性消费（过量吸烟、饮酒乃至吸毒等）、愚昧性消费（烧香拜佛、耗费巨资修建坟墓等）、恶习性消费，形成"消费创造生产力，生产力的发展又会增加收入，收入的增长又会促进消费"这样一种良性循环意识，使他们在生产发展之后努力提高生活质量，生活过得更加健康而富有意义。

（2）树立这些地区中高收入农民群体的典型性，形成示范性作用，拓宽消费领域，增加消费内容，扩大服务性消费，提升消费层次，重点培育健身娱乐、旅游、医疗保健等高层次消费热点。把一些经济发达的农村地区作为开拓农村消费市场的主要区域，然后形成"以点带面"的健身和娱乐消费市场新格局，借此促进农村健身、娱乐市场的形成，繁荣农村的消费市场，拉动农村经济增长。

（3）优化体育消费结构，改变体育以实物消费为主的消费结构现状。变单一消费为多元消费，积极引导城乡居民参加健身活动，在农村积极培育健身和娱乐消费市场，改变这种体育消费结构不合理的现状。

在中国经济快速发展的今天，农村经济也得到了前所未有的发展，但农民的物质文明得到发展的同时，精神文明也要得到快速发展。否则，新农村建设徒有其表，而无内涵。在精神文明建设中，农村体育的发展起着至关重要的作用。新农村建设时期中国农村体育的发展是艰苦而又持久的。在此过程中，尤其要发挥政府、农村居民二者的作用，使之相互配合，从而在农村体育发展建设和发展过程中各尽其能，尽最大努力去发展农村体育。在全面建设社会主义新农村的同时，要根据社会需求新变化，建立和完善新农村体育服务体系；要因地制宜、因人制宜、因需制宜、因时制宜，不断创新服务模式，丰富服务内容，提高服务质量，加强社会主义新农村体育的建设，切实提高社会主义新农村体育的科学化、法制化；要不断提高广大人民群众特别是青少年的体育健身意识，培养群众的健身习惯，开展丰富多彩的体育活动，让更多的农民参与体育，建立健康文明的生活方式，使农民真正享受到体育所带来的益处。

第三节　新农村背景下农村体育的发展模式及对策研究

"建设社会主义新农村，促进农村经济文化与社会的全面和谐发展"是中国政府提出的农村建设的新举措。在这样的背景下，农村体育的建设与发展也面临新的契机。在积极响应中央政府建设新农村政策的同时，如何开发新农村体育的发展模式及找到相应对策就成了问题的关键。在对中国农村体育发展现状进行研究的同时，结合"新农村"建设，提出了农村体育发展的建设性发展模式及对策，旨在为"新农村"建设的综合发展作出一些贡献。

一、农村体育的发展模式

随着中国小康社会建设的步伐加快，农民对提高身体素质和生活质量的需求更加迫切。作为体育行政部门，必须站在历史的高度，全方位审视当前农村和农民体育锻炼活动的方式，根据农村传统习惯和场地特征，结合农民的生活规律、劳动特点，探索出一条有农村特色的体育健身新途径，构筑农民体育健身、提高生活质量的新模式。

（一）农村体育健身的模式构建

任何一次活动、一项事业都有自己相对固定的运行机制和框架模式。经过几十年的努力，在青少年和城镇居民中，都相应建立和稳固了体育健身运行模式，特别是青少年体育运动，组织结构严密，硬件条件充分，各类赛事有规律地进行。那么，农村的体育健身模式如何构建才具有活力呢？可以认为，这一模式的主体框架应为：以县、乡、村三级组织为龙头，带动各类农民体育协会的建立，形成全方位的农村体育健身网络；以市场机制为内在活力，激励集体、私营、个体投资体育健身项目，把农村体育办成既是公益性事业又是收益性项目，引导更多的农民参与体育健身活动；以体育事业经费投入为基础，建设经济实用的健身场地，改善硬件条件，让农民有参与体育健身的必要场所。此框架模式的具体运作方式为：

1. 启动龙头，建立健全农村体育健身网络

体育是公益事业，体育的发展很大程度上还要依靠政府的支持。在当前农村体育处于起步发展阶段的情况下，政府理应起到龙头作用，没有政府的行政行为，农民自发进行体育健身锻炼的自觉性是不强的。政府行为主要是宣传发动，更新农民的健身观念，组织专门队伍和专业人员，建立县、乡、村三级体育网络，帮助农民完成各类体育协会的建立，并对协会予以指导和管理。

2. 市场激励，拓宽体育投入渠道

从长远的发展趋势和发达国家的现状来看，体育产业化进程必将延伸到农村。产业化本质上是市场化，是市场机制的运行过程。农村体育的融资渠道也必须走市场化道路，由城镇、农村的个体、私营业主通过对体育健身项目的投入，一方面培植了农村体育锻炼项目，提高农民健身活动的参与率；另一方面通过合理的收费，使投资业主有利可图。通过市场机制的作用，能吸纳更多资金投入到农村体育事业的建设，同时使更多的农民能加入体育健身锻炼的行列，提高农民的身体素质。

3. 基础支撑，铸造农村体育硬件环境

体育作为公益事业，必须由国家和地方政府先期奠定硬件基础。在城镇，体育场馆建设绝大部分由政府投资；在农村，由于种种原因，政府投入明显不足。在未来几年或十几年内，国家将从体育彩票收益金中抽出相当部分的资金进行农村体育项目的投入。作为地方政府，也应逐步加强对农村体育项目的建设，通过农村项目的启动，筑巢引凤，吸引更多的外来投资。

（二）构建农村体育健身模式的原则

从目前农村经济现状来看，农村体育健身模式的构建是一个长期的过程，是和当地的

小康建设同步发展、循序渐进的。在目前的经济条件下，农村体育健身模式的构建必须坚持以下四个原则：

（1）以经济条件为参照，坚持量力而行、循序渐进的原则。干任何事业都不可能一蹴而就，必须因地制宜、量力而行。从目前现状看，农村进行大范围的体育健身场地的建设和健身器材的购入时机还不成熟，只能是小范围的发展，同时注意私营业主的项目投资。各个乡镇也可以根据经济条件来因地制宜发展有特色的体育项目。各乡镇也可以根据群众的呼声和经济条件，相应创办一些群众喜闻乐见的体育项目，把农民的体育观念和爱好引向体育健身锻炼。

（2）以区位环境为主体，坚持本土为主、逐步拓展的原则。农民受居住环境的影响，一般体育活动的开展要以居住地为主。各农村基层组织可先以村民小组为单位，开辟小型健身场地，并建立小型的体育协会，在此基础上逐步拓展到村、乡镇，由此发展壮大农民体育健身基地。

（3）以示范为主导，坚持典型引路、自觉参与的原则。农民是实用主义者，对体育健身锻炼的观念还很虚幻，看不清体育锻炼带给自己的好处。要更新农民的观念，必须培植典型诱导，通过对个别农民体育健身爱好者的现身说法，让农民明白体育锻炼和生产劳动的区别及体育锻炼给身体素质和心理健康带来的好处，这样能起到以一带十、以十带百的连锁效应。

（4）提倡科学健身为重点，坚持现状与传统方式相互融合的原则。几年来，农民的传统体育项目成为农民劳动后的一种休闲方式，这种体育项目因缺乏科学性，因而对身心健康的作用有限。如何使现代与传统项目有机结合起来，真正使农民既得到健身锻炼又得以休闲娱乐，这是一个值得探讨的问题。对于这一问题，笔者认为，要在乡村两级建立体育健身辅导站，在农民中培养兼职体育辅导员，并对农民进行体育综合知识和人体基本知识的教育与培训，让科学健身的观念扎根于农民心中。

（三）农村体育健身模式的构建步骤

在未来几年内，创建农村体育健身的步骤如下：

（1）调查测试阶段。根据国家体育总局国民体质测试要求和标准，结合农村现状，体育部门要对农民的经济、家庭、人口、身体素质的现状进行综合调查和测试，掌握第一手资料，为构建农村体育健身模式打好基础。这一阶段大约需要一至两年。

（2）站点试验阶段。县级体育部门选择一至两个乡镇，各乡镇选择一至两个村进行同步体育健身网点的试验和培植。首先建立体育辅导站点，进行体育专业辅导人员的培训；其次确定体育健身项目和场地；再次就是完善体育网络和协会建设。通过试点工作，取得经验，完善提高。这需要一年左右的时间。

（3）网络铺设阶段。在取得试点经验的基础上，体育部门要在党政部门的大力支持下，有步骤、有计划、有目的、按程序完成县级体育网络建设和体育项目及场地的确立。网络建设以乡镇为纲、以村组为目，主线由县政府及体育部门把握。这一阶段需要2~3年时间。

（4）活动组织阶段。当以乡镇为主体的体育网络建设形式以后，县级体育部门要根据农时季节和农民需求，全方位、多角度地组织丰富多彩的体育健身锻炼和竞技活动，真正使农村体育和农民健身活动兴旺发达起来。

二、农村体育发展的对策

（一）牢固树立和认真落实科学发展观，全面、协调、可持续推进农村体育工作

我们应从全面建设小康社会的大局出发，用科学发展观指导农村体育发展实践，创造性地开展工作，全面、协调、可持续地推进农村体育事业发展。以正确的政绩观更新发展观念，增强运用科学发展观推进农村体育工作的自觉性和坚定性。坚持以人为本，把广大农民群众的利益作为工作的出发点和落脚点不断满足体育需求。体育部门要用全面的、实践的、群众的观点看待政绩，为造福人民而创造政绩，大力弘扬求真务实精神，大兴求真务实之风，认真研究制定城乡统筹兼顾的体育发展政策和规划，合理调整与完善相关政策措施，加强与落实科学发展观相适应的体制、机制和规章建设。按照中央的要求，把构建多元化体育服务体系作为群众体育工作第一要务，抓住场地、组织和活动三个关键环节，坚持活动和建设并举，重在建设的原则，逐步改善农村居民开展健身活动的环境。

（二）农村体育以乡镇为重点，并先以县城及中心镇为切入点实现突破

这里提出的"农村体育以乡镇为重点，并首先以县城及中心镇为切入点实现突破"的观点，主要是基于三个方面的思考与认识：

（1）对农村发展战略调整的认识。党的十六大把"全面繁荣农村经济，加快城镇化进程"作为全面建设小康社会新农村的战略部署，报告提出要逐步提高城镇化水平，坚持大中小城市和小城镇协调发展，走中国特色的城镇化道路。发展小城镇要以现有的县城和有条件的建制镇为基础，科学规划，合理布局，同发展乡镇企业和农村服务业结合起来。这无论在农村体育的理论上还是在实践上都有重大意义。

（2）对乡镇功能特点的认识。乡镇社区是构成农村社会的基础，只有乡镇社区的全面发展和进步，农村才能真正进入现代化。迅速发展的小城镇创造了全国大约1/4的国内生产总值，农村体育以乡镇为重点是基于其在推进农村经济、社会发展的重要作用及其本身所具有的聚集、吸纳和扩散功能所决定的。

（3）对小城镇发展态势的认识。近二十年来，中国的小城镇建设特别是建制镇取得突破性发展，乡镇结构发生重大变化。1978年农村建制镇约2170个、乡52670个，2001年建制镇数量首次突破乡的数量，增至20364个，乡则下降到19706个。建制镇比改革开放之初增长了十倍，并已成为农村城镇化的主流。

（三）实施"农村体育以乡镇为重点"发展战略，应当理顺县、乡二级事权、财权

2000年下发的《中共中央、国务院关于促进小城镇健康发展的若干意见》专门就理顺县、镇两级财政关系，完善小城镇的财政管理体制提出了明确要求，即要求乡镇设立独立的一级财税机构和镇级金库，做到"一级政府，一级财政"。根据财权与事权相统一和调动县（市）、镇两个积极性的原则，明确小城镇政府的事权和财权，合理划分收支范围。乡镇政权组织作为最基层的政权组织，应当有经济和社会发展规划、城镇建设规划和土地利用总体规划，有自己的财政预算和基本建设投资计划。

按照这种事权、财权划分，乡镇政府也应承担本级的体育发展职责和投资，也就是说，除了县级财政必要的投入之外，乡镇政府也应该承担地方体育事务，包括推动全民健身事业发展及支持公共体育基础设施的建设。但是现行法规包括《体育法》《全民健身计划纲要》《2001—2010年体育改革与发展纲要》和《农村体育工作暂行规定》等重要文献都规定，县级以上各级人民政府应当将体育事业经费和体育基本建设资金列入本级财政预算和基本建设投资计划。

依此规定，县级财政成为农村体育事业经费和基本建设投资唯一承担主体，但农村体育的重点在乡镇，这与目前分权化后形成的分级管理体制要求事权、财权相统一的原则不相适应。

（四）文化与体育部门联手共建乡镇文化体育工作站，发挥村民委员会在农村体育发展中的作用并明确其地位

乡镇文化体育工作站要把体育工作摆上应有的位置，做到文化、体育工作一起抓。组织开展农村体育活动是村民委员会义不容辞的职责。与城市居委会不同的是村委会还具有管理经济事务的职能，掌管经济支配权，所以，村委会对村级体育工作的推动力应该更大一些。从这个意义上说，建立、健全村民委员会是开展农村体育建设工作的最基本前提。

（五）把引导和扶持农村基层文体专业户，作为新时期推进农村基层体育建设的一项任务给予重视

农村文体专业户是新时期和新形势下，由农村居民自发兴起的由个人出资自办或联办，为满足农民文化体育需求，解决政府相关供给不足的一种新的服务形式。农村文体专业户目前主要有两种形式：

（1）由村委会拿出房产作为文体活动室，无偿提供给文体专业户管理。文体专业户为文体室购置文化科技图书和体育器材等，为村民免费提供科技、体育信息等。作为补偿，文体专业户可用村委会提供的房产进行农资、小商品经营，其收入归文体专业户所有。

（2）农民自己投资兴建体育设施。即农民利用居住地距离城区较近的优势，独资或合资建设体育活动设施，吸引城镇居民锻炼娱乐，既增加了经济收入，又推动了体育活动。

（六）利用农村学校场地设施开展健身活动，是缓解场地短缺的有效举措

目前，全国农村平均每个乡镇有小学3.8个，中学1.3个。近年来，随着科教兴国战略和希望工程的实施，农村学校特别是贫困地区学校的办学条件有了较大的改善，软硬件建设发生了根本的变化。自从"希望工程"实施以来，在贫困地区资助建设希望小学11000余所，这些学校都拥有较好的体育场地设施条件。农业部农村经济研究中心调查结果显示，目前中国各地区间在文教福利等事业建设上相差不大，也就是说，地区间农村学校体育场地资源的差别不大。

此外，"九五"以来，中国有数百万农村民办教师经过培训和资格认定重新上岗，农村师资水平有了较大提高。现阶段，在农村体育资源非常匮乏的情况下，利用好农村学校师资和场地对推动农村体育具有十分重要的意义。

第四节　新农村建设中中国农村体育资源的配置研究

随着中国进入"以工补农，以城带乡"的新阶段，建设新农村、发展新农村成为时代发展的必然，农村体育的历史性发展正面临着新农村建设的"战略提升期"。众所周知，农村体育的发展需要建立在可支配的体育资源的基础上，因此，寻找农村体育发展的突破口，切实推动农村体育工作需要重视农村体育资源的配置研究。

农村体育资源的配置关系到中国农村体育资源的分配与宏观布局，关系到农村体育发展的速度，影响着农村体育发展的规模，也影响到农村居民公平参与体育活动的机会和效果。总之，农村体育资源的配置事关中国群众体育发展的全局，是影响农村体育发展转型的关键性问题。

一、农村体育资源配置的内涵

在经济学中，资源配置是指经济中的各种资源（人力、财力、物力、信息等）在各种不同的使用方向、不同的经济主体之间的分配。历以宁认为资源配置有两个层次，较高层次是指资源如何分配于一定的产业、地区和生产单位，其合理性反映在如何使资源能够有效地配置于最适宜的使用方向和使用方面；较低层次是指在资源分配方向既定的条件下，一个生产单位、地区和产业体系内部如何组织并利用这些资源，其合理性体现在如何有效地利用它们，使其尽可能发挥大的作用。

基于以上理解，可以认为农村体育资源的配置是在农村现实发展的基础上，农村体育资源（人力、物力、经费等）的分配、组织与利用的动态方式。农村体育资源的配置不应该仅仅关注宏观的分配与布局，还要重视资源的开发与利用层面。我们需要用发展的眼光对待资源配置的"适切性"，即现实可行性，强调农村体育资源的配置是动态变化的，它会随着农村客观环境的不同和体育资源的内在需求的变化而变化。

二、农村体育资源配置的依据

中国农村正面临着从传统社会向现代社会转型的复杂过程。这一历史转型涉及农村政治、经济、文化等深层次领域，是农村社会的一场深刻变革。由于农村社会结构复杂、地理环境迥异，尤其是农村经济发展水平在区域之间具有突出的不均衡特点，因此，要实现配置体育资源最大化的目标，满足农村体育的发展需要，配置农村体育资源时应该有所依据。

（一）社会经济发展水平

中国城乡之间的社会经济发展水平存在较大的差距。拿收入水平来讲，城乡居民收入水平的差距由之前的 2.22 倍扩大到 3.33 倍，到十年前扩大到 3.36 倍，城乡居民收入的绝对差距首次超过 1 万元。如果算上社会保障不健全等因素，其差距会更大。自从中国农村经济绿皮书指出，目前中国农村居民生活消费水平落后城镇居民至少十年，并且城乡居民生活消费水平差距一直处于扩大状态。

社会经济发展水平的落后造成了农村体育资源在存量和规模上都与城市体育不可同日而语。从农村体育资源的现状调查来看，农村体育的物力资源、经费和体育消费水平都与社会经济发展水平有直接的关系。可见，社会经济发展水平决定了农村体育资源配置的基础，进而决定了农村体育资源配置的策略与方式，它是农村体育资源配置的首要依据。

（二）社会体育管理体制

中国社会体育的管理形成了以突出政府管理为主，体育社会团体与民间体育组织管理为辅的体制。农村相应成立了体育管理部门与机构，实施对农村体育资源的管理与配置。体育行政部门、社会团体、民间组织三者之间的博弈体现了农村体育资源配置权限的大小，是农村体育资源配置机制是否合理的重要体现。因此，农村体育资源的配置还要根据农村体育管理体系是否完善，农村体育组织体系是否健全作为重要的参考依据。

由此可见，推动农村体育的革新发展，激活农村体育管理体制的活力，体育政府部门要充当配置农村体育资源的合理角色，既不能独断专行，也不能放任自流；体育社团、民间体育组织的规模和数量、功能与作用也要满足农村体育发展的需求，积极发挥具体的角色，变大农村体育资源的配置效益。

（三）体育发展战略规划

2002 年《中共中央国务院关于进一步加强和改进新时期体育工作的意见》指出，要逐步改善群众性体育运动条件，为广大人民群众提供必要的体育设施和体育服务；注重区域体育、城乡体育共同发展。《体育事业十一五发展规划》指出，根据建设社会主义新农村的总体部署，实施"农民体育健身工程""在农村乡镇建立一批社区、乡村体育俱乐部或体育活动站"，最终目标是要建成具有中国特色的全民健身体系。

由此可见，农村体育已经成为体育事业"十一五发展规划"的重点扶持领域，成为新时期中国体育发展战略的重点。《体育事业十一五发展规划》通过四年多的实施，资助建设了适应农村体育需求的场地设施，培养了一批农村体育干部和社会体育指导员，使得以村为主体的基层体育设施资源和以乡镇为主体的人力资源得到改善，较好地促进了农村体育事业与社会事业的协调发展。因此，农村体育资源的配置要适合体育发展战略规划的需要，为实现农村体育又快又好的发展提供资源保障与支持。

（四）新农村建设的需要

建设"生产发展、生活富裕、乡风文明、村容整洁、管理民主"的社会主义新农村是中国现代化进程中的历史任务。这一系统工程既包括物质文明建设，也包括政治文明建设、精神文明建设；既要促进农村经济发展，也要提高农民的生活水平，形成良好的社会风尚。新农村建设的内容和目标在不同的发展阶段，建设的重点是不同的，对体育资源的需求也不相同。因此，农村体育资源要制定配置规划，配合新农村建设的总体部署，适应新农村建设的速度，推进新农村公共体育文化事业建设的建设步伐。

（五）农村居民对体育的需求

"农村真穷，农民真苦。"中国农村居民的社会福利待遇整体水平较低，精神文化生活单调，需要健康文明的生活方式已经成为不争的事实。贺雪峰认为，解决三农问题不能局限于农民增收，而应该拓展到提高农民整体福利的思路上来，新农村建设的核心是要建设"低消费、高福利"的生活方式；温铁军认为，在当前农民普遍处于"小康不足，温饱有余，闲暇时间很多，劳动强度不高"的现状下，从社会交往及社会文化建设方面增加农民福利，既有可能，又有必要。

农村体育既是农村社会文化建设的重要因子，也是增加农村居民整体福利的一味良药。因此，从体育的福利性和文化性入手配置农村体育资源，调动农村居民参与体育活动的积极性，最大限度地满足农村居民的体育诉求，可以促使农村居民向"觉醒"的新型农民转变。

三、农村体育资源配置的原则

（一）以人为本

实现人的全面发展是社会发展所追求的最高价值目标。"十一五"规划中建设新农村的二十字总目标和方针不仅强调生产发展，更强调满足农村居民的精神文化需要。因此，农村体育资源的配置应该遵循"以人为本"的原则，为农村体育事业的发展奠定人文情怀的环境。

"以人为本"的原则，一是重视农村体育资源的配置要为所有的农村居民服务，满足农村居民在体育方面的需求，使其生活更健康幸福；二是要为农村体育工作的管理人员、社会体育指导员等人力资源着想，创造更好地工作条件。

（二）重视效益，兼顾效率

体育与其他社会事业相比，具有明显的公益性，但目前中国农村体育的发展相当落后，占全国人口三分之二的农村居民基本享受不到体育发展的成果。因此，配置农村体育资源要从体育方面提高农村居民的社会福利，完善公共体育设施，普及体育健康文化，创造尽可能多的体育公共社会产品。这就要求农村体育资源的配置要遵循效益性原则，促进农村社会文明的健康发展。

当然，农村各地的不同实际又要求我们在配置体育资源时分清重点与难点，有先有后，兼顾效率。它要求我们在对农村地区进行体育资源的基础性配置时，能够发挥体育资源良好的引导作用，在尽可能短的时间内产生良好的社会效益。可见，效益原则与效率原则在配置农村体育资源的过程中是统一的。

（三）统筹平衡

统筹平衡原则是指农村体育资源的分配和利用要统筹兼顾、合理调整、综合平衡，使体育资源在城乡与区域间的分布、在数量与质量的结构上趋于协调，以实现农村体育资源的优化布局。

中国农村地理条件差异性大，社会结构复杂性大，经济水平发展差距大，加上农村居民的体育需求多样化，所以农村体育资源的配置目标实现统筹平衡的困难非常大。因此，我们找出农村体育资源配置的难点与差距，采用行政手段和市场方式，分步骤、分阶段、有重点地调节体育资源的分配与利用，从而实现人尽其才、物尽其用、地尽其利，实现体育资源集约化增长与共享。

（四）动态配置

中国农村正从一个农业社会向现代社会的转型时期，农村社会的各领域都在发生着大变革，农民的生活环境、自身素质和健康需求等无时无刻不在发生改变。因此，农村体育资源配置的目标与评价、重点与难点、策略与机制等都需要因时而动、因势而定。冰冻三尺，非一日之寒，农村体育资源的配置是长期的动态过程，不能采用一朝一夕、一蹴而就的配置方式。

四、农村体育资源的配置机制

（一）农村体育资源配置机制的选择

自从建国之后相当长的时期内，中国是在计划经济条件下发展壮大的，农村体育资源的配置历史选择了计划机制。由于中国发展市场经济的时间不长，市场机制的影响在农村体育资源的配置上远没有显示出其深刻性，但在市场经济国家中体育资源的市场配置机制并不鲜见。虽然计划机制和市场机制配置资源的特点不同，利弊也不同，但在不同的历史时期，都曾发挥过配置资源的基础性作用。

1. 计划配置机制

计划经济条件下，政府是体育资源配置的唯一主体，形成了政府不仅管体育而且直接办体育的局面。中国农村体育资源的配置大多是通过行政机制实现的，农村体育的管理与考评、经费的划拨与使用、场地器材的添置申报与审批，甚至组织体育活动的次数、时间、奖励方式等业务的和非业务的内容都需要政府文件的规定或上级领导的批示。体育资源计划配置机制的"指标性"特点体现无疑。

用历史唯物主义的观点来看，计划经济的社会制度成就了中国体育事业的诸多辉煌业绩，但是，在计划经济条件下，体育的社会功能被简单化为体育的政治功能，体育为政治服务成为体育为社会服务的唯一形式。

2. 市场配置机制

在市场经济条件下，资源的配置是受供求关系和价值规律制约的。在一系列严格的假定下，价格机制可以使资源配置达到"帕累托最优"，即任何一方已经不可能在减少其他福利的条件下增加自己的福利。因此，市场化资源配置是一种有效率的配置机制。

置身于市场经济的运行规则中，农村体育资源要遵循社会主体的需求角度予以配置，把满足社会各方的体育需要作为基点。当社会达到足够发达的程度，农村体育资源的供给与需求就会建立起有效的信息沟通机制，通过市场杠杆的调节作用，促进体育资源的合理流动，实现体育资源供求的多极化和选择的多元化，农村体育资源的价值也得到最大程度的挖掘和利用。

（二）中国农村体育资源配置的现实机制——复合机制

中国的改革开放是从农村联产承包责任制开始破冰的，由于国家在以后的工业化战略中以牺牲农业和农村为代价，造成城乡差距急剧加大，农村大大落后于城市的发展。随着改革开放发展战略的与时俱进，党的十六届五中全会把建设新农村作为社会主义现代化进程的历史任务，中国步入了"工业反哺农业，城市支持农村"的发展格局。然而农村的现实状况确实是不容乐观的。相当部分的农村地区仍然处于封闭、保守、落后的农业经济状态。农业的基础地位还不稳固，农村社会问题和社会矛盾不断增加，农村居民的收入增长乏力，文化生活单调、落后。"农业、农村、农民"的弱势特征使农村体育资源的配置缺失了鲜活的市场平台基础。

施蒂格勒说："凡是个人和私人机构不能完全解决的问题都要移交给政府去解决，这种倾向似乎是一种天然。"在农村经济和社会不发达的现实状况下，在"三农"问题凸显的社会进程里，农村体育被赋予了"福利型"社会公共品的使命。当前的农村体育资源存量不足，结构失衡，运用行政的力量可以较好地缓解这种压力，较大可能地满足农村居民的体育需求。因此，运用计划机制配置体育资源是应有之事，尤其是在市场化程度较低、市场机制力量微弱的经济形态下，计划机制可以发挥配置农村体育资源的基础性作用。

因此，农村的现实状况决定了农村体育资源的配置机制是计划和市场并存的复合机制，或者称为联合机制，它是社会资源、经济资源配置机制的间接反映。对于不同类型的农村体育资源和农村不同的区域状况，计划机制与市场机制发挥作用的先后、大小都可以科学选择、有机结合。农村体育资源的配置机制将在是否计划多一点还是市场多一点的辩证发展中，达到计划机制和市场机制相辅相成的统一关系。

第五节　社会主义新农村体育服务体系的构建

中共中央、国务院发布关于构建和谐社会，建设社会主义新农村战略决策后，"三农"问题成为了人们关注的焦点，"三农"问题始终是中国社会主义建设的基本问题。因此，党和国家一贯高度重视把发展农业、建设农村和改善农民的生活作为定国安邦的大事来抓。中国农村的进步、发展、繁荣和稳定与否，直接关系到社会主义现代化的成败。没有农民的富裕就没有真正意义上的全国人民的富裕，没有农村体育事业的发展，就没有全国体育事业的发展，没有农民强健的体魄，就没有中华民族整体素质的提高。

构建农村体育健身服务体系，是丰富广大农民体育文化生活，提高农民的身体素质和健康水平，千方百计使农村体育和城市体育协调发展，是体育部门以经济建设为中心，为建设小康社会作贡献的实际举措，是构建和谐社会和建设社会主义新农村的必然要求。

一、农村体育服务体系的性质、主体、对象、服务方式及构建标准

农村体育服务体系是依托农村的体育设施，由政府提供给农村的广大农民的公共体育

产品和公共体育活动的整个服务系统。中共中央《关于进一步加强和改进新时期体育工作的意见》明确提出，群众性体育事业属于公益事业，要保障广大人民群众享有的基本的体育服务。农村体育作为群众体育的一个重要的组成部分，毋庸置疑地属于公益事业，既然是公益事业，农村体育服务中提供服务的主体就是政府，而被服务的对象就是居住在农村的九亿农民。因此，农村体育服务体系中提供体育服务的主体就是农村的县、乡各级政府，服务对象就是广大农民，其中包括农村体育活动中的弱势群体（老人、妇女、儿童及残疾人）。县、镇（乡）、村委会各级政府应发挥其在农村体育服务中的作用，提供给广大农民基本的体育服务。服务方式有多种：可以政府自己办，也可以通过政府订货的方式委托非政府组织办；也可以以货币化的方式直接补贴到农民手中，也可以通过货币化的形式补贴到农村村办企业或其他机构，让他们按合同要求免费向广大农民提供。

无论是选择何种方式，政府作为基本体育服务的提供者的身份不会改变，而且资金来源也只能是政府的财政收入。特别是村委会作为基层的机构，与农村体育发展息息相关，而且村委会还具有管理农村经济事务的职能，具有农村经济的支配权，更有利于组织各种体育活动和提供给农民各种体育公共产品，村委会在农村体育发展的作用应该更大一些，对农村体育发展的推动力更为明显。由于长期的城乡二元结构的存在，农村经济比较落后，农村人口多，社会保障体系不健全，农村体育服务体系的标准会比较低，所以政府能够提供的基本体育服务只能走全覆盖、低标准的道路。从当前的新农村建设发展的形势看，农村体育服务体系会越来越完善，广大农民所享有的体育基本服务的标准会逐步提高。

二、农村体育服务体系构建的内容

构建面向广大农民的农村体育服务体系，是由影响和制约农民参加体育健身活动，使体育真正成为人们日常生活中不可缺少的组成部分，使国民体质得到普遍增强的诸多要素构成的相互关联、相互作用、目标明确、结构完善、具有较强适应性的整体。即从宏观上这一体系的基本框架主要是由组织管理系统、物质保障系统、活动竞赛系统、政策法规系统、科学指导系统、信息服务系统、体质评价系统、健身产业系统、评估表彰系统等构成，每个系统还包含着若干个子系统。

具体讲，组织管理系统中包含政府的行政管理、群体社团管理、基层健身网点等子系统，就是要建立与社会主义新农村建设相适应且依托于新型的全民健身管理体制和运行机制，明确政府与社会的责任。就是要大力推进农村体育的社会化，建立健全农村体育社会化的组织管理体系，调动一切社会力量办体育，实现政事分开、管办分离，使农村体育的发展方式由行政型转为社会型。

物质保障体系中包含农民健身的场地设施和资金投入等子系统，就是要通过政策的积极引导调动一切积极因素，努力建设和提供能够较好满足广大农民开展体育健身活动的多样性、多层面、多元结构的场地设施和多渠道的经费支持等物质条件，使农民健身强体的愿望得以实现。

活动竞赛系统中包含制度性健身竞赛活动，示范性健身竞赛活动，小型、多样、经常、分散性健身竞赛活动等子系统，就是要充分利用组织开展农村大众性的体育活动，把体育竞赛作为发展农村体育事业有效的手段和载体，既要发挥制度性、传统性大型活动的带动作用，又要发挥小型、多样的群体活动的推动作用。

政策法规系统中包含法律、行政法规、部门规章等子系统，就是要建立健全农村体育服务体系的法规体系，发挥法律法规对农村体育服务的保障作用，使全民健身事业得到健康有序的发展。

科学指导系统中包含科学的健身方法的研究与推广、社会指导员培养与服务、农村健身理论研究等子系统，就是要建立与农村体育健身事业发展相适应的社会体育指导员队伍，有效发挥他们在开展农村体育服务中的组织、指导、宣传作用。要充分发挥科学技术对农村体育服务体系的支持作用，积极研发和大力推广科学有效的健身方法，不断提高农民健身的科学含量，建立和形成较为完善的全民健身科学理论体系，推进全面健身事业的科学化进程。

信息服务系统中包括信息咨询服务系统、信息资源管理系统等子系统，就是要建立为广大农民提供丰富、快捷的体育信息及咨询服务，同时加强对农村体育服务体系中的信息资源的科学管理。

评价系统中包含农民体质监测、农民体质评价、农民体育锻炼标准等子系统，实施农民体质测定制度和国家农民体育锻炼标准制度，掌握和动态观察分析农民体质变化的规律，有效改善和增强国民体质。

体育健身产业系统中包含引导健身消费、开发健身产业、培育健身消费市场等子系统，就是要加快农村体育产业发展，大力培育农民健身市场，积极引导农村体育消费，确保全民健身计划能在农村顺利实行，使农村体育产业成为农村发展第三产业的重要组成部分。

评估表彰系统中包含评先表彰制度、工作评估制度等子系统，就是要把竞争和激励机制引入农村体育服务体系建设中，建立有效的工作评估和先进表彰制度，以此为杠杆，充分调动各方面的积极性，不断增强农村体育服务体系的发展活力和后劲。

三、构建农村体育服务体系的对策

（一）加强统筹规划，促进新型农村体育服务体系的有序建设和科学发展

中央明确要求，推进社会主义新农村建设必须搞好总体规划。构建新型农村体育服务体系也要统筹安排、科学规划。要把农村体育服务建设相关专项规划纳入新农村建设总体规划，按区域确定总体思路、发展目标、基本原则和重点任务，统筹资金安排、建设项目、配套政策，有计划地按步骤推进。

为了充分发挥规划的统筹促进和科学指导的作用，在规划编制过程中，应做到以下几点：

（1）广泛听取基层干部和农民群众的意见和建议，尊重自然规律、经济规律和社会发展规律，区分轻重缓急，突出建设重点，把分阶段实施方案制定好，分步实施，扎实推进。

（2）因地制宜，分类指导，量力而行、尽力而为。针对不同地区、不同情况、不同条件创造性地开展工作，形成各具特色的发展模式，做到不急于求成、不搞"一刀切"、不强迫命令、不包办代替、不搞形式主义，特别要防止出现以各种体育活动和提供公共体

育产品的名义增加农民负担的现象。

（3）按照城乡统筹和区域覆盖的原则，制定基本体育服务设施配置标准，规范农村体育设施、设备配置和服务功能。

（二）加大政府投入和资金整合力度，建立与新农村体育服务发展相适应的财政保障机制

农村体育服务的公共财政支撑是政府履行公共服务职能和保证农村公共物品提供的基本保障。政府需承担起农村体育服务体系建设发展的主体责任，落实人力、物力、财力等各项保障措施。为了适应农村发展的需要，必须充分发挥工业对农业的支持和反哺作用，以及城市对农村的辐射和带动作用，调整国民收入分配格局，按照中国经济社会发展阶段性变化和建设新农村的要求，与综合国力不断增强和财力持续增长相适应，稳步增加中央投资规模，逐步形成农村体育服务设施建设长期稳定的资金来源。同时，应积极调整投资结构，切实把体育基础设施建设投资的重点放在体育事业薄弱的农村地区。

要明确划分中央和地方各级政府财权事权，按财权与事权相对称的原则完善公共财政转移支付制度。中央和省级政府要按照基本公共服务均等化的要求，确保公共财政用于农村体育事业的资金逐年增长，重点支持农村体育教育、体育公共产品等基本公共服务项目，形成稳定的体育事业建设投入保障机制，进一步明确地方各级人民政府在农村体育服务设施建设方面所承担的重要职责。地方政府也要积极调整财政支出结构，把建设重点转向农村，加强"乡财县管乡用"的改革试点，有效拓宽农村公共体育设施建设投入渠道。

（三）调动广大农民群众的积极性和创造性，建立健全政府主导、农民参与的农村基层体育管理服务体系

农民群众的主体作用及其有效参与是促进农村体育发展、确保农村体育服务能够满足农民需求的重要保证。政府要发挥在农村公共体育产品供给中的主导性作用，加强农村基层服务设施建设，满足农民服务需求。

在农村体育服务体系建设中，亿万农民是受益主体。要尊重农民的首创精神，广泛听取民意，调动农民自我发展的主动性和自觉性，发挥农民参与体育公共事务的积极性，围绕农民体育需求谋划公共服务安排，防止体育设施建设和服务项目偏离农民需求或难以持续。要把国家支持与广大农民群众投工投劳有机结合起来，发挥政府投资的带动作用，通过以奖代补、项目补助、以物抵资等方式，引导农民对直接受益的公共体育设施建设投工投劳。要在市场准入、融资条件、政策支持等方面创造平等竞争的环境，支持农民按照自愿、民主的原则发展多种形式的各项体育协会和其他民间体育组织，增强村级集体体育组织的服务功能。

（四）要加快建立以工促农、以城带乡的长效机制，鼓励社会共建农村体育服务体系

推动城市公共体育设施向农村延伸、城市公共体育服务向农村覆盖，加大城市体育人才、智力资源对农村体育发展的支持，建立和完善体育内部行业对口支援的制度，着力加大城市对体育设施、健身指导方面对农民的服务，在服务"体育三下乡"、体育教育师资培训、社会体育指导员定向培养等方面加大"支农"力度，引导城市体育资金向农村流动。推进互助合作，各大、中城市要切实履行市带县、市帮县的责任，动员城市有条件的

企事业单位对农村体育帮扶，增强城市对农村的辐射带动作用。

鼓励社会参与，积极引导社会资金投向农村体育服务体系建设。在明确政府主导作用的同时，要鼓励企业和社会团体兴办农村体育设施和社会事业，允许民间资本进入农村体育服务领域，增加信贷资对体育设施建设的支持，建立县域内金融机构支持公共服务体系发展的机制，实现农村体育服务供给多元化。要充分发挥市场在提供农村体育服务方面的作用，积极探索将市场机制引入农村体育服务领域的途径和方法，提升农村体育服务供给效率。

（五）创新农村体育服务建设的各项体制和机制，努力增强服务效能和发展活力

建设新农村体育服务体系，同样需要通过深化改革来提供动力。要加快建立任务明确、分级负责的工作机制，中央有关部门要加强对建设农村体育服务体系的政策指导和工作支持，地方各级政府要对本地区公共服务体系建设的工作负主要责任，同时建立比较完善的监管和监督机制，促使农村体育服务体系发挥最大效能。

第八章　基于不同视角下的农村体育研究

在全民健身运动蓬勃开展的今天，农村体育问题是全民健身运动的重点和难点。本章从不同视角下，去认识农村体育发展中遇到的问题，探寻解决问题的方法，以促进全民健身运动和小康社会建设有效发展。

第一节　基于和谐社会需求的农村体育的发展研究

根据党的十六届四中全会提出的"和谐社会"，以及"坚持以人为本，努力构建社会主义和谐社会"的要求，通过对现阶段农村体育低水平、不平衡、基础差、投入少现状分析，剖析了在构建和谐社会进程中，农村体育对人与自然、人自身、人与人、人与社会和谐的促进作用，并提出了和谐社会需求下的中国农村体育发展的七大对策。

和谐社会一直是古今中外思想家追求的理想社会，马克思和恩格斯所构想的共产主义社会就是和谐社会的最高境界，实现"每个人自由而全面地发展"是对和谐社会最经典的诠释。党的十六届四中全会提出"坚持以人为本，努力构建社会主义和谐社会"，从根本上来说，就是把发展好、实现好、维护好人民群众的利益作为和谐社会的本质要求。

中国是一个农业大国，农业、农村和农民问题始终是中国革命和建设的根本问题。对此，党和国家一贯高度重视，把发展农业、建设农村、改善农民生活作为安邦定国的大事来抓。中国农村的进步、发展、繁荣和稳定，直接关系到和谐社会建设的成败。没有农民的富裕，就没有真正意义上的全国人民的富裕；没有农民的强身健体，就没有中华民族整体素质的提高。体育作为锻炼和教育的手段，对构建和谐社会起着积极的推动作用，因此，在建设社会主义和谐社会的过程中大力发展农村体育是十分必要的。

一、农村体育促进和谐社会的发展

和谐社会，以人为本，构建社会主义和谐社会，在本质上就是要处理好人与自然、人自身、人与人、人与社会这几方面的关系，农村体育在促进上述几个关系的和谐方面发挥巨大的作用。

（一）农村体育促进入与自然的和谐

"自然对人类心灵的影响，从时间上看最先，从重要性上看最大。每一个白天伴着我们的是太阳，太阳落下以后，是夜和夜空中的星星。风永远吹着，草永远长着。"这诗一般的语句仿佛把我们带入人与自然的最初交融之中。

自然的魅力和人们追求更为完美的生活质量的理想，激励着越来越多的人投身于符合生态和人体生命节律的运动中，追求在自然界博大的胸怀中告别紧张疲惫的自我，塑造出一个生机勃勃的新我。农村地区因时因地举办的体育项目比赛，不仅有助于人们重新认识自然、尊重自然和保护自然，还成为沟通和促进人与自然之间和谐关系的一个重要媒介，而且在比赛过程中，农民通过体育比赛交流了农业种植技术和致富技术，进而推动了农村经济的全面发展。

（二）农村体育促进人自身的和谐

人是社会发展的主体，人自身和谐是社会和谐发展的根本前提。从根本上说，人自身的和谐，就是要实现人自由全面的发展；人自身的和谐，就是要有健全的人格，有正确的世界观、人生观和价值观。在改革开放的今天，农村发生了翻天覆地的变化，农村经济发展了，农民生活水平提高了，但是广大农民的身体素质不尽人意。造成这一情况的原因很多，主要是相当一部分农民，特别是农村基层管理者的健身观念比较落后，认为农民是体力劳动者，不需要体育锻炼。

要改变这一现象，首先要转变观念，充分认识运动者在活动过程中所表现出来的乐观、自信、生机和活力，使其人性更加完善，人格更加健全，人体更加完美；其次要组织农民参加体育活动，使文化、体育等健康文明的生活方式进入到农民的生活中去，以提高农民的身体素质和生理机能，使农民在运动中释放潜能和创造力，证明自身的力量和智慧，促进农民自身的和谐发展。

（三）农村体育促进人与人的和谐

人与人的和谐，在很大程度上就决定是否有一种公正的环境、规则、条件和机会，其本质上就是一种利益关系。车日之所在，天下趋之。只有妥善协调和正确处理人与人之间的各种利益关系，人们才会心情舒畅，才会相安无事。从人类健康的角度看，由于农村体育并不会导致农民之间的排他性对抗和竞争，它是在公正、公平的环境下，人们进行强身健体、陶冶情操的一种自我保健和运动方式，它不存在人与人之间利益的冲突，因而消解了由于竞争而可能引发的对抗和不满，增加人与人彼此之间的交流和友谊，使人与人更加和睦和融洽。

通过开展健康的农村体育文化活动，可以使农民在精神上有新的追求，迷信落后的生活习俗不再延续。通过参加体育比赛和观看体育比赛，以激发农民爱国家、爱集体、爱家乡的热情，强健农民的体魄，娱乐农民的身心，陶冶农民的情操，培养他们团结合作、拼搏进取的精神，使人们彼此之间更加信任、包容和接纳，使人与人之间更加和谐。

（四）农村体育促进人与社会的和谐

中国是发展中的农业大国，农村人口占全国总人数的80%。农业是经济发展、社会稳定、国家自立的基础，没有农村的稳定和进步，就不可能有整个社会的稳定和全面进步；没有农村的小康，就不可能建设全面小康社会。而大力开展农村体育对农村的社会稳定、丰富农民的业余文化生活、促进人与社会的和谐有着重要作用。体育运动不仅能提高农民身体素质，提高健康水平，减少疾病，延长寿命，而且会产生良好的社会效果。由于农民的身心健康关系到农业生产的发展，繁荣农村经济，许多农民都认识到要脱贫先脱病，身体健康才能奔小康这一道理。

因此，通过大力开展农村体育把广大农民吸引到健康有益的体育文化活动中来，占领农村思想文化阵地，农民参与违法乱纪的事情就少了。据调查，许多体育先进乡村一般是"先赌村""先刑事案件村"再"文明乡""文明村"，其方法主要是通过开展体育活动，改变了农民的精神面貌，使农民的业余生活变得充实、丰富、积极、健康，促进人与社会的和谐和稳定。

二、和谐社会下中国农村体育的发展对策

(一) 树立科学发展观，推进农村体育工作

应该从全面建设小康社会的大局出发，用科学发展观指导农村体育发展实践，创造性地开展工作，全面、协调、可持续地推进农村体育事业发展。以正确的政绩观更新发展观念，增强运用科学发展观推进农村体育工作的自觉性和坚定性。坚持以人为本，把广大农民群众的利益作为工作的出发点和落脚点，不断满足体育需求。

体育部门要用全面的、实践的、群众的观点看待政绩，为发展、为造福人民而创造政绩，大力弘扬求真务实精神，大兴求真务实之风，认真研究制定城乡统筹兼顾的体育发展政策和规划，合理调整与完善相关政策措施，加强与落实科学发展观相适应的体制、机制和规章建设。按照中央的要求，把构建多元化体育服务体系作为群众体育工作第一要务，抓住场地、组织和活动三个关键环节，坚持活动和建设并举，重在建设的原则，逐步改善农村居民开展健身活动的环境。

(二) 强化政府职能，提高领导认识

发展群众体育事业是各级人民政府的基本职责。对此《宪法》和《体育法》都作了明确规定，在当前的条件下，强化政府职能对发展农村体育具有特殊的意义。为搞好体育工作，乡镇政府应把体育事业纳入乡镇国民经济和社会发展总体规划，经常研究体育工作，成立体育工作领导小组、农民体育协会和老年人体协等，由乡镇主要负责同志参与领导；建立文体站等机构，配备文体专干，关心、支持、督促他们的工作。

为促使乡镇政府重视体育工作，县级人民政府应确立乡镇体育发展目标，将体育工作纳入双文明建设目标考核内容，纳入乡镇主管干部政绩的考察内容。为确保乡镇体育工作有人管理有人负责，县级人民政府应强制要求乡镇建立文体站并配备文体专干。有计划地培养农村体育骨干，发现和培养体育积极分子，以他们为骨干，把农民组织起来，使更多的农民参与到体育活动中去，是当前农村体育发展的另一重要工作。

(三) 多渠道筹措资金，为农村体育提供经费保障

在资金投入上，一是县级财政要随着经济社会的发展，适应增加农村体育经费的投入，加强农村体育基础设施建设，为农村开展体育运动提供必要的条件；二是乡（镇）政府要将每年的农村体育事业经费列入财政预算，并逐年有所增加；三是要拓宽经费筹措

渠道，各地可以因地制宜出台一些优惠政策，鼓励企事业单位、社会团体和私营企业主积极参与公共体育设施的投资和建设；四是建议将体育彩票公益基金按一定比例用于农村体育事业，把全民健身的重点放在农村，帮助农村改善体育场地和设施。

（四）农村体育应以乡镇为重点和突破点

党的十六大把"全面繁荣农村经济，加快城镇化进程"作为全面建设小康社会新农村的战略部署，报告提出要逐步提高城镇化水平，坚持大中小城市和小城镇协调发展，走中国特色的城镇化道路。发展小城镇要以现有的县城和有条件的建制镇为基础，科学规划，合理布局，同发展乡镇企业和农村服务业结合起来，这为农村体育以乡镇为重点和突破点奠定理论上的基础。乡镇社区是构成农村社会的基础，迅速发展的小城镇创造了全国大约四分之一的国内生产总值，乡镇在推进农村经济、社会发展中的重要作用为农村体育的发展奠定了现实基础。

（五）利用农村学校资源，缓解场地短缺

目前，全国农村平均每个乡镇有小学 3.8 个、中学 1.3 个。近年来，随着科教兴国战略和希望工程的实施，农村学校特别是贫困地区学校的办学条件有了较大的改善，软、硬件建设发生了根本的变化。自从"希望工程"实施以来，在贫困地区资助建设希望小学11000 余所，这些学校都拥有较好的体育场地设施条件。农业部农村经济研究中心调查结果显示，目前中国各地区间在文教福利等事业建设上相差不大，也就是说，地区间农村学校体育场地资源的差别不大。

此外，"九五"以来，中国有数百万农村民办教师经过培训和资格认定重新上岗，农村师资水平有了较大提高。现阶段，在农村体育资源非常匮乏的情况下，利用好农村学校师资和场地对推动农村体育具有十分重要的意义。

（六）因地因时制宜，开展特色项目

由于农村客观上存在场地设施少、时间难以协调统一等实际困难，因此，应根据农村的实际情况，利用节日如元旦、春节、"三八"节、"五四"青年节、端午节、"十一"国庆节、中秋节等节日，开展体育比赛和表演活动；活动和比赛项目也应以农民群众喜闻乐见的为主，如武术、舞龙舞狮、龙舟、拔河、棋类等。农村基层体育可以先从经济较富裕的乡镇和有体育传统习惯的乡镇抓起，推介先进典型，实现以点带面。先进典型可以激励后进者奋起直追，也可以提供可以借鉴的经验，避免走弯路甚至误入歧途。把优秀典型推向全县、全市乃至全省，同时也介绍外省的一些典型单位，以典型带动一般、促进一般。力争经过数年的努力，把农村乡镇体育提高到一个新水平。

（七）建立全民健身预警机制

稳定是压倒一切的方针。构建社会主义和谐社会，应当探索建立全民健身的预警机制。

（1）从加强和巩固基层政权建设入手，借鉴社会治安管理网络化的做法，完善街道、社区、乡镇的组织管理网络。

（2）落实工作责任制，坚持开展反对危害社会稳定的体育活动。从反面警示我们，如果导向不对、预警滞后、应对不力，就会从局部不稳定导致更大范围的社会不稳定，从而给构建和谐社会带来负面影响。因此，要认真做好健身活动站点的登记管理，建立健全预警体系，配合有关部门做好预案，处置各种突发事件。

（3）做好大型比赛活动的组织管理，提高科学组织和管理比赛活动的能力，并对群众进行正确的教育引导，防止大型活动中出现骚乱或伤害事件。

（4）畅通社情民意渠道，及时分析老年人、残疾人和下岗工人的体质、锻炼及医疗保险情况，使弱势群体同样分享全民健身的权利和快乐，保障社会和谐健康发展。

在构建社会主义和谐社会的过程中，农村体育对提高亿万农民身体素质水平、促进人与人、人自身、人与自然、人与社会的和谐、挖掘潜在农业生产力、促进社会主义精神文明和物质文明建设方面发挥着越来越显著的作用。而且农村体育在关照、监控和提高人的生命质量方面、在推动和谐社会的构建方面所起到的特殊护佑作用，是许多其他活动不可替代的。通过农村体育的大力发展，对农村的社会稳定、丰富农民的业余文化生活、提高农民身体素质、提高健康水平、减少疾病、延长寿命等方面产生良好的社会效果。

第二节　分层次、多元化、竞争式农村体育公共服务社区化供给研究

受长期城乡"二元"体制的影响，中国城乡体育公共服务不均衡问题非常突出。在现有的体育场馆中，仅有 8.81% 分布在乡镇，在体育经费的投入方面，也是城市远高于农村。

近年来，党和国家各级政府利用"农民体育健身工程""雪碳工程"等利益补偿措施在一定程度上推动了中国农村体育公共服务的发展，但如果我们要把农村体育公共服务发展建立在利益补偿的基础上，政府必然会在体育公共服务领域内加大干预的力度和广度。这就要求政府要掌握更多的体育资源进行分配，势必会影响到各社会主体的利益，压缩体育公共服务市场发展的活力，使个人、社会主体参与体育产品生产、分配、交换和消费品的博弈过程的积极性越来越低，失去体育公共服务持续发展最基本的土壤。

另外，不停地采用利益补偿机制发展农村体育公共服务，必然会影响体育市场化的进展，不符合市场经济发展和利益分配的基本规则，并且一味对农村体育公共服务进行利益补偿，还有可能导致受益群体的"懒惰"现象，使受益群体失去追求自身体育公共服务利益的动力，不利于农村体育公共服务的可持续发展。为推动中国农村体育公共服务的可持续发展，在农村经济发展比较落后的现实条件下，社会化改革被认为是解决这一问题的最佳途径。但在实际的发展过程中，由于中国政治体制改革和经济体制改革远远没有完成，农村体育公共服务发展面临的环境又异常复杂，在社会化进程中出现政府失灵和市场失灵的双重失范现象，严重制约了中国农村体育公共服务的发展。

为破解农村体育公共服务资源配置困境，提高供给效率，分层次、多元化、竞争式农村体育公共服务社区化供给模式开始逐渐受到重视——以农民需求为中心，以农民广泛参与为核心，以社区为载体，以满足社区居民为目标，利用社区机制，通过社区整合进行体

育公共服务资源配置，对体育公共服务的生产、提供、决策、监督、评估进行干预，使政府、社区、居民、企业形成一个良性互动整体，共同参与农村体育公共服务供给，促进农村体育公共服务不断发展。

一、农村体育公共服务供给中社区的特性及作用机理

在中国农村体育公共服务供给中，政府失灵的主要原因在于其强制性，过多地根据自身的偏好参与体育公共服务的供给，导致其提供的产品和农民的实际需求有较大的出入。根据"中国体育公共服务均等化研究"课题组对安徽省西北地区五个县市的调查，农民对体育公共服务的需求依次是：体育场地器材、青少年活动中心、体育指导人才、体育领导组织、体育知识技能培训、组织体育竞赛。而当前政府为农村所提供的体育公共服务仅有体育场地和器材、体育运动竞赛，并且由于缺乏竞争而效率低下。

市场失灵的主要原因是公共性的降低或丧失，并可能会出现供给中的垄断现象。而社区既不同于政府，不是通过强制性去参与体育公共服务的供给；也不同于市场，不以追求利润为根本目的。但是社区同时具有准政府和准市场的特性，是政府和市场的统一体，所以在体育公共服务发展中，通过社区化改革可以把行政方法和市场方法结合起来，利用农村社区巨大的社会资本，并利用道德机制配置资源，参与体育公共服务供给，既能保证公益性又能保证供给效率。

（一）社区在体育公共服务供给中兼有政府特性和市场特性

1. 社区在体育公共服务供给中具有政府特性

当前中国农村体育公共服务的供给主要还是依靠政府来完成，社区的作用并没有受到过多的重视。而实际上，社区虽然不是政府组织，也不具备政府的强制执行职能，但是由于吸收了政府在公共服务方面的许多优点，社区在中国农村体育公共服务供给中具有明显的部分政府特性。

社区和政府都属于中国农村体育公共服务管理的重要组成部分，其职能不是相互分割的，而是互补的。大部分地方在世纪体育公共服务发展中，都把这一权利交给了社区居委会。社区可以对体育公共服务的发展起到监督作用，社区可以对政府和市场在体育公共服务供给中一些不利于本区域体育公共服务发展的做法提出抗议，并督促政府和市场改正，使社区与政府在中国体育公共服务供给中形成一个相互协作、相互制约和监督的互动整体。

2. 社区在体育公共服务发展中具有市场特性

在体育公共服务供给中，社区可以利用价格竞争机制进行有限竞争。我们对美国、日本、德国等发达国家的体育公共服务供给进行考察可以发现，这些国家都有一个比较成功的做法，就是政府根据社区的居民人数、基础设施现状等，把体育公共服务经费的部分款项或全部款项拨付给社区内的优秀组织，由社区内这些组织负责社区体育公共服务的供给。在这种情况下，社区的不同组织为了获得授权，就要相互通过市场化的方式进行竞争。这样社区组织在为居民提供体育公共服务时，必然要重视效率问题。

由于社区居民有权决定由哪些组织来为自己提供体育公共服务。所以，社区内组织在利用社区与居民资源在体育公共服务供给中，必须以公益性为重点，而不是以营利性为重

点，这就解决了体育公共服务市场化中公益性降低或丧失的现象的发生。同时由于存在市场性质的竞争，社区组织在体育公共服务供给中在追求效率、提高质量、满足居民市场需求等方面又很类似于企业，与政府不同，具有追求成本最小化的动力。

当前农村体育公共服务市场化改革中的一个重要问题就是市场供给与农民需求的不一致问题，但利用社区的市场特性可以很好地解决这一问题。社区范围较小，农民之间彼此比较熟悉，其体育共服务需求信息容易掌握，可以使用最少的投入产出最大的效益。实现社区成本与收益"内部化"，解决了农村体育公共服务市场化改革中的市场失灵问题。

（二）社区体育公共服务供给中可以充分发挥政府和市场的优势

当前在中国农村体育公共服务供给中出现了政府与市场的双重失灵，是不是我们应改变当前的发展策略？答案当然是否定的。中国农村社会经济的发展现状决定着中国农村体育公共服务的投入主体只能是由政府来充当，而市场化也与中国体育公共服务未来的发展方向是一致的，我们当前要做的既不是放弃政府的主体作用，也不是要放弃市场化改革，而是如何将二者有效、紧密地结合起来，促进中国农村体育公共服务快速发展。而社区化改革则可以较好地实现这一目标。

首先，社区虽然与政府同属公共管理，政府的公共权力具有明显的强制性，而社区管理的基础是公民参与和社区自治。也正是因为公共权力的基础不同、性质不同，社区对体育公共服务的提供要更多地强调本区域公民的参与，利用道德机制的作用，消除体育公共服务的外部性，克服免费搭便车情况的发生，体现出体育公共服务的公共性。而要本区域的居民广泛参与到体育公共服务的供给中来，则要求社区所提供的体育公共产品能够满足大部分居民的需求，这在无形中提高了体育公共服务的供给效率。

另外，在体育公共服务的发展中，社区和政府具有协同作用。农民人数众多，素质差距较大，其体育公共服务需求差异也很大，在这种情况下，由政府去实现这些信息的收集，成本太大且容易出现信息偏差，而这些工作如果由社区来完成则相对容易得多。一方面社区人数较少，另一方面农民与社区的联系比较紧密，社区对本区域的农民的体育公共服务需求更容易把握，最后通过社区把这些信息传递给政府，可以为政府进行相关决策提供帮助。这样就避免了在体育公共服务供给中单纯地根据政府偏好进行体育公共服务供给状况的发生。

所以，社区很好地实现了企业和国家两种工具相互嵌入，一方面在体育公共服务发展决策中注重公众参与，把公平和公共利益放在了首位；同时由于其具有企业的不完全竞争性，其在体育公共服务供给中必须重现效率，换句话说，通过体育公共服务社区化既可以克服政府直接参与体育公共服务低效率，又可利用政府对社区的监管和社区的自治避免因市场无效竞争导致的资源巨大浪费，防止了体育公共服务的公共性的流失，增加了公平与效益。在社会转型期，各基层政府财政收入都非常有限，用于体育公共服务的投入更加有限，所以利用社区化在体育公共服务供给中能将政府和市场优化融合为一体，可以使广大农民体育公共服务的利益最大化。

（三）农村社区可以充分利用正式制度和非正式制度的相互融合实现体育公共服务的供给

根据新公共管理理论，资源配置的实现有两条途径：一是通过正式制度或契约的强制性去变化；二是通过道德等非正式制度的怀柔性来实现。在体育公共服务供给中，尤其是在体育公共服务市场化进程中，有些付费者就可能蒙受外部经济性的损失，在这种情况下，边际私人收益小于边际社会收益，同时边际私人成本大于边际社会成本，出现了大量享受体育公共服务而不分担其成本的"搭便车"现象，这也是当前中国农村体育公共服务社会化改革中的一个重要问题。

要解决这一问题，仅仅依靠具有强制性的制度和契约是很难完成的。中国农村是一个以血缘关系为纽带建立起来的典型的"熟人社会"，农民生活的幸福感不仅取决于物质生活水平，周围居民的信任和亲切感也是农民幸福的重要内容。与城市社区相比，农村社区居民之间的交往更加密切，如果利用道德信任等社会资本在社区体育供给中则可以很好地解决"搭便车"等行为，弥补正式制度的缺陷。当然，重视非正式制度在农村体育公共服务供给中的作用，并不是不再需要正式的制度和契约，在这里需要明确的是，正式的制度和契约依然是农村社区体育公共服务供给的基础，非正式制度只是一个有益的补充，在社区体育公共服务供给中，我们一定要在居民广泛参与的基础上，对社区体育公共服务的发展方向、供给内容、奖惩机制、交易目标、交易准则等进行严格的界定，保证社区体育公共服务的供给。

总的看来，农村体育公共服务发展面临的社会环境异常复杂，极易出现政府失灵和市场失灵的现象，而由于社区不仅同时具有政府和市场的双重特性，而且是政府和市场的优化融合体，所以通过农村体育公共服务社区化可以利用有限的资源在中国农村体育公共服务发展中发挥重要作用。但是我们也应该清醒地看到，农村社区的发展还很不成熟，其在体育公共服务供给中还存在资金缺乏、独立性不强、专业人才不足等一系列的问题，对此我们必须做好相应的路径选择。

二、分层次、多元化、竞争式农村体育公共服务社区化探索

实践证明，在中国农村体育公共服务发展中，任何单一化的提供体育公共服务的方式都有局限性。单纯的政府投入和行政手段无法带来体育资源的配置优化，造成低效率；而农村经济发展水平较低，充分竞争和市场化无法保证农村体育公共服务的公平性。因此利用社区的双重优势，以社区为平台，充分利用政府和私营部门各自的优势及农村社区丰富的社会资源，为农民提供满意的体育公共服务是当前中国农村体育公共服务发展的重点。

近年来，关于农村社区体育公共服务的研究重点大都在提高社区的独立性，加大财政投入的方面，但这些问题都不是在短时间内能够解决的，如何在现有状态下加快农村社区体育公共服务的发展应是我们亟需解决的课题。公共选择理论、公共治理理论为当前农村体育公共服务社区化改革提供了有益的指引——分层次、多元化、竞争式的体育公共服务供给模式将成为现阶段中国农村社区体育公共服务的选择。

在体育公共服务的范围与内容方面，根据体育公共服务的不同属性，将体育公共服务分为不同的内容层次，根据不同的内容层次明确提供的主体和主要的提供方式。政府、体

育管理部门、农村社区、投资主体、居民在充分协商的基础上制定相应的体育公共政策、服务规范、服务质量标准，并建立完善的监督机制，使各种主体以统一的体育公共服务政策为指导履行公平竞争、竞争与合作共存，共同促进农村体育公共服务的发展。

（一）基本体育公共服务

基本体育公共服务属于纯公共产品性质的体育公共服务，具有完全的非竞争性和非排他性，一般来说由政府提供是有效的，但在农村体育公共服务供给中由于种种原因出现了政府失灵现象，所以，当前政府虽然还是中国农村体育公共服务供给的主体，考虑到效率和资源配置的有效性，政府不要直接进行供给，而是委托给农村社区进行提供。

社区可以在成员的广泛参与下，在不违背政府发展规划的基础上，根据本社区的社会经济发展现状及居民的实际需要确立本社区基本体育公共服务的供给内容、供给方式、发展目标、经费投入比例等，做到体育公共服务的供给能够与大部分居民的需求相一致，保证体育公共服务供给的有效性。作为政府和体育管理部门，为保证供给的效率与公平性，当前应当做好以下两个方面的工作。

（1）经费的拨付标准。考虑到社区提供的是基本公共服务，所以经费的拨付标准要以均等化为核心，明确提出不同经济发展地区的农村社区体育配套设施标准，中央政府或省级政府直接对各个农村社区进行资金分配，扶持经济相对落后的地区，保证基本体育公共服务均等化。

（2）政府要把主要精力放在监管上。由于政府委托社区进行体育公共服务供给是一个新课题，相关政策法规的制定、服务规范、服务质量标准的建立、服务评估机制的运行就显得尤为重要。一方面政府要出台宏观的政策法规，引导农村体育公共服务社区化的发展；另一方面，要不断完善监督评估机制，实行行政督察、审计监督、主管部门监督、居民有效评估监督有效整合，建立立体的社区监督体系，确保农村体育公共服务社区化进程中的效率与公平。

（二）准公共性质的体育公共服务

这是一种以政府为主导，政府委托社区与市场提供相结合的体育公共服务。当前，比较可行的方法是社区根据政府及体育管理部门的宏观政策，结合本社区社会经济发展状况、居民的实际需求决定准公共体育服务的内容。通过公办民营或民办公助的方式来实现准公共产品性质的体育公共服务供给"公办民营"即通过政府搭建基础平台，吸收社会力量参与，社会与政府两种力量通过有机整合，形成发展农村体育公共服务的合力，有利于加快改变当前农村体育公共服务发展滞后的状况"民办公助"则是以民间力量为主体，公共财政给予适当的补贴奖励，引导民间力量通过多种方式服务于农村体育公共服务事业，同样可以达到公共财政投入最大化的目标。

在当前农村体育公共服务建设中，"公办民营"或"民办公助"可以在一定程度上解决投入责任主体不明、效率不高的问题。政府通过扶持民间体育公共服务供给主体，形成国家主导下的农村体育公共服务和市场服务相结合的综合型服务体系，满足农村体育公共服务多层次的需求。这样，既能强化社区对其营利性的体育组织的体育公共服务供给过程进行监督，保障社会公平，又能发挥市场机制的作用，最大限度地吸纳社会力量参与社区体育公共服务的提供。

（三） 市场性质的体育公共服务

市场性质的体育公共服务，主要为了满足社区居民个性的、较高水平消费的体育公共服务，不需要由社区统一组织。这样，一方面体育公共服务的私人属性得到重视，有效发挥了市场机制作用对政府、社区与其他主体在统一政策、法规框架和体育管理体制下的公私整合和公平竞争；另一方面尊重了公众在体育公共服务供给中的多层次选择权利，打破了体育公共服务供给中的单一格局，扩大了公众的选择空间，在一定程度上形成了体育公共服务的买方市场，促使体育公共服务的供给者节约成本、改善服务质量和提高效率。

当然，市场一般是不会涉及无利可图的体育公共服务领域的，这看似与体育公共服务的公益性相对立，其实不然，在农村体育公共服务供给中，市场可以作为体育管理部门的伙伴在体育公共服务生产中发挥作用，政府和社区可以通过特许经营、服务购买、合同承包等方式使体育公共服务领域进入市场流通，从而使社区体育公共服务具有一定的市场行为，通过引入价格机制、市场竞争使体育公共服务与市场机制相结合，保证社区内市场性质的体育公共服务不断发展。

考虑到中国农村体育公共服务市场的现实，当前市场性质体育公共服务的供给应以乡镇社区为中心，逐渐向周边农村社区辐射，而且不可急功近利，这是我们在农村体育公共服务社区化进程中应该注意的问题。

第三节　文化强国战略下农村体育文化服务供给的困境与建议

国家"十二五"规划中明确提出，今后五年内大力发展包括体育文化在内的文化事业，突出强调要把公共体育文化建设倾斜向农村和边远地区。在人口众多、地域广阔、社会基础薄弱的农村建设一个健全的、覆盖全社会的体育文化服务体系，是一件不易之事。

这里利用安徽省哲学社会科学农村体育文化课题组 2011 年在安徽省 10 个地级市的 120 个村庄的调查数据，对农村体育文化服务困境展开讨论。

一、文化强国进程中农村体育文化服务发展困境

（一） 服务对象严重流失

调查发现，当前安徽省农村人口结构发生了较大变化，多数农民为了发展经济，纷纷外出打工，人口流动较为频繁。2010 年安徽省农村外出劳动力达到 1300 万，其中 16~30 岁的占 63.5%，31~40 岁的占 23.3%，41 岁以上的占 13.2%，平均年龄为 27.4 岁。外出务工的农民中青壮年占绝大多数，他们的文化程度相对较高，思想观念较前卫，是新农村建设高素质人才的后备军，更是中国城乡一体化发展的积极力量。在频繁的人口流动中，有才识的年轻人竞相外出，留守在家的只是一些老弱病残者和妇女，使得农村人口结构出现"老龄化、女性化和儿童化"现象。

另外，由于年轻人外出务工，常年漂泊在外，使得农村体育文化服务的领导力量和组织功能受到很大程度的削弱。在有农村体育协会的 63 个行政村中，有 83% 的协会存在不同程度的体育骨干的流失，有 37.5% 的农村协会组织处于有名无实或名实皆无的状态。缺乏体育骨干的组织，使得多数农民在为数不多的闲暇时间段内，体育文化活动未能成为其主要的休闲内容。

调查结果显示，农村居民休闲活动排前五位的是：看电视占 24.4%，打牌占 22.2%，串门聊天占 11.3%，逛街和赶集占 10.7%，读书、看报和听广播占 10.5%。有意识参与体育文化活动仅排在第八位（5.9%）。

（二）服务形式缺乏多样性

根据数据显示，目前在村落之中，农民能感受和参与到与他们生产生活密切相关的体育文化内容并不多。进一步分析发现，在参与率相对较高的体育文化活动中，有 42.5% 的体育文化活动来自农民体育健身试点单位，24.8% 的体育文化活动来自城镇远郊经济较为发达的农村社区，19.3% 的体育文化活动来自旅游胜地的开发区村庄。在这些村庄中，每年还开展几次综合性的体育文化服务活动，如大别山重阳节的集体登山、黄山风景区的龙舟赛、安庆天柱山迎新年篮球赛、九华山旅游文化节、亳州元宵节的华佗五禽戏和小岗村招商引资的花鼓舞表演等，而在其他普通村庄和偏远山区村庄，很难见到体育文化活动。

（三）指导力量薄弱

调查发现，农民对体育健身指导的满意度不高（不满意占 79.8%），而且农民在了解本地区的社会体育指导员情况时，回答"没有"和"不清楚"的比例也相当高（96.3%）。可见，当下村级体育文化服务的健身指导力量非常薄弱。

在农村，由于农业生产的季节性、住所的分散性和传统思维的禁锢性，如果没有政府和社会团体的组织，体育比赛和文体活动则很难开展起来。没有活动和比赛，农村就缺乏体育文化的根基和氛围，农民就受不到熏陶，难以发挥体育健身的积极性。在对 30 个乡镇分管领导的访谈得知，当前真正参与到村级体育文化服务的社会体育指导员只有 247 名，即平均 8765 名农民才拥有 1 名社会体育指导员（本次调查的 30 个乡镇，总人口为 216.5 万人），显然不能满足当前农村体育文化服务的需求。

究其原因：①各级体育行政部门举办的农村体育健身指导员培训力度不大，多数只是应付上级检查和完成上级的硬性任务，操作缺乏规范；②农村体育文化发展配套经费严重不足，更没有相应的健身指导专项经费，很难找到人员参加；③由于农民的大量外流，特别是中、青年骨干（他们正是农村文化发展的精英层）常年外出务工，使得包括这一群体在内的相关人员无精力和时间投入其中。

（四）农民健身观念淡薄，体育文化知识匮乏

调查结果显示，当前农民的体育健身观念很淡薄，主要是由于农村的生产特点和传统的生活方式导致的。虽然现代社会的开放程度不断扩大，农民也有机会走出家门闯世界，但总体看，农民与开放的世界互动机会较少。即使在城市打工，户籍制度阻滞了城乡体育

文化相互交流，农民被人为地排斥在城市发展之外。只有少数打工者通过一定渠道入住城市，多数农民虽然身处都市，但思想和观念仍然停留在农村，在他们的心口中，城市先进的体育文化始终难以与农村体育文化形成互融和包容，甚至还加速了农民自卑的心理，进而厌倦和排斥城市现代体育文化。这种传统与现代的双重作用，使得农民保守封闭的思想愈加严重，对于文化特别是体育文化需求漠不关心，这种不需要、不关心严重阻碍着农民主动学习体育文化知识。加上农民受教育程度普遍较低，自身文化素养不高，他们对于体育文化的感染力较弱，特别是对外来的体育文化接纳力不强，使得农民普遍缺乏健身知识。

（五）经费短缺，体育基础设施不足

调查结果显示，只有 8.3% 的村级事业规划中列出体育文化服务发展的专项经费，18.3% 的镇安排了相应的体育文化服务配套资金，70.0% 以上村庄的体育文化服务活动经费主要靠村民、经营性体育组织或其他社会组织的临时赞助和集资。在与村级文化站负责人访谈中得知"县级政府配套的人均文体活动经费"兑现到村的只有 14.6%，有 77.2% 的村委会负责人反映"目前文化经费维持文化服务中心的运转都岌岌可危，根本无力再划拨经费到体育文化服务去"。

调查得知，2010 年用于农民健身文化的活动经费低于 300 元的有 29 个村庄，低于 500 元的有 44 个村庄，两者合计达 60.8%。这些村庄的农民健身文化活动经费平均每人每年不到 0.1 元。有 16.3% 的村庄可支配经费过少，基本上不开展任何体育文化活动。调查结果显示，当前安徽省农村体育文化设施明显不足，真正体现出体育文化元素的设施很少，如农村的老年活动室，多数是老年人和闲人的聚众麻将室（带有赌博性质的较多），而从事体育文化活动的很少。

诸如篮球、乒乓球场地和健身路径等体育文化服务设施，多数集中在农民体育健身工程试点村中，对于其他非试点村来说几乎是空白。即使是农民体育健身工程试点村，总体完成的比例也只有 67.6%，未完成的有 22.4%，还有近 10% 尚未启动。长期以来政府部门供给的体育文化设施主要集中于乡镇政府所在地的行政村和集镇，甚至仅仅停留在一些县城层面，而能进入村级的、让多数农民群众直接享用的体育文化设施甚少。

（六）服务主体单一，监管机制缺乏

调查结果表明，目前介入农村体育文化服务行列的主体中，政府占 61.3%，社会公益组织占 8.2%，乡镇企业占 11.1%，非政府组织占 7.3%，农民志愿社团和协会占 7.2%，村民自治组织占 4.9%。可见，政府还是处于主导地位。

调研获悉，目前安徽省的现有行政体制还带有较为浓厚的计划经济的色彩，决定了农村体育文化服务的多项任务完成均"向上看"，都是统一目标，层层分解，最后自然地落到县文广（体）局和乡镇文化部门。现实中基层部门的重心放在诸如计划生育、文化广播事业上，他们很少关注体育文化，即使关注也是集中在竞技体育和县城与镇级社区体育文化服务上，对于村级体育文化服务则很少投入。

另外，对安徽省农村体育文化服务的监管调查结果显示，目前体育文化服务评估机制不完善。实际评价中，普遍重视"硬件"指标，特别在农民体育健身工程试点村表现得更为突出。也就是说当前的农村体育文化服务评价多数存在"形式主义"和城市化倾向，评价的标准就是场地、用房面积，器材、体育文化书籍、光盘影碟的数量，比赛获奖和有无正式的规章制度等，很少涉及体育文化设施能在多大程度上满足农民的需要、体育文化设施的使用率、农民体育文化服务的参与程度、实施的体育文化服务内容是否贴近农民和符合农民的需求、农民体育文化技能和知识水平掌握情况等指标。

（七）供给缺乏针对性

目前农村体育文化服务未能很好地针对现有农村人口结构开展。据报道，2008年安徽省平均每村外出务工人口合计为317.5人，占村平均总人口的16.8%，占村平均劳动力的35.3%。2010年安徽省转移就业的农村劳动力达到1300多万人，占安徽省劳动力的42%。调查结果显示，安徽省中西部地区农村，不少地方外出务工的劳动力达到了50%，有的山区和丘陵地带达到60%以上，整个村庄几乎成了"空巢"村。外出务工人员多为16~50岁，留守家园的只是老弱病残者和一些文化程度很低的人群。

从2010年开始，随着沿海地区用工荒出现和蔓延，农村的新一代农民工更是竞相外出务工，而老一代农民工多数从沿海城市撤出。2011年，安徽省外出务工流动范围出现新的变化，首次出现省际和省内流动持平。原本一些离乡离土型、离乡在土型农民工转变为在乡在土型、在乡离土型农民工，留守老人、妇女和在乡务工的农民成为农村体育文化服务的目标群体。

调查发现，目前体育职能部门对于农村社会人口结构的这一变化没有充足准备，还是按老思路办新事，"农民体育健身工程""乡镇农民健身工程"和"万千村体育计划"还是停留在建设篮球场、乒乓球台和少量的健身路径上，"体育三下乡"活动主要就是送器械、举办篮球赛，即城镇社区体育的翻版或改版，未考虑到农村实际。目前，农村体育设施主要为乒乓球台、篮球场、有线电视、有线广播、棋牌室、文化室等。可见，村级健身设施很少有针对老弱病残者和妇女群体设计和修建的。

在体育文化活动参与方面，有33.6%的老年人不懂健身方法，有28.7%的老年人没有找到适合自己的项目，有13.9%的老年人认为农村缺乏老年群体健身氛围，有11.5%的老年人反映一些诸如舞龙（狮）、木兰扇等传统项目因无人组织而无法开展和推广。目前，农村体育文化服务的供给内容主要是篮球赛、乒乓球赛、棋牌类比赛和小型运动会等。可见，体育文化活动很少顾及留守老年人和妇女这一群体的特征，致使他们对体育活动不是很感兴趣，或者是没有能力适应和操作，转而这部分人就成为麻将桌上的常客，甚至不少留守女性步入迷信和不法宗教活动行列。

二、文化强国进程中农村体育文化服务供给的建议

（一）提高各类主体的体育文化服务意识

（1）各级党委和政府要提高思想认识，把体育文化服务纳入本级政府的经济和社会发展规划之中，要和农村生产劳作、医疗卫生、教育科技和社会保障同样看待，要有财政预算，成为干部晋升考核的必备条件。

（2）加强对农村基层干部的培训和轮训力度，强化有关体育文化政策、法规的学习，

不断提高基层干部的体育文化知识和素养。

（3）有目的地加强农民的教育和培训，改变农民因循守旧、小富即安的传统落后观念，不断增强农民体育文化服务参与的主体意识和自觉性，特别是注重提高老年人群和妇女群体的体育参与意识，让他们认识到参与体育文化服务是一种权利，更是对社会、家庭和自己的一种责任。组织广大农民群众认真学习党的农村体育文化方针政策，加强农民相关法律知识，提升通过合法渠道维护自己的体育文化权益和实现自己的体育文化需求的意识网。

（二）加大体育文化设施建设力度，举办丰富的体育文化活动

在具体的操作中，要注意建设场地以不同区域的社会背景、地理环境和文化认同为基础，根据地方特色和民俗民风，以"一区一品"或"一村一品"方式发展具有地方特色、与生产生活紧密联系的文体项目，以此为依据进行场地建设和设施配备。以村级为单位，通过"自上而下"和"自下而上"相结合的方式决定建设何类公共文化场所。整合资源，充分发挥村庄所在地的学校体育场馆设施，规范学校体育场馆设施的管理，有序对村民开放，挖掘学校体育教师的骨干力量，引导村民参与到体育文化服务中。

开展体育文化活动也要走进村落，贴近农民，通过开展各种形式的体育文化活动带动农民积极参与，使得农民体育文化行为由不自觉逐步走向自觉，最终提升农民体育文化的自觉、自信和自强。在一些体育文化"贫困"乡村，应将体育文化服务列入村级社会事业规划之中，针对农村生产、生活特点，以及当前农村人口的流动性，引进一些简单实用的现代体育项目，以提高农村人口的体育文化素养。积极深挖发祥于乡土社会的传统体育文化资源，以适应乡村各阶层人群的需求，走城乡一体化、现代与传统一体化的服务思路，全面开展新农村体育文化服务。

（三）实现农村体育文化服务主体和资金筹集多元化

各级政府应对农村体育文化服务供给提供持续的财政支持，加大对农村各类公益性和非营利性体育文化组织的财政帮扶力度。制定切实可行的规章制度鼓励社会营利组织参与农村体育文化服务，拓宽体育资金投入渠道。规范市场运作机制，引导市场进入农村体育文化服务领域，以弥补政府的财政不足。特别是在政府财政支出方面，考虑到安徽省农村体育文化服务主体主要是政府，所以必须建立制度化财政投入机制，以法律的形式规定各级基层政府必须有一定的财政投入，专款专用。制定运作通畅的财政资金和彩票公益金的转移支付制度，并严格执行。合理调整转移支付结构，加强中央、省级政府和体育彩票公益金的一般性转移支付资金投入力度，提高直接对县级和镇（乡）级的转移支付水平。

（四）加强农村体育文化服务队伍建设

（1）政府部门要对体制内体育文化人才进行规范管理，制定完善的岗位职责制，明确量化的考核办法和公平的奖惩措施。对体制外的农村体育文化精英进行摸排和登记，在发挥他们特长的基础上，加强培训力度，以完善其业务知识。

（2）切实加强社会体育指导员培训工作，完善农村社会体育指导员工作的激励制度和评估机制，成立社会体育指导员协会，定期进行农村体育文化知识和技能的培训；注重

体育志愿者的培养，充分发挥农村学校体育教师、退伍军人、民间体育艺人和返乡大学生等体育积极分子的作用；利用农村民兵组织、共青团、残联、老年团体和妇联组织建立体育组织机构，培训人才；强化基层在职干部体育技能培训，采用社会招聘形式，广开门路，吸引人才，解决农村体育文化服务指导力量薄弱的问题。

（五）有针对性地开展体育文化服务

（1）注重开展多元化农村老年人和妇女群体的体育文化服务，提供适合这类人群锻炼的场地、器材，经常性普及适合他们的科学健身知识，推广简便易行、科学有效的体育健身方法，举办合适的体育健身文化活动和比赛。发挥农村妇联、共青团、残联和文化团体的作用。积极组建老年人和巾帼体育社团，让老年人和妇女在小团体中找到共鸣，提倡积极、健康、文明的生活方式，为老年人、妇女的体育文化参与提供良好的物质和指导条件。

（2）针对当前农民的城乡流动新变化，应放宽视野，跳出村落视域，走城乡一体化的服务新思路。从留守人群和流动人群双管齐下，把城镇社区体育文化建设和农村体育文化建设有机统一，以外出务工农民为纽带，真正体现以城促乡，城市反哺农村的作用。

（1）城市社区体育组织和企事业单位应担负起本辖区和本单位的农民工体育文化服务工作，让他们有机会接触到先进的城市体育文化，让他们在体育活动参与中接受熏陶，进而提高体育文化素养。

（2）针对留村的中壮年人群，特别是在乡在土型和在乡离土型农民工（他们多数拥有较丰富的教育资源和与外界交往的经验），主要利用节假日和农闲之时开展各种小型多样的群体性文体活动，充分利用他们的社会资源和先进理念夯实农村体育文化根基。

（3）开展各种农村社区体育文化活动，加强体育文化知识宣传，强化家庭与学校体育文化的互动发展，经常开展小型多样的体育文化竞赛表演，利用各种活动和比赛感染群众、带动群众，让更多留守家园的农民在浓厚的体育文化氛围中受益。

（4）在农村社区中，建立以农民工为主体的农村体育文化服务组织，逢年过节时开展各类文化活动，使农民工返乡后体育文化得以延续，城市体育文化和农村体育文化互动与融合。

（六）建立"公共需求导向"的评价体系

（1）评价体系的建立要充分体现农民的体育文化需求和服务的满意度，以农民为本，强化对体育行政部门的约束引导，提高政府提供体育文化服务的效率和水平。

（2）评价体系要与农村经济和社会相结合，与农村生产生活相结合，以完全表现农民体育文化生活的质量为基本内容，不能把城镇社区体育文化那一套硬搬过来衡量农村回。

（3）要突出对政府及体育有关部门的工作人员和服务人员的评价，重点考察他们的业务能力、服务规范、服务项目和内容是否符合农民的体育文化需求。

第四节　基于科学知识图谱的中国农村体育研究现状、特征与趋势

　　农村体育是全面建设小康社会的重点问题，也是推进全民健身工程的重点工作。农村问题一直备受国家重视，有关农村体育的探讨也是近年来理论界围绕农村体育研究的热点主题之一。新中国成立以来，先后有 11 个指导"三农"工作的中央"一号文件"相继出台。十六届五中全会后，党中央又提出"建设社会主义新农村"的口号，十届全国人大四次会议也明确提出"推动实施农民体育健身工程"的倡议。

　　2016 年，伴随着体育发展"十三五"规划的出台，农村体育成为建设全民健身公共服务体系的重要领域，尤其是在国内大力推进农村公共服务均等化的社会背景下，总结中国农村体育的研究进展，梳理农村体育的研究热点和发展脉络显得尤为重要。

一、基于科学知识图谱的中国农村体育研究现状

（一）农村体育研究的快速发展期

　　从 2004 年到 2011 年的八年间，研究成果年均增长数量骤增，自 2004 年开始该主题研究呈十位数增长，总体呈现快速增长的趋势，表明中国农村体育研究进入了快速增长期。毋庸置疑，农村体育研究成果的骤增与特定时期的国家政策引导休戚相关，是党中央对"三农"问题高度重视下的社会反映。

　　从 2004 年开始，连续五年中共中央国务院下发了五个关于"三农"问题的一号文件，2006 年国家体育总局发布了《关于实施农民体育健身工程建设规划》，2009 年中共中央下发了《关于 2009 年促进农业稳定发展农民持续增收的若干个意见》，2010 年国家体育总局、文化部、农业部联合发布了《关于发挥乡镇综合文化站的功能进一步加强农村体育工作的意见》等相关文件。可以看出，这个时期国家关于农村发展政策法规的战略转向明确了今后中国农村体育的发展方向，同时也引起了广大学者的广泛关注，其直接影响就是农村体育研究成果的大量涌现。

　　"发展""健身""群众体育""影响因素""体育文化""农民健身工程""和谐社会"等都是高频词，这些高频词主题分布特色鲜明，基本反映出该时期中国农村体育研究的聚焦方向。期间，"现状""对策""农村""设施""群众体育"等主题继上阶段仍是研究的重点领域，同时也出现了大量新的研究重点，如新农村、体育文化、农民健身工程、影响因素等。可见，从 2004 年开始，在全民健身计划、新农村、农民健身工程等发展思想的引导下，农村体育研究呈现出"多元化"发展态势，尤其是在新农村建设背景下的农村体育研究成为学者关注的焦点。诚然，发展农村体育是建设社会主义新农村的题中之义，是构建和谐社会背景下体育和谐发展的必然要求，是繁荣农村体育变化的必要途径，时代赋予农村体育的角色定位为新时期农村体育的研究提供了更为宽广的平台，把农村体育推向了热点领域。围绕主题，大量成果主要从制约新农村体育发展的影响因素入手，提出要大力推动实施农民体育健身工程、繁荣农村体育文化等对策，促进了新农村体

育的发展。

总之，该时期中国农村体育得到学者前所未有的重视，特别是进入 21 世纪后，在党中央国务院对"三农"问题的高度关注下，在群众体育发展重心向农村转移的战略指导下，国家体育总局、文化部等多个部门承担起农村体育发展的重担之后，大量学者进一步对群众体育回归农村、农村体育可持续发展、体育在新农村建设中的作用等选题进行了持久关注，这些研究主题促进了新农村建设与农村体育发展的有效结合。

（二）农村体育研究的转型期

2012 年十八大报告把城乡一体化作为新的建设主题，把城乡发展一体化作为解决"三农"问题的根本途径。提出要着力在城乡规划基础设施、公共服务等方面推进一体化进程，加快完善城乡发展一体化体制机制，促进城乡要素平等交换和公共资源均衡配置，为农村体育发展提供了新的契机。但由于长期二元结构的存在，城乡体育公共服务资源发展差异较大，农村体育公共服务供给水平远低于城市体育公共服务水平，城乡体育公共服务资源配置不均衡。

在国家城乡一体化发展战略指导下，从体育作为公共服务资源的角度可以看出，城乡体育的发展关系已经由原来的"兼顾发展""逐步发展"转变为新时期的"协调发展""一体化发展"，这表明了城乡一体化成为新时期中国群众体育的发展方向。农村体育是城乡群众体育的重要基础，在新的历史时期和新的时代诉求下，推进农村体育发展方式转型成为新的热点主题。

总体来讲，当前城乡一体化用已成为中国经济社会发展的战略趋势，城乡体育一体化是顺应中国总体体育发展趋势而提出的一个新的研究课题。而对传统观念和农民文化制约，二元分割的政策体制，市场经济引发的城乡公共体育差距扩大的现实。农村体育可以从公共体育服务方面实现突破，均衡社会基本福利水平，实现城乡公共体育一体化是城乡公共服务共同均衡发展的基本要求。

二、中国农村体育研究的特征

至今，中国农村体育的研究主题在不断的调整中推动了农村体育的发展，并呈现出了不同的脉络特征。在不同阶段，农村体育研究态势围绕不同时期的国家政策方针和农村、群众体育的发展导向而变化，与特定时期中国政治、经济、文化和社会的发展相适应，研究特征主要体现在三个方面。

（1）农村体育研究是国家有关农村体育政策法规的客观反映，始终服务于中国农村发展战略，满足了不同时期农村、农民利益的时代需求。受国家发展战略的影响，中国不同时期具有不同的农村历史任务和发展战略，有关农村体育的探讨很好的发挥出了服务于特定时期社会经济、文化、政治和社会发展的价值功效。

农村体育的研究始终遵循着国家政策的导向，体现在从建设小康社会时期的"促进农村经济发展"到 2004 年构建和谐社会背景下的"新农村建设"，发展到十八大报告提出"城乡一体化"，然后到现如今全面建成小康社会时期的"精准扶贫"，追寻"可持续发展"。总体来说，至今中国农村体育研究脉络呈现出了继承、发展与逐步完善的历史进程，始终围绕农村发展战略的走向，满足不同时期农村发展的战略需求。

（2）以"全民健身、健身工程、健身计划"为核心的研究主题贯穿始终，农村体育研究的群众社会诉求强烈，有关农民人本体育需求的主题关照不足。观察农村体育研究的每个阶段的知识图谱，可以发现"健身"这个高频关键词始终贯穿于图谱之中，并且与农村体育距离紧密，反映出在整个研究过程中，"全民健身"战略思想与农村体育研究相伴相生。诚然，"全民健身"战略思想的选择并非偶然，有着深刻的社会和历史原因。

从体育发展战略的角度看，全面小康社会建设过程中，全民健身计划能否顺利逐步落实，关键在农村。农村体育不发展，农民没有机会参加体育运动，直接导向是中国的群众体育发展不均衡，也就不能实现整体社会的现代化，不能达到真正意义上的"全民健身"的最终目的。以"全民健身"为核心的农村体育研究主题是为了保障全民健身计划的顺利实施，实现群众体育现代化而做出的时代抉择。然而，这种宏观性的选题多是从大的方向把握农村体育的发展脉络，难以从多个方向具体落到实处，导致了研究视域局限，进而对农村体育的认识程度和研究深度也随之落后。

可以说，从大量文献的研究主题可以看出，相关成果对农民体育的人本需求关注程度不够，没有处理好全民健身与农民体育需求协调发展的关系，导致了研究走向的不平衡，最终产生了众多不协调的问题，如农村场地设施的配置不足问题、农民健身知识匮乏、科学健身理念不足、区域农村体育发展不均衡、农村体育公共服务不畅通等。因此，在全面建成小康社会进程中，可以从人本体育需求的视角调整农村体育的研究视域，重点关注比如农村体育设施、农民科学健身知识、农村体育消费、农村体育活动内容以及农村健身指导等领域，从而解决农村体育发展过程中的具体问题。

（3）从农村体育研究的主题变迁来看，中国农村体育研究主题的变迁都是在遵循国家不同发展阶段的经济社会需求的基础上，针对农村体育存在的突出问题，不断对主题进行调整与完善，整个过程充满了动态性。不同时期的农村体育研究，都基本适应特定时期的农村体育发展需求，在实践中取得了较好的应用效果，但也存在一定的局限性。

从研究的行动取向上看，中国农村体育的研究缺少从"民生"的意义上去探查体育对农民生活的价值。对农村进行体育研究，应当尽可能使研究的体育元素与农村地域环境的特点相符合，与农民的现实生活相联系，这样才能使研究本身显示出更为强大的实践意义。在新农村建设过程中，尽管村落作为农村体育新的研究主题已经启程，但乡镇（小乡镇）在农村体育发展中的重要地位还没有落幕。当前，农村体育研究重点的确立，应从不同村落体育的现实出发，在"乡镇"和"村落"间做兼顾性选择。通过各部分间的相互协作，开展农村体育研究与其他社会事业联动研究。此外，中国农村体育研究的走向也体现出从不自觉到自觉的变迁特征，则是在国家政策导向下的选题，具有主动选择的特征。

总而言之，中国农村体育研究往往从"民享"的角度来思考农民的体育需求，而缺少从"民生"的角度上去发现体育对农民生活的价值。农村体育的研究多是应对当时社会发展的需要，多是针对农村体育存在的问题，而进行适应性的探究和经验积累下开展的，缺乏体育在农民生活意义中的深度探讨。可以说，农村体育的现状、对策、发展战略、场地设施、健身的研究主要是应对特定时期农村体育事业中存在的问题，体现出"摸着石头过河"的基本特征，具有一定的盲目性和应对性。

三、中国农村体育研究的趋势

（一）农村体育研究要继续服务于农村发展战略，满足新时期农村利益的需要

农村利益是研究者进行体育价值定位的前提，也是农村体育价值的出发点和落脚点。只有准确把握不同时期的农村利益，才能使农村体育研究达到促进农村发展的积极效应。在不同的历史阶段，中国农村体育研究融入了诸多促进农村发展的积极因素，揭示了体育在农村发展过程的作用和价值。

然而，随着新时期中国农村发展战略的调整，新时期农村利益的走向正在发生转变，经济利益和文化利益的需求日益凸显。当前，农村人口老龄化加速，城乡公共服务不均衡，农民体质偏低，农村法规缺失等多个层面都关系着农村的命脉。这种背景下，在农村体育价值的选择上，我们要顺从和谐社会时期的农村核心利益，全面认识体育的农村发展战略价值，使农村体育研究真正围绕当前农村利益而谋划，并继续发挥其积极性的应用效应。

（1）要深刻认识农村体育的经济价值、文化价值、健身价值以及满足农村利益的社会价值，调整农村体育研究的主题，加强农村体育研究的课题资助力度，以农民人本体育需求为导向，重新定位农村体育研究的价值取向。

（2）重点研究农村老年人、妇女、留守儿童等弱势群体和不发达地区的农村体育文化活动，注重农村体育公共服务供给和城乡公共体育服务一体化研究，积极构建提升农村体育健身投资的保障机制以及城乡均衡发展的国民体质健康促进体系。

（3）在全面以法治国的过程中，不断加强农村体育法律法规的研究，从而健全农村体育法律法规体系，完善农村体育资源配置，保障农村体育公平。

（4）从更高层面上认识农村体育发展战略，至少包括农民健康、经济建设、农村体育利益与价值等内涵，甚至要上升到改革创新中国群众体育价值追求的诉求之上。

（5）在农村体育重点研究主题转移的同时，积极构建合理的实施措施，做到研究目标与实施手段相平衡，理论应用于实践，从而促进农村体育研究在新农村建设过程中发挥出应有的价值。

（二）农村体育研究既要重视国家群众体育的社会诉求，也要满足农民体育的人本需求

体育发展方式的转变使得中国通过体育展示国家形象和综合实力的政治诉求相对弱化。近年来，中国体育的伟大成就奠定了中国体育大国的地位，拉开了不断迈向体育强国的序幕。然而，体育强国不仅仅是竞技体育强国，更是一个群众体育开展良好、全民健身公共服务体系完善的强国。与发达国家相比，中国群众体育短板所产生的"水桶效应"成为制约中国向体育强国迈进的重要因素之一，而农村体育又是制约中国群众体育这块短板的主要瓶颈。因此，农村体育研究必须与中国群众体育发展战略相吻合。

多年来，中国农村群众体育研究多局限于全民健身方面，与农民息息相关的农村体育设施、科学健身知识、农村体育消费、农村健身内容以及农村体育指导等多个领域的研究不足。未来围绕农村体育的研究必须要在迎合国家群众体育社会诉求的同时，满足农民的人本体育需求。可以从以下四个方面重点把握：

（1）在社会公共服务的人本需求下，中国农村体育研究主题应该遵循新时期农村的真正需求而调整，可以确立以可持续发展的民生化、产业化、公共服务均衡化为农村体育研究核心，改变单一的研究主题模式，采取以村落为单位的田野调查、深度访谈等多元化的研究方式进行深入探索。

（2）农村体育研究定位应"以民为本"，把提升农民的健康素质放在重要位置，关注农民的全面发展，挖掘农村体育的经济、休闲娱乐等功能，真正把农村体育研究重点放在如何更好地服务于农民以及如何拓展其休闲娱乐和经济建设的功能上。

（3）研究主题重点转移时要统筹兼顾，不能顾此失彼。在体育强国建设的背景下，农村体育研究首先要重视群众体育的社会诉求，应以继续在农村体育人口、体育场地设施、锻炼时数和内容以及体育组织等方面开展研究。对此，在研究重心转移时，要"保强扶弱"，在满足农村体育研究为群众体育社会诉求服务的同时，大力加强体育的农民人本需求研究，从各类人群、不同区域出发，不断优化农村体育研究的发展路径。在确保农村群众体育研究"包容性"发展的基础上，做好农村体育研究与体育文化、体育产业、学校体育和竞技体育研究的协调研究。

（4）以农村体育公共服务体系为核心，重构"农民需求"下的农村体育研究热点，探究社会组织在农村体育发展中的作用，构建村落体育组织主导的农村体育公共服务供给体系，加强国家、社会和市场相协调的农村体育公共服务保障机制研究。

（三）农村体育研究主题要重点凸显农民体质、公共服务和农村体育的经济、文化价值

实现人的发展是社会发展的最终目的，"以人为本"发展农村体育是时代的迫切需要。因此，农村体育研究必须要重视人本体育需求。2016年，体育发展"十三五"规划提出"要提高全民族的身体素质，增强人民体质，提高人民的生活质量，在体育中充分实现人的发展"。诚然，国民体质是国家综合实力不断增强的重要物质基础。2015年，国家公布的国民体质测量结果表明，部分地区城镇与乡村居民的体质"合格"达标率的差距远高于全国平均水平。部分地区农民仍然是癌症、心脑血管疾病和各种传染病的高发人群。农民体质成为国民体质整体提高的短板，因此，加强农民体质研究是一项十分紧迫的任务。

另外，2014年颁布的《国务院关于加速发展体育产业促进体育消费的若干意见》将"发展体育产业增加体育产品和服务供给"作为未来中国体育事业发展的目标。而农村体育公共服务关乎中国体育事业发展大局。实践表明，在计划经济体制下的农村体育公共服务供给模式已不能适应新时期的需要。当前中国农村体育公共服务供给缺乏针对性，供给中"竞赛"与"折中"并存，"政策失灵"和"市场失灵"现象时有发生，供给主体单一，服务内容单调和运作机制不畅等现实问题。这些现象问题同样也是制约中国农村经济发展的主要因素。在这种形势下，我们必须要明确：

（1）在农村体育研究过程中，应该把农民的人本体育需求作为研究的出发点和落脚点，构建农村体育公共服务体系与农民体育需求相协调的平衡机制，使中国农村体育事业健康可持续发展。

（2）遵循"以人为本"的人文理念。研究的选择以农民体质健康为重点，以促进农民健康为目标，要强调通过农村体育活动的开展提高农民体质，改善农民的精神面貌及丰

富农民的文化业余生活，从而为建设社会主义新农村服务。

（3）在目前中国经济社会转型的重要时期，要深挖农村体育的经济、文化、娱乐价值，构建农村体育公共服务供给与需求的协调机制，使研究目的转向增强农村经济实力和文化休闲娱乐的建设上来，拓宽农村体育在产业发展、经济建设、公共服务领域的价值功效。最终促进农村经济文化快速发展。

（4）把农村体育研究单纯追求"全民健身"的社会定位提升到"文化娱乐、经济发展以及公共服务"等宽广平台上来，利用农村体育构建一种以提升农民幸福感和健康意识为目的，以公共服务体系为方向，以人文主义和公平正义为核心的体育文化价值体系。

第九章　基于生态环境下的农村体育研究

现代社会，人们激励倡导生态文明，在此背景下生态体育也备受各界关注。生态体育作为生态文明的重要组成部分，在促进中国体育事业的健康稳定发展上，起着不容忽视的重要作用。社会主义新农村建设进程的加快，给农村生态体育提供了良好的发展契机。

第一节　生态文明背景下的体育文化研究

生态文明是人类文明发展的一个新的阶段，即工业文明之后的文明形态；生态文明是人类遵循人、自然、社会和谐发展这一客观规律而取得的物质与精神成果的总和；生态文明是以人与自然、人与人、人与社会和谐共生、良性循环、全面发展、持续繁荣为基本宗旨的社会形态。

生态体育反映了人与体育、人与环境之间的不可分割的关系。生态体育是一种绿色体育服务和绿色体育产品的集合。生态体育中的"生态"不是单纯只指自然环境，更是有其自然化、生态化的社会人文内涵。即赋予人们亲近大自然锻炼身体的理念同时，又将忧患意识、可持续发展意识统一在一起，最终形成一个开放化、多元化的复杂动态体系。体育生态文明作为一种崭新的世界观和方法论，为人们提供了体育生态化的理念基础和思维方式。

一、体育文化生态系统的特性

体育文化生态系统的特性是由系统的特性和体育文化的特性所决定的，主要表现在整体性、层次性、有序性、相关性、主体性等方面。

（一）整体性

要把握体育文化生态系统的整体性，必须弄清楚要素与整体的关系。总体上，体育文化生态系统是要素与整体的统一，二者不可分割，通过相互协调的网状结构处于动态平衡状态。然而，整体并不是指所有部分的简单相加，而是指一个由构成整体的各个部分的独特组合及其关系联结而成的充满活力且功能齐全的"生命生态体系"。所以整体性是系统的主导，相对于要素居于支配的地位。结构主义认为正是要素之间的关系而不是要素本身，才更有意义。

梅州足球的近百年辉煌，源于梅州大众对足球的热爱和价值认同，维系在价值认同中间的便是作为精神象征（精神偶像）的球星，如马杏修、黄亨、黄汝光等国家队队员。例如在台山，人们对排球文化的认同，推动了众多排球组织的出现，各种级别、类型的排球比赛不断增多。家长们不仅自己积极参与排球活动，也非常支持子女参与，在这种良好的排球氛围中，台山涌现出不少排球人才，台山人的排球水平也在不断提高，他们在各类排球比赛中为台山争光，带给台山人强烈的自豪感和扬眉吐气的心理，进一步强化了台山人对排球的价值认同。正是这种要素之间关联所形成的整体，使台山排球创造了"无台不成排""中国排球半台山"的佳话。

每一个特定的体育文化样态就是一个系统。无论是体育文化生态系统的要素还是结构，它们都既包括体育文化因子和内在结构，也包括体育文化生态系统的外在因子（即条件和环境）。这就要求我们从要素、结构的一般关系把握体育文化系统整体特征，其中体育文化要素是构成体育文化结构的基础，没有一定数量的性质上相匹配且相互联系的体育文化要素，也就无法形成一定的体育文化结构。反过来，离开了一定的体育文化结构，作为整体的体育文化也就不复存在，各个构成系统的要素便丧失了原本的意义。而系统的整体性正是我们认识体育文化生态系统的前提。

（二）层次性

体育文化生态系统是有边界、有范围和有层次的系统。

一方面，在体育文化系统的整体性存在中，其内部结构划分不同层次，具有多层次特点。例如，在体育文化的整体结构中，物质文化处于外层或底层，制度文化居于中层，精神文化位于内层或顶层，它们在体育文化整体中相应地起着基础、载体、主导的作用，层次之间也是相互影响的。物质文化、制度文化和精神文化彼此相关，互为一体，从而构成维系系统存在和发展的内外环境。

另一方面，根据区域的范围，体育文化生态系统也表现出层次性，可以分为省域体育文化生态系统、市域体育文化生态系统、县域体育文化生态系统、镇域体育文化生态系统、村落体育文化生态系统。甚至还可以对小到一个传统项目学校进行分析，探讨为什么这些传统项目在学校一代一代传承下去，几十年保存而不容易衰败，实际上就是一个微型体育文化生态系统。随着区域的不断扩大，体育文化生态系统内部各要素相互之间联系会趋向于更松散，体育文化特征的共同性趋向更不明显，社会联系趋向弱化和不紧密。

（三）有序性

一个体育文化生态系统中往往存在着多种生态联系，呈现出由低到高的多层次发展序列，从而形成系统的有序性。系统结构的有序性越高，自组织程度就越强，稳定性及其功能也就越强。体育文化系统的有序性表现为体育文化选择是一个遵循耗散结构理论的自组织过程，是一个客观的运动过程，不以人的意志、设想为转移。从旧的体育文化形态到新的体育文化形态的发展，也是以体育文化系统的有序性进行自组织的过程。

当然，它是根据一定的社会条件与社会需求来进行有序性自组织的。各种体育文化因素从无序到有序的过程，是各种体育文化因素自我运动的结果，而人在体育文化系统的有序自组织过程中有主体的能动作用。例如提到梅州体育，大多数人首先想起的会是足球，这里素有"足球之乡"的美誉，梅州人一度为足球发狂发热。然而，时过境迁，梅州足球日趋衰落，羽毛球飞进学校、飞进寻常百姓家，梅州城再现"球潮"。

结合体育文化生态系统的有序性，人们可以根据自身需要和价值取向，创造条件打破体育文化生态系统原有的有序结构，使之变成向新的有序结构过渡的无序状态；也可以创造条件消除对系统的各种干扰，保持系统的稳定，促使体育文化生态系统从无序走向有序。

（四）相关性

体育文化生态系统是体育文化要素按一定的联系方式或界定方式组成的结构。任何系统内部的各部分之间、外部与其他系统之间都存在着相互联系和相互作用，由此便形成一定的内部结构和外部联系。能够构成一定的结构和联系就表明相互关联，即有相关性。

协同论为系统的相关性提供了理论依据，协同论的基本原理，乃是关于多组分子系统如何通过子系统而协同行动，从而导致结构有序演变的一门自组织理论，其目的是解决系统从无序到有序的转变过程和一般方法与规律，使系统由不稳定转向稳定，然后加以支配和管理。体育文化的存在和发展在关联中得以实现，相关性是文化生态学的最基础的理念。

如佛山武术，不仅有武术门派之间"争鸣"和"辩论"，还有与粤剧和舞狮、舞龙、龙舟等民俗文化活动之间相互促进，这些都体现出佛山武术文化生态系统所具有的相关性。

以相关性来看待体育文化生态系统，就必须重视体育文化生态系统的内外因子的相互关联，增强各体育文化因子的有机联系。在结合相关性加强体育文化生态系统建设时，既要注意发挥每一个体育文化生态因子的作用，也要特别强调重视构建体育文化生态，切实抓好体育文化生态建设并发挥其独特的功能。

（五）主体性

文化是人类与其他动物差别的最重要的方面。与其他动物社会相比，人类在适应环境时会有文化面貌的调整，文化较少受遗传和生物体本能的限制，体现了文化生态系统中人的主体性。体育文化生态系统的主体性特征是由人在体育文化生态系统中的地位和作用决定的。体育文化的发展离不开人的要素，人既是体育文化的主体，也是体育文化的客体，既是体育文化的生产者、传播者，也是体育文化的消费者，这充分体现了人的主观能动性。而且体育文化与人的体育活动是统一的。

体育文化不仅是人类创造的，同时也间接反映了人的生存状态和需要。人是体育活动的发生点、支撑点、生长点和归结点。主体性是体育文化生态系统的最为明显的属性。

如东莞的体育，从最早期乃至今天，东莞体育的热点不断转移，在经济很发达的情况下，其对外来体育项目吸收、消化能力增强，花样百出，且变化比较频繁，从举重、游泳，到现在的篮球、象棋，有些优势始终保持下来，但是无论体育热点如何变化，民众对体育的热情和兴趣始终不变，充分展现了人在体育文化生态系统中的主体性。

结合主体性进行体育文化生态系统建设，必须大力培育体育文化主体，重视体育文化人才的培育和使用，积极调动人们的体育文化需求和主动性，使体育文化活动成为人们内在自觉自愿的行为，形成体育文化消费主体群。在体育文化发展过程中，还要保障人在体育文化中的主体和中心地位。

二、农村建构生态体育的可行性

《中共中央国务院关于推进社会主义新农村建设的若干意见》中明确要求，推动实施农民体育健身工程，积极开展多种形式的、群众喜闻乐见、寓教于乐的文体活动，保护和发展有地方和民族特色的优秀传统文化，创新农村文化生活的载体和手段，引导文化工作者深入乡村，满足农民群众多层次，多方面的精神文化需求。

新农村建设在今日并非无源之水、无本之木，它有着深厚的文化传统，因此，任何地方的新农村建设都不是全部推倒重来的，更不是简单的文化殖民，而是建立在继承传统文化基础上的创新和发展。新农村之"新"，不仅仅只看作是城市的扩大和延伸，而应该是另一种文明与文化的建立。应利用农村自身天然形成的自然环境优势，打造丰富多彩的人文和自然环境。

新农村的体育文化是多元且相互促进的，同时它也是整个社会环境优雅而和谐发展的体现。因此，建设"农村生态体育"是现代体育发展的有利补充，也是构建现代生态社会和谐的必然趋势。

人类社会教育、科技、经济的迅猛发展为构建"生态体育"体系创造了诸多有利条件，也为发展"生态农村体育"创造了有利的空间。

（一）人类的生态意识增强为构建"农村生态体育"体系提供了主观条件

随着人类生存活动对大自然的影响日益加强，人类自身逐渐意识到个人的发展要与生态相协调才能实现可持续发展的需求。

人类潜意识里渴望身体与灵魂能够回归自然，挑战自我、天人合一，渴望建立人与自然和谐共处的科学的体育生态环境，进而从根本上提高生活质量，实现全人类的可持续发展。

（二）发展"生态农村体育"是塑造社会主义新型农民的必要途径

社会主义新农村的"新"，不仅仅表现在使广大农村人口享有丰富的物质生活和公平的社会保障，更应该表现在使广大的农村人口和城市人口一样可以享受丰富、健康的文化生活和政治生活。

《中华人民共和国经济和社会发展第十一个五年规划纲要》在"建设社会主义新农村"部分提出要"加快农村教育、技能培训和文化事业，培养造就有文化，懂技术，会经营的新型农民"。建设新农村，必须要培养新农民，而新农民的培养离不开综合素质的提高。综合素质的提高，包括思想道德素质、科学文化素质、身体素质这三方面的提高。

有研究指出，中国农村医疗保障体系不完善，农民的身体素质不高，从而较高的发病率增加了农民的经济负担，也制约了农村经济的发展。而利用农村现有的资源发展，发展农村生态体育不仅提高了农民的身体素质，同时也丰富了农民的精神文化生活，还将给当地带来经济效益和社会效益，为提高农民的整体综合素质提供了必要的条件和基础。

（三）"绿色奥运"理念下的奥运工程成为构建"生态体育"体系的示范工程

国际奥林匹克运动会作为世界上最高级别的体育盛会，它的理念直接影响体育的发展。随着人类对奥运精神理解加深，从最初 1896 年的和平理念演变至 2008 年北京奥运会倡导的"绿色奥运、科技奥运、人文奥运"理念，在奥运历史的进程中，"绿色奥运"理念逐步趋于核心地位。

无论是悉尼的"生态奥运"理念还是北京的"绿色奥运"理念，都强调现代体育发展要与社会发展和谐共处，创造出"生态体育"的目标与愿景。而在国家大力发展扶持新农村建设的同时，发展农村体育事业也成为现代体育事业发展的有利延伸，为体育事业向着更健康和谐的方向发展指明了新的思路与目标。

（四）生态体育体系的建立，有利于提高生态、经济和社会效益

建立生态体育体系后，体育与生态之间的联系将更加紧密，这将有利于避免不和谐因素的产生。有了生态体育理论与实践作为后盾，体育公共基础设施的设计与建设将更符合生态要求，其选材、选址都将从生态的角度出发。

在开发体育项目时也将从遵循生态的角度出发，结合实际需求，创造出属于不同层次，不同需求的运动项目，利用现有的资源去发展适合当地自然条件的运动项目，真正做到合理利用资源，带动地方和社会经济效益。因此，利用农村得天独厚的优势，发展农村生态体育，就显得尤为重要。

三、农村建构生态体育的必要性

（一）是后工业文明社会回归大自然的表现

人类经过漫长的岁月从原始社会到后工业文明社会，期间人们对物质和精神生活的追求也越来越高。然而随着人类对大自然的肆意掠夺，导致人类赖以生存的地球频频遭受自然灾害。城市人口膨胀、交通堵塞、环境污染等这些日益严重的城市问题疏远了人与自然、人与人之间的距离，拥有着辉煌工业文明的后工业社会正在失去与自然的和谐相依。人们迫切需要一种原生态的、贴近生活的改变，来驱使他们找到一个恰当的时机和方式回归乡村自然。

进入 21 世纪，"生态意识""生态效益"已成为学者和民众关心的问题，人们追求生态平衡、生态和谐的呼声越来越高，大家祈求着人类和自然的和平共处。

（二）体现了人与自然和谐统一

自然环境构成了"农村生态体育"的经营环境，而体现人与自然和谐的体育运动、体育文化、体育产品等则构成了农村生态体育。乡村居民在与自然几千年的相处过程中，学会了适应自然，构筑了人与自然的和谐关系。例如，"农家乐"休闲体育，它以贴近自然、消费实惠、简单便捷、既能观光又能锻炼身体的特点广受人们的青睐，成为了一种观光产品向度假产品过渡并实现良好结合的旅游开发形式。在与自然相处的关系中，不同地域的体育文化和体育理念，构筑了不同的乡村风情，这一切也体现了人与自然和谐的文化

构成了农村生态体育的特色。

（三）体育事业带动相关体育产业发展，并促进农村经济的发展

新农村建设以来，中国农村正在发生翻天覆地的变化，尤其是农村经济的快速增长，显著表现在农民生活水平的提高，体育运动正在成为一种时尚逐步进入农民的视野。农民参加体育的意识逐渐增强，通过体育锻炼，农民不仅达到了强身健体、增强体质的作用，而且节省了看病的开支，一定程度上有利于经济的发展，而节省下来的钱，农民则更愿意将之投入到购买体育器材、体育产品上，这样就拉动了农村体育消费。重要的体育市场来源，是形成农村体育产业的重要动因。所以挖掘农村体育市场的潜力，是实现农村经济可持续增长的一个新亮点。

（四）体育事业的发展，有利于农村的精神文明建设

虽然中国农村经济快速发展，但农民的精神层面十分匮乏，业余生活也相当单调，似乎除了唠嗑、打麻将、下象棋外就没有别的事情做了。而体育正好填补了农民业余生活的空白。通过集体或个人的参与，农民形成了体育锻炼的意识，有了一个很好的体育氛围。越来越多的群众参与不仅丰富了农民的业余文化，还促进了群众间的交流，增进团结，使农村社会秩序更加稳定，为农村经济发展提供了保障，同时也塑造了新农村下的新农民形象，推动了农村精神文明建设。

（五）体育事业对农村政治文明建设的影响

农村政治文明主要体现在农村社会民主化的完善程度，而农村社会民主化主要表现在农民的政治、经济、文化权益能够得到保障。体育不但对农村物质文明建设和精神文明建设产生影响，也对政治文明建设发挥着重要的作用。农民参与体育锻炼的意识增强，参与度就会加大，从而就会建立起一系列规范制度来保障其参加体育锻炼的权力。农民由原来被动地参加体育活动转变为积极主动地行使自己的参与权。农村社会政治民主的逐步改善，有利于农村社会的团结和稳定，为农村的经济建设和精神文明建设提供了良好的政治环境。

（六）调整农业产业结构

农村生态体育是农业产业改造和升级的重要途径。中国传统农业以种养为主，经济效益低，经营风险大。开展农家乐休闲体育旅游，使农业从专注土地本身的单一经营发展到"天—地—人"和谐共存的更广阔的空间，在大幅提高农业经济效益的同时对第三产业中的商业、饮食、服务业的发展具有极大的促进作用，而且带动了一、二产业的发展，有助于产业化生产体系的形成，调整和优化了整个地区的产业结构，进一步缩小城乡差别，使其生活设施公共化、生活服务社会化、生活方式现代化，逐步推进了农村的城市化进程。

在中国，如何促进农村经济、社会和谐发展成为农村建设的主题，通过大力发展农村体育事业，刺激农村消费，拉动农村体育产品内需，形成农村体育市场，促进农村精神文明建设的发展，对农村经济良性发展起着重要的作用。农村各项事业的发展，尤其是体育带动经济的可持续发展，符合中国"十二五"规划的精神，也是实现中国包容性增长的要求和不竭动力。

第二节　生态文明背景下的农村体育产业发展

中国是一个发展中的农业大国，有近 80% 的人口生活在农村，农村的进步、发展、繁荣和稳定直接关系到社会主义现代化建设的兴衰成败。对此，党和国家把发展农业、建设农村、改善农民生活作为安邦定国的大事来抓。

在国家建设社会主义新农村的大背景下，作为精神文明重要组成部分的农村体育，理应成为社会主义新农村建设的重要内容。它的发展对改善农村精神面貌、抵制愚昧落后文化、繁荣农村经济、建设文明和谐的社会主义新农村具有十分重要的作用。

一、生态文明背景下农村体育产业的内涵

国家提出并实施的"构建和谐社会""建设社会主义新农村""推动实施农民体育健身工程活动"，给农村体育的发展带来了历史的机遇和挑战。

近年来，中国农村体育工作取得了一些进步与发展，但距离社会主义新农村体育工作标准的要求还有差距。贯彻落实科学发展观，探索农村体育健身活动的实践和规律，加快农村体育事业发展的步伐，积极构建社会主义新农村体育的发展模式，既是理论开拓的过程，也是实践创新的过程，更是一项现实而有意义的工作。

（1）农村体育具有丰富的资源和潜力等待开发，要使体育成为农村经济的增长点，积极研究农村体育消费市场的特点和规律，利用以"体"会友、以"体"会商的形式；大力开发融体育、健身、娱乐、地方民族文化于一体的旅游景点，充分利用这种交流平台，加强体育与其他行业的紧密联系。坚持"以农为本"的体育带动农村体育产业农展的模式，促进当地政治、经济、文化的全面发展，是引领社会主义新农村特色体育发展的必由之路。

（2）农村体育产业可以促进城乡体育资源整合的发展模式，加强城乡联系，以城带乡。农村体育要想取得突破和发展，只有打破城乡界限，加强城乡联系，以城带乡，积极促进以现代工业文明为特征的城市体育与农村传统乡土文明为特征的农村体育之间，在竞争、借鉴中进行交流、互补与融合并最终实现体育资源整合，达到互相促进、互相带动、共同提高的发展目的，形成城乡体育文化特色。

（3）体育不只是赛场夺金或强身健体，更具有促进素质教育、文化繁荣、经济发展、民生改善、民族团结等多元功能。充分挖掘体育的综合价值，成为新时期体育工作的发力点。

体育产业作为朝阳产业、绿色产业，被视为促进消费结构升级、拉动内需和就业、培育中长期经济增长点的动力源之一。数据显示，2015 年全国体育产业总规模达 1.7 万亿元，占同期国内生产总值的 0.8%。尽管与发达国家 1%~3% 的占比尚有差距，但其良好增长势头与巨大潜力，将对经济的贡献进一步加大。

近两年，体育产业的正向效应已经显现。在浙江温州，当地 1000 多家各类健身场所

中，绝大多数是民间投资的。在安徽黄山，每年体育赛事直接带动旅游消费约 3 亿元，为地方财税创收超过 1500 万元。而借助 2022 年冬奥会带动 "3 亿人参与冰雪运动" 的契机，河北崇礼、北京延庆、黑龙江等地正加大力度，激活冰雪经济的蓝海。

（4）国以民为本，民以体为基。1952 年，毛泽东主席就提出 "发展体育运动，增强人民体质" 的体育工作方针。健康的身心决定着幸福指数，没有全民健康，就没有全面小康。目前，中国农村已经基本达到温饱，接下来就要追求更多精神层次上的享受，体育是生活休闲最好的方式之一。将体育作为民生工程，向广大农村和老少边穷地区倾斜，如今已成为一种趋势。通过 "三边工程" "雪炭工程" "体育三下乡" 活动，为群众带来实惠、便捷和快乐。

（5）当今世界，体育产业的发展明显加快，已经成为国民经济新的增长点。作为第三产业的组成部分，加快体育产业的发展是建立社会主义市场经济体制的需要，符合中国经济结构战略性调整的要求，对于扩大内需、拉动经济增长，实现现代化建设发展目标，有着明显推动作用。

二、生态文明背景下农村体育产业的发展方向

（一）依托资本市场发展壮大

体育产业是基础产业中的 "低碳经济"，是最有成长力的产业。它是低碳环保产业的一种，是一种相对无污染并且环保的产业。中国体育产业有着巨大的潜在市场，并且已经是一种产业资本垂涎的露天金矿，其市场基本到了每年 2 万亿元人民币，对商业赛事经纪商、全球体育产业巨头以及体育用品公司有着巨大的吸引力。

随着中国大型国际赛事的开展、"探索发展竞猜型体育彩票和即开彩票" 在海南国际旅游岛的落实，以及篮球 "竞彩" 游戏的推广等，体育产业逐渐突破了政策方面的禁锢，加快了创新进程。我们通过预期，产业在不可阻挡地趋向于国际化和市场化，中国蓬勃发展的体育产业有利于促进市场机制的变革，特别是被媒体垄断的利润堡垒也能将市场之门逐步打开。

发展体育产业的最佳路径就是在资本市场的基础上发展壮大。很多体育产业运营机构在国际成熟市场都上市了，品牌价值的提升和战略资本筹集的实现大多是通过上市融资来实现的。为了完善投融资体、加大财税支持，在资本市场融资方面促进体育事业的发展，就必须要建立有效合理的利益分配机制，以及完善体育产业方面的资源输出渠道等。此外，体育产业有很强的关联带动功能，能够很好地促进商业和旅游业的发展，还能促进服务业、金融业、传媒业、信息业、通信业和交通物流业等行业的发展。

（二）积极发展体育产业两个核心

体育产业的两大核心内容指的就是体育健身娱乐和体育赛事表演。在带动相关产业方面，它们两者都有很强的能力，两者之间还有相互联动的机制。从整体效应来看，发展体育事业在一定程度上会有相当的规模优势，但若是其他相关体育产业不具备相应的自组织能力，也会对不同体育产业产生一定的负面影响，并且会逐渐积累。

例如，世界体育用品博览会有一个固定举办地——德国慕尼黑，体育用品产业的体系

已经开始逐渐形成，并且开始有了职业或业余体育俱乐部发展的支持，因为这些使得体育用品有着巨大的市场。然而国内一些城市承办国际赛事时已经超出了自身的能力，实际上没有足够的能力和意识实现赛事资源的可持续发展，使得城市的发展没有抓住难得一遇的机遇。

体育产业发展的保障和源泉就是体育事业，体育事业的资源与人才、结构与规模等都对体育产业发展的方向和程度有着直接的影响。比如说目前蓬勃发展的美国高校、职业和社会体育俱乐部等，大大促进了体育产业的发展，使其有了足够的空间和资源。

美国橄榄球联赛和美国棒球和橄榄球市场的发展就直接影响着文化的发展。对于相关产业的联动效应来说，在整个体育产业中，最为深刻和宽广的就是体育赛事的举办。围绕体育赛事，有很多产业都能有一定程度的产业增值，包括场馆、交通、通信、金融、传媒、旅游、培训、教育、环保和机械制造等，有利于体育赛事的产业集群的建立。

（三）休闲娱乐化是体育产业的发展趋势

当体育成为城市居民的固定消费方式，或者是一种生活方式的时候，随着奥运会的加速剂和全民健身运动的普及，选择体育有很多不同的方式。北京大学体育产业研究中心的何文义认为，体育事业的培养壮大与人们日常生活有着非常密切的关系，能够让体育活动更好地融入人们的生活中去，成为一种良好的消费方式，有助于人们认真认识和了解体育活动。中国的体育产业从国际经验来判断正处于蓬勃发展的阶段，中国体育产业发展的方向更多的是娱乐化和休闲化的，休闲体育的发展能够使得全民健身运动更快地发展，将中国建设成为体育强国，有利于民族民富国强的实现。

总而言之，中国体育产业发展目前面临着难得一遇的机遇和发展时机。"低碳经济"和"朝阳产业"等基础性产业中最具成长力的就是体育产业。中国体育产业未来会朝着休闲娱乐化的方向发展。我们的指导思想是以环保理念为指导、以经济建设为中心，体育产业在现实社会背景下要发展，必须要能够把握机遇和正视困难，让体育产业朝着正确的发展方向发展，中国体育产业只有这样才能有更广阔的发展前景。

三、农村体育产业创新模式的研究

体育运动是精神文化的一种体现，建设社会主义新农村必须物质文化与精神文化一起抓，两者缺一不可。没有农村体育事业的发展，也就没有全国体育事业的全面发展；没有农民的参与，全民健身就不能称为全民。改革开放以来，中国很多农村地区摆脱了贫困，农民逐渐过上了富裕的生活，但是文化生活相对贫乏，体育和健身的观念相对滞后，乡村缺乏甚至没有体育活动场所和设施，农民在享有社会资源方面处于弱势地位。

为保障广大农民群众享有基本的体育服务，是政府部门需要履行的职责与义务。体育事业作为社会发展的重要组成部分，农村人口众多，积极发展农村体育对实施全民健身计划具有重大意义。而增加对农村体育设施建设的投入，逐步增加体育设施数量，提高质量，这一基本原则相信也是目前建设农村体育事业应遵循的。我们要以文化的力量推动中国体育设施的创新和可持续快速发展，从而丰富社会主义新农村内涵。

"十三五"时期是全面建成小康社会全面实现的五年，是全面深化改革、全面推进依法治国取得决定性成果的五年，也是全面推进体育产业发展的关键五年。《体育发展"十三五"规划》的公布对体育产业提出了 2020 年的发展目标："体育产业总规模超过 3 万亿元，体育产业增加值的年均增长速度明显快于同期经济增长速度。在国内生产总值中的比重达到 1%，体育服务业增加值占比超过 30% 体育消费额占人均居民可支配收入比例超过 2.5%。"这一目标为未来体育产业的发展指明了方向，同时也对体育产业发展提出了更高的要求。

从"十三五"看，随着经济发展方式和产业结构的调整、居民消费结构的升级、新媒体与新技术的不断演进，中国体育产业必须转变结构失衡、效率低下、质量不高的粗放式发展方式。

实现体育产业未来的规划目标有赖于全面提质增效，走向转型发展之路：

（1）产业结构转型。大力发展生活性服务业，鼓励和引导生产性服务业，不断优化体育服务业、用品业及相关产业结构，全力提升体育服务业在体育产业中的比重。

（2）产业业态转型。要推进高新技术、信息技术和新媒体等在体育服务领域中的广泛应用，促进体育服务业转型升级。大力发展具有自主知识产权的高端装备制造业，积极推进体育用品业转型升级。

（3）产业主体转型。要着力培育一批有实力、有竞争力的骨干体育企业，重点支持"专、精、特、新"的中小体育企业发展。加快发展体育社会组织，提高体育社会组织自我发展、自我管理、自我服务和自主运营的能力，促进体育社会组织发展壮大。

实现体育产业转型发展需要强大的动力支撑，创新是体育产业转型发展的动力源泉。"十三五"期间，发展体育产业必须充分激发各类主体的创新活力，推动体育产业领域"大众创业、万众创新"，探索体育产业发展新模式。

（一）观念创新

要以开放包容的心态发展体育产业，改变原有的"体育产业＝体育＋产业"的观念，逐步树立"体育产业＝产业＋体育"的观念，即从产业的视角，发挥市场的决定性作用来盘活和整合体育资源。鼓励旅游、文化、科技、医疗等领域骨干企业通过资产重组、定向增发等形式整合体育资源，进入体育产业。鼓励国内体育用品企业积极延伸产业链，进入体育服务业领域。引导国内企业开展海外并购，鼓励国际体育组织和著名体育公司进入中国。

（二）机制创新

体育产业的经济发展要想有质的飞跃，必须实行正确的改革。由于体育经济组织内部管理相对滞后，经济效益还达不到理想状况。因此，注重创新，采用先进的科学的管理方法和手段，建立灵活高效的运转机制，大力开发人力资源，提高资源管理和使用效率，是体育经济发展有待解决的问题。尽管体育发展已取得较好成绩，但存在不少问题，如体育产品的种类较少，科技含量较低，层次单一不能满足各类别、多层次及多种不同偏好的消费者的需要；加大技术创新的力度，调整企业的产品和产业结构，争取自身的生存空间和发展空间，在体育用品的材料和功能上下工夫，提高产品的科技含量，大力发展自己的品牌。在守住国内市场的同时，去占领国际市场。

推进多部门合作的体育产业发展工作协调机制，加强政府部门间沟通与合作，形成针对体育产业发展重点问题的部际联席制度，以进一步落实和推进 46 号文件各项任务。鼓励和引导京津冀、长三角、珠三角等区域加强合作，形成区域联动发展格局。建立政府与企业有效沟通的机制，促进政府有关部门掌握体育市场发展规律，了解体育市场主体的需求，有针对性地发挥政府作用。

（三）科技创新

引导企业增加科技投入，研发科技含量高、具有自主知识产权的运动器材装备，扶持可穿戴运动设备和智能运动装备的发展。支持现代科技成果和信息技术向体育产业领域的转移与应用，加快推进体育产业在内容、形式、方式和手段等方面的创新，重点支持"互联网+体育"的创新发展。

科技的创新离不开人才，体育产业创新人才的匮乏是影响体育产业经济发展的主要原因，因此必须强化体育产业人才创新方面的培养，以最快的速度培养出质量合格的高素质专业人才。具体方法是体育部门可以通过联合高等院校一起进行人才培养，同时定期地对在职的相关体育经营管理者进行专业培训，有计划、分阶段地组织他们去体育产业发达的国家学习和交流，促进与发达国家体育组织的交流和合作，不断提高中国体育产业经营管理人员的水平，增强体育产业组织竞争力，适应多变的市场需求，实现体育产业的快速发展。

（四）运营创新

引导体育产业各业态积极创新运营方式，充分发挥体育竞赛表演业对体育服务业的整体带动作用。鼓励知名体育健身企业通过连锁、加盟、收购、兼并等多种途径做大做强。鼓励场馆运营管理实体通过品牌输出、管理输出、资本输出等形式实现规模化、专业化运营。推行场馆设计、建设、运营管理一体化模式，将赛事功能需要与赛后综合利用有机结合。鼓励有实力的体育用品企业以资本为纽带，实行跨地区、跨行业、跨所有制兼并重组。

体育产业经济发展的规划方案，应该有所创新，根据各体育企业的实际情况，进行区别规划。在中小型体育企业的规划中，要注重管理机制的完善，产品质量的提高，主要是为满足国内对体育产品的需求。而大型体育企业的规划方案，应该朝着国际化的方向发展。因为这些企业在国际市场上具有一定的竞争能力，体育产业面向世界，会大大地促进其经济发展。

政府应对大型体育企业实行政策扶持，如出口优惠政策条件，税收政策等。具体的政策扶植主要包括以下四点：①要尽快制定体育投资法规，规范财务运作，确保体育投资者的利益，如允许企业对体育的赞助费记入成本；②要赋予著名运动员、教练员广告权；③要规范现有体育产业中的税制、税率及征收年限；④要在政策上鼓励和支持分散的体育场所，实行土地置换、盘活存量，集中建设，以利于体育经济的综合开发。

（五）服务创新

推进政府从行政型向服务型转变，探索建立政府部门保障各类体育赛事活动举办的有效机制，搭建政府支持社会力量举办体育赛事的公共服务平台。加大金融对体育产业发展的支持，通过政、银、企合作的模式支持体育中小企业发展。鼓励国有资本与金融资本、产业资本的合作，共同建立体育产业投资基金。创新体育保险产品，开展大众健身、体育赛事、体育场馆、户外运动、职业俱乐部、运动员等保险业务。鼓励成立各类体育产业孵化平台，为体育领域的大众创业、万众创新提供良好环境。

第三节　生态文明背景下的农村体育建设

发展农村体育是中国整个体育工作的战略重点，是培养全面发展的社会主义建设者和接班人的一项重要教育内容。

目前，学校体育教育改革正在如火如荼地进行当中，体育课堂也提出"以学生为主体"的教学原则。但是在农村，由于师资力量匮乏、体育教师观念滞后、体育设施不完善，而且农村学生由于受家庭、环境影响，在兴趣、爱好培养方面显得不足，除一小部分学生有所爱好和极少数学生具有某一项目特长外，大部分学生处于既无兴趣、爱好又无项目特长的"灰色地带"。

如何改变农村体育教学，消除"说起来重要，干起来次要，抓起来不要"的被动局面，克服重知识、智力开发，轻体育教学的弊端，落实素质教育，更新体育教学观念，更好地进行中学体育教学的改革呢？

一、依靠群众、发动群众是加强农村体育文化建设的基本途径

农村体育公共服务是农村公共服务的重要组成部分，也是农村经济发展、社会体育参与和弱势群体公共权益保障社会问题和制度问题的具体表现，同时也是满足人民群众不断增长的体育需求的关键着力点。有效提升公共体育服务能力，加快公共体育服务与产品供给的制度创新，对于促进群众体育与竞技体育协调发展、体育事业与体育产业协调发展具有重要意义。

在关于农村体育公共服务的研究中，胡庆山等人（《迈向体育强国的农村体育公共服务体系建设》）认为，应以体育强国的构建为契机，改革政府单一供给模式，完善服务内容体系，加强运行机制建设，大力推动农村体育公共服务体系建设。

秦小平等人（《"以钱养事"：农村体育公共服务供给机制改革新思路》）认为，"以钱养事"机制可以促进政府转型，建设服务型政府；降低成本、提升资源利用率；激发农村体育公共服务人员的积极性。

但这些均对有关农村体育公共服务的特点缺乏深入研究，本节以湘西南地区为研究个案，采用质的研究方法把握当前农村体育公共服务的共性规律，为农村体育公共服务的理论框架与实践发展起到重要意义。

（一）当前湘西南地区农村体育公共服务的发展困境

1. 农村体育公共服务区域的非均衡性

湘西南地区地处湘、桂、黔交界处，是通往西部地区的必经地，素有西部咽喉之称。

因此，在古代军事斗争时期，该区域一直是兵家争斗的重要区域。该地区主要以汉族为主，同时拥有苗族、土家族、侗族、白族等 17 个少数民族，呈现出"大杂居、小聚住"的分布特点。

自 2010 年以来，党和国家政府为了发展区域经济，缩小贫富差距，优化产业结构，整合区域资源，促进区域经济可持续性发展，特制定了"国家'十二五'规划暨武陵山区扶贫开发"的总部署。由此，湘西南地区农村体育公共服务迎来发展契机。

但是因为经济结构单一，主要经济收入来源以农作物为主，工业与第三产业的发展很不协调，所以老、少、边、穷的湘西南地区一直是人员外出务工的主力军，每年外出务工人员呈上升趋势，人员大量流失导致基层文化建设缺乏了动力与活力，一些公共体育资源随着时间慢慢推移被人所遗忘或变相利用，从而增长了农村体育公共服务区域的非均衡性。

其次，农村公共服务产品的供给呈纵向失衡，以市-县-乡（镇）-村的供给产品数量与服务质量呈下降趋势，以此类推，农村体育公共服务远落后于前一个台阶。影响区域公共服务失衡的因素较多，但权利的上移与基层经济基础薄弱是制约公共服务均衡性发展的主要障碍。

2. 农村体育公共服务主体需求与客体供给的非对称性

湘西南地区农村体育公共文化服务的良好运转需要主体与客体积极主动地相互配合，也就是说，主体需求与客体供给要呈对称性发展。当前，随着中国经济的快速发展，以及全面健身服务体系的推广，农村体育公共服务的需求日益剧增，然而，湘西南地区随着长期人员大量流动，较大部分村落人口的大量转移，留居村落的人群主要是一些弱势群体，且文化意识比较单薄，对农村文化建设的认识尚浅，从而导致农村体育的薄弱性加剧，并且区域文化发展不均衡性发展也在一定程度上淡化了政府对基层文化建设的投入及服务，如文化宣传，文化产业的开发等层面。

随着时间的推移，这种症状形成恶性循环，从而加剧了农民的自我服务意识的淡化与政府的文化宣传力度的薄弱。主体文化意识的冷淡，将导致村落文化建设缺乏系统的培育，农村公共文化服务体系建设过程中主体意识淡化，使客体文化发展受到严重的制约，农村体育公共文化服务的自我造血功能丧失，外部输血受阻，农村体育公共服务主体需求与客体供给呈非对称性特征。

3. 农村体育公共服务资金依赖性或来源渠道的单一性

经济是基础，任何事业都需要资金保障。农村体育公共服务建设离不开一定的资金投入，资金投入保障是农村体育公共文化服务体系建设顺利推进的基本条件和基础。其资金来源主要有以下两个方面：

（1）公共财政资金，主要从资金支持和方向引领方面由政府主导，这是当前农村体育公共文化建设最主要的资金来源，在一定程度上是农村体育公共文化服务建设最关键的保障。公共财政资金必须根据经济社会发展状况按照一定比例投入农村公共文化建设，并以法律制度的形式保证公共财政资金的投入。

（2）社会资金，包括企业捐助、家庭及个人捐赠、各种非营利组织提供的资金等。当前中国只有 0.3% ~ 0.4% 的公共开支用于公共文化投入，而发达国家的这一占比通常大约是 1%。与此同时，区域经济的制约，导致湘西南地区与其他区域经济相比差距较大，再加上务工人员的剧增，一些传统节日的体育文化也慢慢地减少或消亡，而且受一些领导的政绩观影响，农村体育公共文化服务建设投入更少，并且资金来源太依赖于政府的投入与支持，缺乏资金来源渠道的广泛性。

4. 农村体育公共服务管理与组织的滞后性

解决基础设施不足的问题，要在加强建设的同时，注意做好长远规划，兼顾当前与长远，加强基础设施的使用管理。科学合理的管理与使用可以使基础设施的功能充分发挥，提高效益，弥补数量不足的部分缺陷。

目前，湘西南地区农村体育公共服务管理与组织力度不够，一些农村体育公共服务为了应付上级文化部门的检查而设置文化站或文化活动中心，徒有虚名，并且许多建设会破坏原有文化价值与功能，导致公共资源受到严重的损坏，如某些村落把以前的公共活动场所建成了现代的商业中心，一些体育器材也遭到严重的损坏，引起农村体育公共服务困境的主因是农村体育公共服务管理与组织的滞后性。村落文化部门专业人员随着年龄的增长或外出务工而造成的人才流失，后辈对农村文化认识的浅显以及对都市主流文化的追求，导致管理与组织人才的缺乏。

(二) 湘西南地区农村体育公共服务的优化研究

1. 统筹城乡二元经济发展，缩小农村体育公共服务的差异

农村公共文化服务体系建设面临的最大问题是经济问题。当前的财政管理体制，政府政绩观的影响等使农村可用于文化建设的资金十分有限。宏观调控方面也面临着一些问题。要从法律制度上着手解决财政投入不足、转移资金被挤占、挪用等问题。要广泛宣传发动社会力量参与农村公共文化建设，注意发挥公共财政资金的放大功能，综合各种措施。没有经济发展作为后盾，农村公共文化服务体系建设就没有长远的、坚实的经济保障。因此，一方面要解决当前不合理的财政体制问题，另一方面要加大力度解决农村的经济发展问题，从根本上解决建设资金匮乏问题。

2. 政府要加强基层文化建设，满足主体需求的多样性发展

国家实力不只表现在经济力量、军事力量等方面，最深层意义的力量是软实力。把农村体育文化建设纳入地方政府的政绩考核体系，解决地方领导重视经济建设，轻视文化建设，重视城市文化建设，轻视农村文化建设，重视文化服务的硬件建设，轻视软件建设的思想问题。上级相关部门要加强对文化的宣传力度，满足主体需求的多样性，提高公共产品或服务质量，提高村干部的文化建设意识，将文化建设着眼于提高农民群众的文化素质，以文化素质的提高促进文化服务体系建设。

3. 完善农村体育公共服务的法律机制及服务体系

关于农村体育公共文化服务建设的法律制度还比较欠缺，这是导致各种农村体育公共文化服务体系建设问题的一个主要原因。要解决建设过程中的人为因素，形式主义等问题，就必须尽快建立健全相关法律制度，包括法律制度执行的规定，加强法律制度的落实与执行。湘西南地区农村体育公共服务面临的另一个问题是农村体育文化遗产流失严重，如果不想办法保护就有可能在多年之后将文化遗产全部遗失。这就需要加大对文化遗产的保护力度，把它放在农村文化建设大环境中加以解决，把文化遗产保护与经济发展统一起来。当下农村体育公共文化服务体系建设过程中还存在忽视农村特点，文化服务内容与形

式不符合农民群众需要的状况。同时，农村公共文化服务提供存在千篇一律的弊端，这些都必须在以后的建设过程中加以解决。要建立健全农民群众参与公共文化服务生产与提供决策的体制机制，尊重农民群众的意愿和农村实际，面向农民群众提供切合农村实际的，符合农民群众意愿的公共文化产品。

目前，湘西南地区城乡体育公共服务水平之间仍然面临着巨大差距，缩小这种不公平的差距，是城乡统筹的发展战略的重要内容。总体来说，差距的缩小，有增量和存量两个途径。加大对农村公共服务的投入力度，是增量途径，这无疑十分必要；但是，存量途径也必须引起足够的重视。农村体育公共服务供求间存在的结构性失衡，为存量调整的必要性提供了空间。消除这种结构性失衡，对大大提高政府公共财政资金的使用效率和农村公共服务的供给效率具有重要的现实意义。

二、新农村体育文化建设及实践途径的研究

（一）农民体育发展的哲学诉求是以人为本

1. 农民体育发展需要新的选择

体育需要是农民构建体育的基础，并且也是一种需求发展。依据实际发展情况的研究和分析可以明确，每一个人都可以在体育发展的情况下明确自己发展和释放情感的方向和区域。农民在进行体力劳动的过程中，可以依据科学、有效的体育文化进行锻炼。

农村生活与传统文化是紧密相连的。远离一些风土人情、风俗习惯等传统文化所制定的新时代产物，即与生产生活没有联系的现代体育，在短时间内是无法让农民接受的，更获取不到优质的成绩。

由此，需要结合农村实际情况，以农村不同区域的经济发展、文化水平等为基础，制定出层次感强、操作能力强的体育发展方案，对不同区域不同类型的农民实施多样化的体育活动。当然实施的基础目标就是让体育满足农民的需求，与农民具备的文化能力相当。

2. 农民体育参与的主动性

农村体育的发展并不是必需的，而是依据人们对体育文化的需求不断提升，促使相关的工作得到了落实，并且这一工作是满足农民根本需求的，这样才能依据体育，有效地对活动主体身心进行创造，并且产生一定的影响。农民体育参与是一种源于内心的情感，其主动性的因素非常重要。农民依据对自身条件的研究和分析，明确符合自己的体育锻炼方案，从而有效发挥自己的体育能力。由此，从根本意义来说，"以人为本"的中心并不是"以我为本"而是"以民为本"。

从实际农民的需求和利益发展进行研究，以提升农民身心素质和生活水平为基础，保障农民参与体育的权利和利益。并且有效结合农民的内心需求，关注农民的建议，不但要让农民积极地参与到体育活动中，还要支持其参与到实际建设工作中，促使农民获取有效的利益和责任，促使农村体育建设工作逐渐构建一个完善的工程系统。

（二）新农村的体育文化建设途径

1. 体育物质文化构建是保障新农村体育可持续发展的依据

（1）构建多元化新系统，促使新农村体育物质文化的投入资金不断提升。构建体育

活动，从宣传开始、筹备、正式实施、总结等动作都需要依据资金实施工作。提升对农村经费的投资力度是各个政府具备的责任。但是，在实际发展的过程中只依据政府的投资是不完善的，这需要不断创新体育文化建设理念，拓展发展方向，以政府为主导，结合体育彩票公益金并以之为引导，企业、事业单位和个人投资等共同努力构建多元化发展的经济系统。

（2）提升场地设备建设和管理，保障新农村体育物质的有效发展。因为中国农村人口较多，同时经济和体育资源不多，使得体育建设能力不强，所以，提升新农村体育场地设备的构建和管理工作是现阶段体育文化发展的根本工作。

（3）有效应用农村学校体育资源，促使新农村体育文化建设得到有效发展。结合有效的校园体育文化资源，不断地发展农村体育文化，可以提升新农村体育文化建设工作的质量和效率。

（4）创新系统促使体育产业得到有效的提升，从而更好地发展新农村体育文化工作。农村体育产业的不断发展，需要依据政府为引导，结合乡镇、体育文化活动场所、村文化建设等地构建优质的农村体育文化网络。

因此，在实际发展的过程中，需要不断创新体育物质文化，从而更好地建设新农村体育文化工作。

2. 体育行为文化建设是新农村体育可持续发展的依据

（1）提升政府职能，加大组织管理和宣传力度。需要结合各级政府的力量，将农村体育建设工作融入到实际乡村建设工作中，构建有效的发展方案，以此实现体育文化建设工作设定的目标。

（2）分析本土项目，促使新农村体育内容向本土化发展。农村中具备非常多的本土体育，如秧歌、赛马、摔跤、赛龙舟等，并且在民间得以流传，受到人们的喜爱。因此，在发展体育文化的过程中，需要深入研究农村本土文化，依据农民的引导，促使具备浓厚本土文化的农村体育文化得到有效的传承和发展。

（3）拓展服务领域，提升农民体育参与的组织化程度。在实际发展的过程中，一是结合乡镇政府进行多样化的节日活动；二是社会体育指导带动多样化的体育文化活动；三是全面发挥农民体育协会等体育团体的作用和影响力。

（4）构建保障平台，促使新型农民的体育参与。现阶段，中国的农民人口基本不具备养老保险，农村新型合作医疗也刚刚起步保障，由此全面依据个人储蓄和家庭抚养可以解决生活问题。

因此，构建全面的社会保障系统，全面提升农民的素质和文化素养，从而提升农村阶层的体育文化。

3. 体育观念文化建设是新农村体育有效发展的依据

（1）加大体育政策、法律、法规的宣传力度。随着社会经济和社会环境的不断发展，促使人们对生活质量的要求不断提升，因此在实际发展新农村体育文化建设工作的过程中，需要结合有效的法律法规进行建设工作，其中中国在第十一个五规划纲要、新农村体育工作暂行规定等都提出了有关中国农村体育发展的重要策略，也是体育文化建设的重要组成部分。由此，提升相关法律法规的应用和实施，有助于加强中国新农村体育事业的实施。

（2）提升领导者的认识和了解。为了促进乡镇政府更好地认识体育工作，县级人民政府需要明确实际体育文化建设工作的发展目标，将体育工作融入到实际文明建设目标考核内容，结合有效的干部政绩的考察的内容。为了确保乡镇体育工作有人管理有人承担责任，县级人民政府需要提升对乡镇配置文体工作人员的文化优势。

三、加强农村体育文化建设的对策及建议

（一）转变干部和村民重经济轻体育的工作观念，全面提升文化内涵与体育健身意识

要想改变现新农村体育文化建设现状，当务之急便是转变干部和村民重经济轻体育的工作观念，全面提升其文化内涵与体育健身意识。而作为农村发展的先进力量和农村建设的领导者——村委干部的体育文化内涵提升显得尤为重要。

村干部需以身作则，认识到发展体育文化的重要性，以科学发展观为指导思想，将一部分精力投入到当地体育文化建设事业中，构建较为完善的体育服务体系，密切联系群众，了解及尽可能满足村民的体育需求。

其次，村委干部需推己及人，以多种渠道提升当地村民的体育健身意识，让他们把更多的闲暇时间投入到体育文化活动中来，在体育活动的参与和体育文化的传播中提升村民的体育素养。

（二）加大体育资金投入，完善体育基础设施

发展体育文化不仅需要领导者的高度重视和村民的积极配合，还需要一定的体育资金的大力支持。因此，针对当地体育资金不足现状，当地需加大体育资金的投入力度，完善体育基础设施，适当扩大体育场地资源，并不吝啬大笔活动经费支出，鼓励、支持组织团体或个人的体育活动和竞赛，以引导更多村民参与到体育锻炼中。

（三）培养农村体育指导员，引导村民进行体育锻炼

农村体育指导员的数量和质量，直接影响着村民体育健身工程的健康开展。要加强和完善农村群众体育组织与社会体育活动队伍建设，发挥基层体育工作的服务功能，营造全民健身活动氛围，形成具有当地特色的全民健身活动大格局。

我们可以通过以下两种途径，大力开展对于农村体育指导的培养工作：①采取中短期培训的形式，分批对现有的农村基层干部进行培养；②在高等院校选拔立志"村官"事业的学生进行农村体育指导员的教育。

（四）加强宣传引导，拓展体育文化的发展空间

有效的宣传对农村体育文化起着至关重要的作用。提倡宣传方式多样化，村委干部可以利用各种大众传播媒介的手段来宣传，充分利用现代电子音像科学技术，如电影、电视、录像、网络等传播工具进行宣传介绍体育活动的相关信息。加强宣传力度，可以通过增加宣传频率和宣传的广度，让群众及时有效地了解体育活动信息，积极参加体育活动。

（五）提高村民综合素质，增强村民参与热情

村民参与热情低的原因之一是缺乏对体育文化活动的科学认识，村委应向村民介绍体育文化的相关信息，如概念、相关政策、主要内容以及体育知识等。在村民对体育文化知识有了一定了解的基础上，开展相关活动来提高村民的综合素质。如体育知识竞答，组织村民看体育知识方面的电影，等等。村民对体育文化相关信息的了解将会促进体育文化事业的蓬勃发展。

农村体育文化建设是新农村文化建设不可或缺的重要组成部分，对促进当地政治、经济起着重要作用。因此，对于农村体育文化建设存在的问题，需予以高度重视，意识到农村体育文化建设必须建立在当地农村经济发展水平的基础之上，并因地制宜，因人而异，规范管理，充分利用现有体育资源和文化资源，进一步落实体育文化建设政策，积极鼓励、引导和发展农村体育文化，实现农村文化繁荣发展的目标。

第四节 生态文明背景下的农村体育开发与管理

"以人为本"是新农村体育开发的指导思想。"以人为本"主要体现在努力满足农民们的精神生活层面的各种需求。"以人为本"要求理解并尊重人的全面的需求，不仅是物质生活方面的需求，也包括精神生活方面的需求。新农村体育开发，要以满足农民群众的需求，全力建设积极向上、促进农民全民发展为宗旨，培育新农民。

一、新农村生态体育开发的重要性

（一）发扬传统，促进地方传统体育活动的挖掘与传承

中国地域辽阔，有 56 个民族，各民族都有其独特的民族文化。源远流长的社会发展历史，有着不同的宗教信仰和习俗特点，造就了各地区形式多样、内容繁多的民族传统体育项目。民族传统体育是民族文化的一种表现形式，也是不同民族节庆活动和体育运动会中不可或缺的项目。

民族传统体育是中华民族传统文化给我们留下的一笔宝贵财富，而现如今，伴随着体育的日益现代化趋势以及各国体育文化的冲击，中国民族传统体育的发展面临着形势严峻的挑战。人们逐渐开始将注意力转移到那些新兴的、符合当今时代潮流的体育项目，而很多传统体育项目开始黯然失色，被世人所遗忘。在新农村生态体育的开发过程中，要重视民族传统体育项目的整合与发展。发扬传统，是中华民族的美德。民族传统体育被中国人民世代传承至今，饱含着先辈们辛勤的汗水与智慧的结晶，理应引起世人珍惜并使其不断发扬光大。随着当今社会的转型、传播媒介的普及以及各民族文化交流的不断加深，我们在欣赏外国新兴体育运动的同时，也应该使中国民族传统体育被越来越多的人所认知，这无疑会对民族传统体育的保护与弘扬起到一定的促进作用。

（二）提高效益，保证生态、社会、经济协同发展

新农村可以利用的生态体育资源很多，包括自然环境资源、传统文化资源等。伴随着时代发展的需求，体育已经全面地渗透到社会文化生活的各个方面，越来越成为提升生活品质、滋养精神、改善福利、沟通人际关系、培养正确的价值观、促进社会和谐的良好途径。在新农村生态体育的开发过程中，要从农村全局出发，兼顾农村体育相关产业的发展，实现农村各种体育事业的稳步进行。体育旅游作为当今社会一项新兴的旅游产品，是旅游产业与体育产业交叉产生的一个新领域，在生活水平极大改善、体育消费逐渐提升的情势下，体育旅游备受人们的欢迎，体育旅游业的发展势必会给农村经济带来良好的前景。

随着国家整体经济水平的提升，体育消费比重的加大，人们对精神文化生活的追求，传统的游玩旅游已经远远满足不了人们的精神需求，而生态体育旅游越来越受到人们的推崇。各个地区的旅游相关部门也开始把工作重点转移到当地特色资源优势，挖掘开发精品体育项目，来发展当地的体育旅游。

生态体育旅游有着其独特的发展特点，人们在其过程中，既能够观看优美的风景，又能够亲身体验体育锻炼带来的乐趣；既能够丰富旅游产品的种类，又能够弥补传统旅游的不足。于是，生态体育旅游业能很好地被人们所接受，进而给新农村建设带来可观的经济效益，带动了农村住宿、交通、餐饮等多项事业，促进新农村的良性发展。

（三）节省资源，利于开发低碳环保体育

新农村自然资源极其丰富，在生态体育的开发过程中，理应时刻本着节省的原则，有效地利用当地的自然环境资源。但是，在很多农村地区，它们有着得天独厚的自然条件，却没有引起人们的重视，更谈不上科学地利用在生态体育的开发上。

举例来说，沙滩是开展新农村生态体育的有利场所，人们不仅可以在沙滩上尽情地娱乐奔跑，而且还可以在沙滩上进行诸多体育项目。这种天然的自然资源在很多地区却没能合理利用，人们甚至不惜重金打造一些人工的沙滩体育场地，这种行为不仅造成了自然资源的严重浪费，而且造成了国家资金的严重浪费。在适宜的环境下开展适合本地区发展的生态体育项目，充分利用当地现有的体育环境资源，而不是一味地效仿其他地区，引进一些本地区没有或少有的资源，这才是中国新农村生态体育开发应该长期坚持的理念。

随着国家经济发展，人们由先前追求物质需求的阶段逐渐向追求精神需求上过渡，更多地关注社会发展进步的同时，体育本身、体育活动参与者以及体育环境的可持续发展。新农村生态体育强调体育与环境的和谐发展，保证在新农村生态体育的建设与开发进程中，不会对周边环境及人们的生活造成威胁。生态体育这一观念的提出，使得体育朝着低碳环保这一有利于社会进步与农村和谐的方向发展，符合当今时代的要求。

（四）因地制宜，便于突显农村地理环境特色

新农村生态体育开发首要的是遵循因地制宜的原则，合理有效地利用当地的自然条件，不同地区开发的生态体育项目应不尽相同。很多体育项目对地理环境的依赖程度较高，需要在特定的条件下才能进行。诸如一些登山活动，如果当地没有一定的山体资源，

那么可想而知，这项运动便不便于在该地区开展。可见，农村生态体育的开发，有时可以从一定程度上让人们了解到当地一些特殊的自然环境条件，从而为本地区作了一个很好的宣传作用，带动本地区体育、经济、旅游等各项事业的发展。在新农村生态体育的开发过程中，不仅要考虑到诸多人文因素，而且也要重视不同的地理环境因素给新农村生态体育开发带来的重大机遇。

（五）加强意识，避免不和谐因素冲击

在体育活动及体育竞赛过程中，存在着很多不和谐的因素，诸如体育暴力、球迷骚乱、体育腐败、种族歧视、违禁药物的滥用等，这些不良行为表现很大程度上是由于当今社会竞技体育的日益商业化引起的，人们逐渐扭曲了体育的本质属性，更多的是去追求体育带来的巨大的经济效益以及崇高的社会地位。

现代社会高速发展，人们的生活节奏加快，来自于学习、生活、工作中的压力使人们的神经处在高度紧绷的状态之下。体育不仅可以缓解各种精神压力，而且可以降低能量摄入过剩与人体所需的失衡。随着当今时代的发展和人们对精神文化生活的向往，生态文明成为人们共同期待的理想追求。生态体育作为生态文明的一个子系统，也将迎来自己全新的发展历程。生态体育观念的提出，使得人们的体育意识有了很大的提高。人们对体育的理解不再是单纯地追求竞技成绩，而是注入了更多的人文关怀，这也在一定层面上减少了各种不良现象的产生。

二、新农村生态体育开发的途径

（一）依托不同自然条件的生态体育开发

远离喧嚣，回归自然，纵情于山水之间，寻求生命的意蕴，这是多少人的渴望。生态体育不仅能够满足人们的这种诉求，而且可以增强人与自然和谐共存的生态意识，同时还能培养人的勇敢创新精神。

中国幅员辽阔，地形各异，气候类型多样。在这片广袤的国土上，农村无疑占据着相当大的比重。要使中国体育发展，首先要考虑的就是应如何让农村体育发展。在农村不同的自然环境条件下，可开发的生态体育活动项目也是不尽相同的。生态体育资源种类繁多，大致可分为山地生态体育资源、水体生态体育资源、森林生态体育资源、沙滩生态体育资源等，这就决定了在未来相当长的一段时期内，需要我们全人类齐心协力，共同努力，挖掘与开发当地自然环境特色的生态体育项目。

（二）依托不同习俗的生态体育开发

风俗习惯简称习俗，是在特定的社会文化区域内，人们共同遵守的行为规范或模式。中华民族的文化博大精深，铸就了各地形式各异的习俗，所谓"百里不同风，千里不同俗"，讲的便是中国风俗习惯的种类繁多。农村生态体育的开发要依赖于农村当地的生产生活实际，在遵照不同地区风俗习惯的基础上，找到适合本地区体育合理化发展的方向。

可想而知，不同生活习俗的人们，喜欢的生态体育项目也大为不同。这就要求在生态体育的开发过程中，要紧紧围绕当地农民的生产生活习俗，开展符合当地人民生活习惯的生态体育项目。诸如潍坊的风筝、重庆的舞龙、广东的龙舟等。这些项目都是在当地的体育文化以及风俗习惯的影响下逐渐衍生出来的，而且发展至今，已小有名气，更是引起越来越多的人的喜爱与追捧。

世俗文化以及生活的影响，使这些生态体育项目一代代传承下来。这些体育项目一般娱乐性、观赏性强，场地随意、器材简便，不仅适合农民的体育需求，而且可以充分展现当地体育文化，使其不断发扬光大。

（三）民族传统体育开发

中华民族传统文化源远流长，民族传统体育文化也是博大精深。要想使民族传统体育经久不衰，必须对其相应的民族传统体育文化进行挖掘整理并加以创新改进。农村是民族传统体育文化产生与发展的主要阵地，这就决定了农村体育文化具有浓厚的乡土气息和人文风情的基础。民族传统体育鲜明的文化底蕴，以及其中所包含的团结拼搏、积极向上的民族精神无时无刻不在影响着体育参与者与体育观赏者。民族传统体育活动的合理开发，不仅可以加速和谐新农村的建设进程，而且还能够推进农民的身心全面发展。

民族传统体育是中华民族特色活动的表征之一，它为新农村生态体育的开展提供了良好的条件。在新农村体育事业的发展过程中，合理开发整合民族传统体育项目也是利国利民的重大举措。于国，可以让世人更多地了解中国体育；于民，可以起到良好的健身效果。

当今社会，正是制度文化转型的关键时期，在这个特殊时段，许多民族传统体育项目开始黯然失色，逐渐被人们遗忘。这无疑对中国民族传统体育的发展造成了严重威胁。很多传统体育项目已被列入国家及各地区非物质文化遗产保护之列。

民族传统体育是我们先辈们智慧的结晶，它体现了时代的不同特点，我们应将其保护并传承下去。这不仅要加强当今社会人们的民族传统体育文化修养，而且相关部门也要高度重视，努力推广民族传统体育，重点培养现代的年轻人，使他们融入其中，并将民族传统体育传承给更多的人。

（四）村落生态体育开发

村落体育是指在农村村落环境下进行的，以村民为主体，以自在的或混含着娱乐消闲、健身为目的，所进行的非生产性的身体运动的统称。中国大部分农村地区，是以一个个的行政村作为划分依据的，村集体共同参加体育运动或体育赛事，便于组织。在农村因地制宜地开发和举办"农味"十足的生态体育竞赛，不仅能调动农民参与体育活动的热情，还能加强农民的农业生产技能，提高农民的劳作能力，唤醒人们的注意，形成一种良好的社会氛围，推动农民对体育的参与，引导农村体育良性发展。

村落生态体育最显著的特点便是区域性、群众性强，像扭秧歌、摔跤等体育项目，大都在北方农村开展，而南方地区却较为罕见。这充分体现了中国农村复杂多样的生态体育项目，有利于各地先进体育文化的交流与传播。而且，农村的孩子从小就能够受到这种村落体育文化的熏陶，对村落体育有一个全面而详细的认识。这也便保证了地方的村落体育能够生生不息，代代相传，为生态体育的普遍发展营造有利的条件。

三、新农村生态体育管理方法

(一) 统筹协调、多管齐下

新农村生态体育的发展不是一帆风顺的，存在着诸多不和谐的因素。在新农村生态体育的管理过程中，要全面掌握影响生态体育发展的不良因素，快速找到解决办法，从而让新农村生态体育的发展早日步入正轨。

农村居民的文化水平不高，体育文化素养也较低，对他们而言，基本还没有形成较强的生态体育意识。有些人群甚至会想当然地觉得生态体育活动对农民来说根本没必要，毫无疑问，这是造成农村生态体育发展滞后的根本原因。要想使农民对生态体育的认识从根本上有所转变，必须加强农民的生态体育文化知识，加快生态体育文化的宣传与传播，并让农民在生态体育的实践过程中，确切真实地体验到生态体育带给人类的实处与好处。

农民的经济基础薄弱，国家对农村的体育财政支出相当有限，这决定了在广大的农村地区，即便是农民的体育意识达到了应有的程度，他们也没有足够的资金来搞生态体育建设。要保证农村生态体育能够很好地开展，仅仅依靠国家扶持是远远不够的。各地区要广开门路，多方面筹措资金，可以利用一些体育副业来增加农村的经济收入，也可以和一些企事业单位建立长期的合作关系，在当地建设一定数量的健身路径，方便农民参与体育锻炼。这些举措可以很好地为农村生态体育的开展提供财力支撑，从而满足人们的体育需求。

(二) 政府主导、全民参与

新农村生态体育是促进新农村体育事业良性发展的有效途径，要发展农村生态体育，必须充分发挥政府的主导作用。

制定有利于当地生态体育开发的政策法规。合理规划、统筹指导，保证生态体育资源的充分利用，保证生态体育发展过程中的资金到位，保证农民的生态体育意识和生态体育行为都能符合要求，切实做到为农村体育事业的顺利进行做好准备。

突出重点，打造农村生态体育旅游区和特色生态体育项目。根据农村现有的自然、历史文化资源，为当地农村及周边居民提供休闲、娱乐、健身等活动场所，以满足农民回归自然、娱乐求知的要求。同时，拓宽农民的增收渠道，增加农民的就业机会，提升农村的文明程度，以体育旅游业带动当地农业发展，逐步推进农村经济社会发展的一体化进程。

加强基础设施建设，优化农村生态体育环境。农村的体育设施要合理利用，农民在参与体育活动的过程中，要树立良好的环保意识，改善农村体育场所脏乱差的现状，村民之间要相互监督，保证生态体育的环保问题逐渐可见成效。

四、新农村生态体育管理组织实施

(一) 制定生态体育发展规划

中国体育事业的发展，可以从一定程度上带动社会经济文化的发展，提高人们的生活水平。在新农村生态体育的发展进程中，要以科学发展观为统领，以提高全民身体素质和生活质量为出发点和落脚点，促进人的全面发展，满足人民群众不断增长的体育需求。

在社会主义新农村建设中，准确把握体育定位，抓住农村特点，充分利用农村各种自然环境资源，找出适合农村生态体育的发展道路。重点打造地域特色生态体育项目，兼顾发展生态体育旅游及生态体育用品等体育产业，制定农村生态体育发展的短期与长期目标，并逐个实现，让生态体育能够在既定的轨道上良性运转。

（二）重视生态体育实践

要想使农村生态体育科学合理的发展，不能只停留在理论宣传的水平上，应更多地付诸具体的体育行为之中。体育活动中要树立良好的生态环保意识，例如遇到体育锻炼时随意丢放垃圾等不文明行为，要及时制止并予以批评教育，使人们在体育交流的过程中，逐渐养成一种文明的生态体育观念。还要保护农村的自然生态体育资源，不能为了贪图自己一时的利益而将其随意破坏，影响未来生态体育的开展。

对当地农村开展的一些生态体育活动和生态体育比赛，人们要认真对待、积极参与，时刻秉持公平公正的原则，在活动过程中，团结友爱，相互学习。在弘扬中国传统体育文化的同时，也相应地促进了现代社会生态体育的良好传承。

（三）加强生态体育宣传

2013 年 2 月 27 日，全国体育宣传工作会议在福建省福州市召开，会议指出，"体育离不开宣传，宣传离不开体育"，强调学习宣传贯彻党的十八大精神，全民健身宣传等重要工作任务。体育宣传工作中，要弄清体育宣传的目的、体育宣传的内容，体育宣传的要求，最后对体育宣传工作进行合理评价。

农村生态体育宣传工作要突出重心，充分利用当地政府部门，使人们树立正确的生态体育观念，促进农村体育文化的繁荣昌盛，保证农村生态体育顺利开展，维护好中国体育的良好形象，为中国从体育大国向体育强国迈进提供强大的舆论支持和可靠的文化保障。农村生态体育宣传工作进行得顺利与否，也直接影响着中国农村体育事业发展的进程快慢。

第十章 基于不同城市的农村体育研究

全面建设小康社会过程中要求关注"三农"问题,当前的全民健身体系建设也要把农村体育作为重点。对于农村体育而言已经有了一定的距离,内地农村要在经济建设过程中加强体育意识的培养,完善农村体育的服务体系,开展丰富多样的体育活动,以丰富农村文化生活。

第一节 北京市农村体育现状及其发展对策

一、北京市农村体育现状

(一) 农村体育的管理问题

北京市各县区对农村体育的管理大部分有了较健全的组织管理制度,在乡镇和农村都成立了相应的体育协会和文体中心,但有的县区的农村体育管理机构设置不合理,管理权限边界划分模糊,运行机制动作不畅,管理不力。

具体表现在:体育管理部门负责人的性别比例失调(男多女少),学历层次偏低,体育专业毕业的太少;县区体育部门与上级体育局互相之间的沟通、联系少,权利责任不清;县区、乡镇的体育指导员的数量少、水平低,有组织的体育活动、比赛少。有的县区还没有专职的农村体育工作者。

目前,北京市农村体育管理组织建设运行机制可概括为县城、镇、村三级运行网络,以县城为龙头,镇为中心,村为基础,发展整个农村体育工作;农村体育的管理机构包括行政组织和群众组织两大体系。行政组织指各级政府中的体育部门,即各级体育局中负责社会体育的部门,群众组织包括各农民体协、篮球协会、棋牌等体育协会。

北京市农村体育管理体制,各级农村体育管理组织之间存在协调性差,农村体育管理部门与其他部门之间的配合不密切,缺少体育骨干等问题。农村体育骨干本来就很少,加之大环境的影响,城区的体育指导员、体育教师、教练员、裁判员和体育爱好者都不愿意下去,因此农村群众很难得到指导和帮助。

北京市各县区的体育工作大都由兼职的体育工作者来负责实施,专职的体育工作者较少,而兼职的体育工作者一般是没有政府正式编制的,他们有的从政府领取一些津贴,有的则依靠其他的单位来解决工资待遇。故而这部分人很不稳定,容易受政府领导人更迭和政府机构调整、精简的形势变化的影响。

另外，北京市对农村体育专业管理人员的培养、培训投入少，而农村体育人口又较多，造成农村体育管理人员的不足，农村体育活动的指导率低。又由于大部分农村体育管理人员是一些农村干部或从其他行业转过来的，他们对农村体育管理业务不太精通。

农村社会体育指导员的培养刚刚起步，获得社会体育指导员证书的比例很少，从数量上和质量上都难以保证农村体育发展的需要。加上北京市农村人口流动较大，较多的青壮年常年在市里面上班、学习，更加大了农村体育工作者的管理难度。农村体育管理应采取以政府行为为主，依靠各部门，依靠基层，依靠各协会，依靠企业和个人资助，推动农村体育活动的开展。

但是现在市、乡镇普遍推行自上而下的压力型管理体制，乡镇、村领导成了上级下达各种目标任务的责任人和执行者，凡是与目标责任状有关的工作指标就想方设法去完成，而与之无关的事则一概不管。乡镇、村领导为了不被一票否决，长年累月都是围绕财政收入、招商引资、计划生育、社会稳定、安全生产而奔忙，很自然地把体育工作视为额外负担放到一边而无法顾及。加之乡镇领导三年一届变动频繁，很难静下心来思考农民健身之类既没有经济效益又"无"政绩的事情。

（二）农村体育的经费问题

现阶段，由于北京市周边各区县农村体育基础薄弱，农民体育意识差，农村体育产业化进程缓慢，企业赞助农村体育的积极性不高等原因，决定了目前北京市农村体育建设仍以政府的投资为主，从而导致了农村体育经费来源渠道在整体上表现相对单一。政府的投资主要包括两个方面：一是中央通过下拨经费到北京市政府、各级地方政府及村委会进行相应的财政补贴。但是，由于目前国家财政困难，这方面的资金投入同整个北京市的农村体育发展需求相比尚显得不足。

此外，在每年的政府拨款中，群体经费所占比例极低。现在大部分乡镇已没有集体企业，财政收入主要来自上级下拨的转移支付款，且基本上都用于办公支出和工资补助，有限的财力维系正常的工作运转都十分艰难，真正用于公益事业的投入少之又少，何况排在体育之前的还有教育、卫生、文化等事业。另一渠道是北京市体育局及各县区体育局将本级体育彩票公益金的提存额，按实际情况来调整各自的分配比例，然后将其作为农村体育发展经费投入到下一级单位或所辖区域内的各行政村。

但是，由于目前北京市的体育彩票销售主要集中在北京市区、周边各区县和一些经济较发达的乡镇，而在占人口绝大多数的农村，体育彩票的销售量极低，这就在很大程度上限制了各区县特别是乡镇级体育部门的经费来源，从而造成了对农村体育投资的不足。资金来源渠道少，投资数量低已经成为制约北京市农村体育发展的主要原因。要在加大政府投入的同时，在不增加农民负担的前提下，通过镇村（企业）出地、村民出工、财政支持、社会赞助、器材捐赠的办法多方筹措经费。

（三）农村体育的场馆（场地）设施问题

截至 2004 年底，按行政区划，北京市共有 184 个乡镇，3974 个村民委员会；户籍人口 1162.9 万人，农业人口 308.2 万人，占总人口 26.500；北京市划分 16 区、2 县，有 13

个郊区县，其中农业人口超过50%的有9个区县：房山区、通州区、顺义区、昌平区、大兴区、平谷区、怀柔区、密云县、延庆县。

这几年，京郊农村体育场地设施建设得到快速发展，2004—2005年共投资4380万元为1460个行政村配建全民健身工程，目前全市13个郊区县全民健身工程总数达到4140个，在某种程度上，使100%乡镇和60%的行政村配建了全民健身工程。

其中2004年北京市体育局投资3600万元为全市1200个行政村配建全民健身工程。1200个居家工程，20个标准工程。

2005年投入体育彩票公益金780万元，为260个行政村配建全民健身工程。另外，京郊有包括足球场、篮球场、乒乓球馆、游泳馆、健身房等体育设施613个，这些体育设施在一定程度上满足了广大农民日益增长的健身需求，为广大农民参加全民健身活动创造了就近便利的场地条件。

但随着农民的体育健康意识的增强，体育公共设施的相对不足、基础设施功能单一、设备陈旧的矛盾也日益突出。从表10-1中可以看出，在庭院、田头、树林河边、空地健身活动的人群占到了71.6%，该数字是相当大的，而在运动场和球场活动的人比较少，通过健身路径来健身的人更是少之又少，仅占到了总数的7.13%。

造成这种情况的原因是农村中公共体育设施太少，如果政府不重视，不采取措施加大对农村体育设施的投入修建，长此以往，必然会使农民对体育健身日益增长的需求与体育基础设施的缺乏之间的矛盾进一步尖锐化。

表10-1　北京农村农民体育健身活动场所情况的调查

体育健身活动场所	运动场	球场	庭院	田头	树林河边	空地	健身路径
所占比率/%	18.87	10.2	18.3	15.6	13.7	24	7.13

虽然北京市近年来加大了对农村体育的扶持力度，并于2006年再为200个行政村配建全民健身"居家工程"，使每村至少建有一个室外篮球场、两张室外乒乓球台和8件健身路径器材，占地面积达到1000平方米以上。但根据对北京市各县区近三年对农村体育资金投入调查结果显示，北京市各县区对农村体育的投入大不相同，体育设施建设也相差较大。

（四）农民的健康观念和体育意识问题

通过我们调查发现不少乡镇村基层领导认为"体育活动是闹着玩的事，搞体育既花钱又没有效益，得不偿失"，"蹦蹦跳跳跳不出钞票"，而终日劳作的农民则普遍认为"干活就是锻炼，无需再参加体育活动，锻炼身体是机关单位、城里人的事，富足无聊人的事"。

因此，在不少乡镇领导眼里，体育成了可有可无、不务正业的事，摆不上台面，而一般干部群众空闲时宁可聚在一起打牌搓麻将，也不愿参加体育锻炼。

教育差异、经济差异以及文化差异，导致农民对体育价值认识存在较大偏差，制约农村体育消费的发展。据有关专家调查，同是农业户口的农民，能经常参加体育活动的农村文化精英只占农民总数的20%左右。而占农村人口78%~85%的农业劳动者则很少经常参与体育锻炼。

通过我们对北京市郊农民《全民健身计划纲要》和《北京市全民健身条例》认知程度的调查表明，广大农民对体育法规认识水平及了解程度普遍偏低（见表10-2），仅有5.07%和6.07%的农民对《全民健身计划纲要》和《北京市全民健身条例》很了解；有31.67%和30.13%的农民对《全民健身计划纲要》和《北京市全民健身条例》略知一二。

此外有61.53%和63.13%的农民对《全民健身计划纲要》和《北京市全民健身条例》毫无所知。

表10-2　北京市郊农民对《全民健身计划纲要》和《北京市全民健身条例》的认知程度

项目	很了解	略知情况	不知道
《全民健身计划纲要》	5.07%	31.67%	61.53%
《北京市全民健身条例》	6.07%	30.13%	63.13%

以上问题说明北京市农民对体育法律法规了解缺乏，农村体育管理法制化程度不高，政府在贯彻农村体育管理法规政策方面重视不足，农村体育管理缺乏法制保障，农村体育管理法制化建设基础不稳，宣传体育法规政策方面力度不够，加强对体育政策法规具体内容的贯彻落实及宣传教育应成为今后工作的重要部分。

二、发展对策及其思考

根据目前现状和趋势，北京市农村体育应采取以下有力措施，促其全面快速协调发展。

（1）政府要加大对农村体育文化的建设，既体现了政府职能的转变，又可以呈现公共财政的理性回归。在市场经济条件下，政府要更多投入在宏观环境上，在基础设施上进行供给。要在建设的同时注意培养农民的维修意识与提供激励机制。要强化基层政府在维修中的责任意识。在投入建设中要考虑在预算资金中预先空出维修资金，保证维修的可能。

体育事业是公益事业，体育的发展很大程度上还要依靠政府的支持，在当前农村体育处于起步发展的情况下，政府理应起到主导作用。没有政府行政行为，农民自发进行体育锻炼的自觉性是不强的，政府行为主要是依法行政和健全机构，全面组织和发动，真正把农村体育纳入当地经济和社会发展规划之中。

在当前特别是要抢抓新农村建设的历史机遇中，实施农民体育健身工程，加大扶持力度，推动农村体育场地设施建设，并建立各项工作制度，定期研究，解决实际问题，是为农村体育的发展提供有效的组织保障和经济后盾。在一些体育"贫困"乡村，应该把体育场地建设列入农村发展规划，逐步使农民都有一个进行体育锻炼的场所，

（2）要抓好一些基础性工作，搞好宣传，增强农民体育观念，建立和完善市、乡镇、村三级体育网络，帮助农民完成各类体育协会的组建，加强对协会的指导和管理，定期举办体育骨干培训班，为农村体育的发展提供周到而优质的服务。要创造性地开展工作，花力气，下工夫，重点抓场地设施建设，抓体育经费筹措，抓农村学校体育。因地制宜发展农民体育运动，选择一些适宜农民开展的体育项目进行积极推广。

（3）树立群众体育群众办的体育社会化意识，坚持"政府主导，市场运作"的原则，

形成"政府、企业、群众（个人）"三位一体的投入机制，拓宽体育投入渠道，使体育真正进入市场拉动的发展轨道。

结合目前北京市农村体育存在经费短缺、社会投资积极性不高等方面的现状，政府应在筹集农村体育经费的过程中充分发挥其主导作用，一方面政府应不断加大对周边地区尤其是经济欠发达地区的农村体育的投资力度，切实解决目前北京市农村体育经费不足的困难，同时通过政府的投资行为来积极引导社会其他方面的投资。

另一方面各级地方政府和体育管理部门应结合各自的实际情况，尽快出台一系列体育法规、政策，对农民参加体育活动，组织体育竞赛，从事体育项目经营，开发体育旅游资源等活动给予特殊的优惠政策。如优惠的税收、信贷等经济政策，以帮助和扶持农民发展农村体育事业。此外，政府还应加强对有关农村体育经费使用及管理的监督、检查和审计职能，保证专款专用，从而不断提高农村体育经费的使用效率。

（4）加大宣传力度，积极引导农民的体育消费观念和健康意识。针对目前北京市大多数农民体育意识淡薄，消费水平低的现状，各级体育部门应充分利用多种形式，加大宣传力度，通过开展不同层次，不同形式的宣传、咨询活动，来不断增强农村居民的体育健身意识。

可以通过举办奥运会奥运会的契机，充分利用电视、网络、广播、报纸、杂志、期刊等宣传媒体，在北京市广大农村范围内大力宣传全民健身计划，广泛开展全民健身活动，不断提高广大农村居民的体育健身意识，积极引导农村居民的体育消费，调动农民参加体育活动的积极性。发挥城区体育对农村体育的带动和推进作用，实现以城带乡，以城帮乡，协调发展，良性互动。通过城乡互动把活动放到农村去搞，进行展示交流。

第二节　浙江省农村体育管理体制与运行机制的调查研究

农村体育工作是全面建设小康社会、构建社会主义和谐社会的重要组成部分，是社会主义新农村建设的有效手段和重要载体，农村稳则社会安。健全农村体育管理体系，有助于保证农村体育工作的加速发展。浙江省位于东南沿海，经济发展走在全国的前列。浙江省农村体育管理体制的改革和创新研究，对全国农村体育管理体制的改革有一定借鉴意义。

一、研究对象与方法

在 2004 年至 2008 年期间，浙江省 11 个地级市各选择 5 个镇（乡）和 10 个村进行问卷调查，根据调查要求，设计了两种问卷，问卷一由体育基层管理者填答，问卷二为普通农村居民问卷，管理者问卷发放 165 份，有效回收率为 100%。农村居民问卷发放 1650 份，回收 1394 份，其中有效问卷 1326 份，有效回收率为 80.36%。

为保证问卷调查的真实有效，请有关专家进行了内容效度判定，并运用再测法进行了信度检验（$R = 8.67$）。

根据研究任务的需要，在每市选择 2~3 个镇（乡）、村进行了走访调查。使用 SPSS 统计软件，对调查数据进行了统计分析和处理。

二、研究结果与分析

(一) 浙江省农村基层体育管理体制和运行机制的现状

1. 浙江省农村基层体育管理机构的设置情况

按照浙江省体育局和有关组织部门的要求，镇（乡）设立文体站，有条件的村创建体育俱乐部或健身苑点。

从调查的情况来看，基层组织机构设置不够健全。镇（乡）一级体育机构的设置较好，设置率达 78.18%；但行政村一级的体育机构基本上还没有建立起来，设置率只有 10.90% 从走访调查中了解到，镇（乡）一级虽有文体站负责本镇（乡）的文体工作，但机构内部设置不合理，管理权限边界划分模糊，运行机制不畅，管理不力，具体表现在镇（乡）文体站兼职人员过多、学历层次低、基本没有体育专业毕业生，在人员配备上重文艺轻体育。而村一级组织管理机构不健全，少量有机构设置的村都是村领导有一人分管，但没有具体抓体育工作。

农村体育管理机构包括行政组织和群众组织两大体系，从调查的情况看，群众组织体系存在的问题较为严重（见表 10-3）。浙江省农村社会体育组织尚不健全，镇（乡）的情况好于行政村，从访问和实地考察中了解到，镇（乡）、村的指导站点基本都是群众自发参加，没有体育指导员和管理人员，表明浙江省农村体育指导员的数量严重不足、管理不到位、组织不够健全。

表 10-3　浙江省农村基层群众体育组织情况调查一览表

	镇（乡）($n=55$)		行政村（$n=110$）	
	n	%	n	%
农民体协	7	12.72	2	1.81
老年体协	26	47.27	6	5.45
单项体协	6	10.91	5	4.55
健身范点	32	58.18	38	34.55

2. 浙江省农村基层体育管理机构运行情况

目前，中国农村体育管理组织的运行机制是县（市、区）、镇（乡）、村三级运行网络，以县（市、区）为龙头，镇（乡）为中心，村为基础。三级组织机构按工作需要配备工作人员，负责具体工作，其主要工作职能是宣传党的农村体育政策法规、组织群众体育活动和相关比赛、管理好体育经费和场地设施、加强体育骨干的培养和指导农村居民科学健身。浙江省农村基层体育管理机构由于机构不够健全，运行受到影响，造成各项职能的发挥不够理想。

（1）管理人员构成情况。调查表明，浙江省农村从事基层组织管理的专职人员严重不足，大量的兼职人员难以保证工作的长期稳定发展，同时，人员数量偏少，管理工作难以正常有效地开展。

在镇（乡）一级，专职从事基层体育管理工作的人员只占 20.00%，兼职的达到71.11%，其他聘用人员占 9.90%；其中，体育专业毕业的只占 11.11%；学历层次上本科只占 13.33%，大专占 17.77%，中专（高中）占 53.33%，其他占 15.55%。

村一级没有本（专）科毕业的基层负责人，只有部分聘用的体育教师是大专毕业生。兼职和聘用的农村基层体育管理组织负责人一般都没有政府正式编制，只能领取少量津贴，有的则依靠其他单位来解决工资待遇，故而这部分人很不稳定，容易受政府领导人的更迭和政府机构调整的影响。

（2）经费来源情况。资金投入是开展群众体育活动的重要保障，农村体育工作离不开经费的支持。目前，浙江省农村群众体育活动经费来源呈现出多元化的状态，但上级体育系统拨款偏少（见表10-4）。

表 10-4　浙江省农村体育活动经费来源调查情况一览表　　　　　　　　　　%

	上级体育系统拨款	镇（村）财政开支	社会赞助	居民自费
镇（乡）（$n=55$）	6.81	25.78	21.08	46.52
行政村（$n=110$）	2.30	15.67	43.58	38.45

从访谈中了解到，上级体育系统拨款形式主要是支持体育器械和场地，镇（乡）和村本级财政开支主要是参加体育比赛费用，居民自费部分主要是参加活动和购买运动服等，社会赞助开支比较杂，各项开支都占一定比例。

总体上看，目前浙江省农村体育活动经费主要靠社会赞助和居民自费为主，政府投入资金远远不够。发达国家农村体育的发展经验证明，农村体育的快速发展，离不开政府在资金方面的大力支持，各级政府必须引起重视，加大投入。

（3）体育政策法规和健身知识的宣传情况。政策法规代表着政府的意志，农村居民对颁布的《全民健身计划纲要》和《中华人民共和国体育法》及 2008 年奥运会的认知情况在一定的程度上反映了农村体育组织管理机构对体育政策法规和体育活动的宣传力度。

浙江省农村居民对政府体育政策法规的了解非常有限，调查情况最好的是 2008 年奥运会的情况，但从走访中了解到，农村居民对奥运会的情况主要是通过电视了解的（见表 10-5）。这说明农村基层政府体育管理部门宣传力度不足，加强体育政策法规和有关体育知识赛事的宣传是转变农村居民体育观念，推动农村体育发展的一个不可忽略的举措，否则将造成政府的意志只停留在政府机关的文件层面上，形成"上热下凉"的尴尬局面。

表 10-5　浙江省农村居民对体育法规政策和体育活动了解情况调查一览表（$n=1326$）

	知道了解		听说过不太了解		没听说过	
	n	%	n	%	n	%
《全民健身计划纲要》	132	9.95	667	50.30	527	39.74
《体育法》	116	8.75	572	43.14	638	48.15
2008 年奥运会	215	16.21	851	64.18	210	19.61

（4）推荐和宣传体育知识与健身方法情况。要使农村居民更多地参加体育活动，真

正把农村体育开展起来，仅凭宣传体育政策法规是远远不够的，由于长期以来中国城乡二元结构的存在，农村经济、文化等方面比较落后，居民的观念比较传统。

大部分农村居民对体育知识和健身手段、方法了解不多，只有在宣传体育政策法规和体育比赛的同时，加强体育知识和健身方法的介绍，使农村居民真正了解体育锻炼的重要性和有效性，认识到参加体育活动的益处，掌握体育锻炼的知识与方法，才有可能吸引更多的农村居民参加体育活动。

调查显示，镇（村）基层组织和农村居民的调查情况除偶尔开展一项稍有区别以外，其他两项基本相同。

总体上看，镇（村）二级体育组织对体育知识和健身方法的宣传推荐都不够好，说明浙江省镇（村）二级政府和体育基层组织对体育知识和健身方法的推荐存在不足（见表10-6）。

表10-6　浙江省农村基层体育组织宣传推荐体育知识与健身方法情况调查一览表　　　%

	体育基础组织（n=165）			农村居民（n=1326）		
	定期开展	偶尔开展	从未开展	定期开展	偶尔开展	从未开展
镇（乡）	8.48	40.30	51.21	7.69	32.12	60.18
行政村	2.04	20.21	77.75	1.89	19.83	78.28

（5）开展体育活动情况。调查结果显示（见表10-7），基层体育组织负责人问卷和农村居民问卷调查的结果基本一致；浙江省镇（乡）一级开展群体活动情况要明显优于村一级，但开展活动定期有规律的比例都较小，特别是村一级。

从实地考察发现，农村居民体育活动的地点主要还是公园、广场和马路；公共体育设施缺乏、单位和学校的体育设施大部分未对居民开放，利用率不高。

表10-7　浙江省农村开展体育活动情况调查一览表　　　%

	体育基础组织（n=165）			农村居民（n=1326）		
	定期开展	偶尔开展	从未开展	定期开展	偶尔开展	从未开展
镇（乡）	20.64	75.58	3.78	20.06	76.01	3.92
行政村	5.25	48.76	45.99	5.66	49.02	45.32

（6）开展农村体育竞赛情况。调查结果显示（见表10-8），目前浙江省农村基层体育管理组织体育比赛组织比较少，特别是定期开展体育比赛的镇（乡）和行政村更少，分别为10.90%和1.82%，村一级除少数节假日开展体育传统项目竞赛以外，几乎没有其他定期体育比赛。从访谈中得知，有定期比赛的镇都是浙江省的体育强镇。浙江省十几年前就已经对114个体育强镇申报单位进行了验收，制订了体育强镇的评价指标体系，对农村体育有较大的促进作用，但相对于浙江省1251个乡镇比例明显偏小。

表10-8　浙江省农村基层开展体育竞赛的情况调查一览表　%

	体育基础组织（n=165）			农村居民（n=1326）		
	定期开展	偶尔开展	从未开展	定期开展	偶尔开展	从未开展
镇（乡）	10.90	72.73	16.36	10.51	69.99	19.50
行政村	1.82	49.69	48.49	1.66	49.02	49.77

（7）对农村居民健身指导情况。对农村居民的体育健身活动进行科学的指导是农村体育基层组织的重要工作之一，解决农村居民在体育健身活动中能否得到科学、高效、及时的健身指导关系到农村体育的健康发展的问题，从调查情况来看，浙江省农村体育健身指导力量与社会需求相差较远（见表10-9）。

表10-9　浙江省农村居民对体育健身指导需求情况调查一览表

	完全满足	基本满足	不能满足
镇（乡）（n=468）	19.87	50.21	29.91
行政村（n=858）	5.01	30.06	64.92

目前，在浙江省农村中，健身指导能完全满足和基本满足的比例在镇（乡）为70.08%，村是35.07%，离村村都有体育指导员的差距较大。

分析出现以上情况的原因：①各级体育行政部门举办的体育指导员的培训班较少；②村一级没有体育固定经费，有培训难以派人参加；③目前镇、村二级部分指导员都是义务指导的，难以有足够的时间精力投入到指导工作中。

（二）浙江省农村基层体育管理组织存在的主要问题和体制创新

1. 主要问题

随着浙江省经济的快速发展，经济体制的转轨和生产方式由粗放型向集约型的转变，浙江省农村的社会结构发生了巨大变化，农村居民不只是单一从事农务或渔业，而是从事乡镇企业、服务业等多种职业，职业的分化和收入的差异扩大使农村居民分为了纯农户阶层、亦工亦农阶层、小手工业者阶层、私营企业主阶层、个体从业者阶层、镇（乡）集体企业管理者阶层、镇乡村管理者阶层。由于社会结构的变迁，旧体制已不适应要求，新体制尚未建立完善。从调查情况分析，目前浙江省农村体育管理中存在以下主要问题：

（1）主渠道不畅。目前，在浙江省农村，受长期计划经济体制影响形成的政府办公益性群众体育事业的做法以及单位制的基层群众体育管理模式依然自上而下地发挥作用，而从调查情况来看，这个渠道到了镇（乡）一级，而没有能向村一级延续，而农村体育的真正基础是农村的个个村落，农村居民长期以来是以村落为基本单位，这就造成农村体育管理主渠道的脱节。

（2）社会体育管理机构不健全。社会体育管理机构到了镇（乡）一级就不够健全，主要是农民体协和老年体协还能组织一些活动，其他单项体协不仅数量少，而且一无组织、二无经费，基本上都是爱好者自发组织，健身活动也基本没有具体组织和指导，基本上处于自发状态。村一级社会体育组织尚未建立。

（3）政府投入不足。从目前浙江省农村体育发展的现状看，政府仍然应该是经费投入的主体，在充分调动各方积极性、争取多方投入的同时，政府应加大投入，担负起农村体育场地设施建设和宣传培训的主要责任，但从调查看，投入明显不足。

（4）体育竞赛活动开展不多。体育竞赛是促进农村体育发展的推进器和有效载体，但从现状看，浙江省农村基层组织对体育赛事的举办和运作明显不足，管理能力和水平尚待提高。

（5）农村体育活动缺乏特色。特色是竞争力，是生命力，特色可以出优势，可以出效率。浙江省农村类型多，社会结构分层多，目前无论从宣传上，项目组织推广上都缺乏特色。对于不同类型的农村、不同结构层次的村民，必须采用不同的宣传方式、组织方法和竞赛项目，培育出一批有特色的镇（乡）和村。

（6）缺乏横向联系和嫁接。目前，浙江省农村体育的组织未能与文化活动的开展相互联系和嫁接，在一定程度上造成文化热体育冷的现状，必须将农村日常的健身活动与文化活动的组织、管理结合起来，形成"文"中有体，"体"中有文，以"文"促"体"的新局面。

2. 浙江省农村基层体育管理体制的设想

目前，国内、外体育管理体制主要有政府管理型、社会管理型和结合型三种。根据浙江省农村基层体育管理体制和运行机制的现状，借鉴国内、外基层体育组织管理的成功经验，结合体育管理系统理论，这里认为浙江省农村基层体育管理组织应将重心下移，以适应农村新形势的发展。

这里构建了适合浙江省农村基层体育县（市、区）、镇（乡）、村三级管理网络，形成各级部门纵向垂直管理，横向水平沟通的管理模式，如图 10-1 所示。

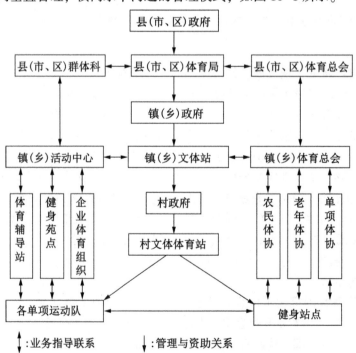

图 10-1 浙江省农村基层体育管理体制结构示意图

这种农村基层体育管理体制是一种政府调控、依托社会的体育组织。在这种管理体制中，县（市、区）级政府的管理职能是担负协调、处理宏观与微观关系，主要负责本县（市、区）体育的宏观管理和政策制定，经费扶持，协调市直辖各部门之间的关系；县（市、区）体育局（文化局）负责相应执行监督检查职能，并根据政策向下级机构提供业务指导；体育总会主要负责各种经常性体育活动及各单项比赛，履行对镇一级协会的监督、评估等职能。

镇（乡）一级政府是中国各级职能部门对镇（乡）社会经济文化进行管理和调节的具体操作者，镇政府的主要职责是根据上级政策，制定本镇（乡）的体育计划，通过文体站对本镇（乡）的体育工作进行协调、监督、评估工作，并对体育活动中心、体育协会进行业务指导。

村是中国农村最基层的组织，分散在各个区域，点多面广，是目前浙江省农村体育管理最薄弱和最重要的环节。农村体育的发展根植于此，必须尽快健全和完善村级体育组织。由村文体俱乐部实行对本村体育活动点的指导、组织各单项体育训练和比赛，实现和完善县（市、区）镇（乡）、村三级农村体育管理网络。

三、结论与建议

（一）结论

（1）浙江省农村基层体育管理机构设置不够完善，特别是村一级体育管理组织基本上处于空白状态。

（2）在农村基层体育管理机构中，群众体育组织力量更弱，机构在镇（乡）、村二级都不够健全，难以履行对农村各镇（乡）、村的健身点和单项体育活动和比赛的管理工作。

（3）由于目前浙江省农村基层管理机构的不完善，运行机制不畅，造成农村体育存在宣传引导不够，政府投入不足，活动开展不正常，农村体育发展严重滞后于城市的现状。

（4）浙江省农村基层体育工作的经费主要依靠社会和个人投入，政府投入严重不足，这与浙江省经济大省的地位和建立体育强省的精神不符。

（二）建议

（1）尽快建立和完善各级农村体育管理机制，形成县（市）、镇（乡）、村三级体育行政管理网络，在这一网络的干预和协助下，完善农村基层的群众体育管理组织。

（2）在农村基层体育管理机构的建设中，可以借鉴嫁接目前农村文化管理机构的经验和体制，形成以"文"促体、以"文"带体，"文"中有体，"体"中有文，文体一家的农村体育工作新局面。

（3）在目前农村居民文化素质较低、自我组织管理能力较差的情况下，农村各级政府的体育管理部门应扮演主要角色。要把农村体育事业的发展纳入各级政府目标考核内容中，强化领导的工作责任。这样有利于规范农村体育工作，提高领导层的重视程度，促进农村体育工作。

（4）建立健全农村基层各级群众体育管理机构，积极发挥各级工、青、妇等群众团体的桥梁和纽带作用，培养好农村体育骨干和社会体育指导员，通过他们的现身说教和图片示范、录音录像等直观性宣传教育手段，解除农村居民观念上的束缚，为农村体育的开展创造一种积极健康的舆论环境。

（5）应坚持因地制宜，形成特色，特色是竞争力、生命力的主要源泉，特色可以使农村体育体现优势。对浙江省不同类型地域、经济、人文基础、社会环境的农村，必须引导形成各自的体育活动特色品牌，推广更多富有浓郁本地文化气息，集区域性、民族性、传统性于一体，植根于百姓，易于开展和推广的特色体育健身项目和比赛项目，促进农村体育健身的普及和体育人数的提升。

（6）加强农村学校体育工作，培养和造就农村体育的生力军，在农村体育管理工作中，广大农村学生和体育教师既是农村体育的实践者又是可靠的体育技能骨干，充分发挥他们的作用是促进农村体育发展的关键一环。农村体育的活动组织、技术指导多数要靠辖区学校的支持和帮助，促进农村学校体育的发展能快速地带动和促进农村的体育工作。

第三节　长三角农村体育发展现状及对策研究

《中共中央国务院关于推进社会主义新农村建设的若干意见》中提出："十一五"时期是社会主义新农村建设打下坚实基础的关键时期，是推进现代农业建设迈出重大步伐的关键时期，是构建新型工农城乡关系取得突破性进展的时期，也是农村全面建设小康加速推进的关键时期。

"建设社会主义新农村，促进农村经济文化与社会的全面和谐发展"是中国政府提出的农村建设的新举措。在这样的背景下，农村体育的建设与发展也面临新的契机。

受传统思想的影响，以及多年生活习惯的形成，在农村人们往往缺乏对健康的重视，亚健康的现象比较严重。农民在身体形态、素质、机能等大部分指标都低于城市行政管理人员、科技人员、工人等人群。中国农村人口占总人口的 70% 以上，只有农民身体素质的提高，才是中国国民总体身体素质的提高。

据《中国群众体育现状调查与研究》数据，中国农村仅有 28.97% 的人口参与过体育活动，而在城镇则有 51.23%，表明农村体育水平现状落后于城市很多。

另有报告指出，农民时间分配基本上是三分之一从事农业生产，三分之一搞业外创收，三分之一则为休闲时间。农民的时间不仅量大，且相对集中，对系统锻炼，组织比赛与训练是一个优势。因此，如何提高农民的体质，进一步提高农民的生活质量是当前新农村建设中的一项重要课题。

长三角是中国经济发展的重心，不仅经济发展水平高于中国平均经济发展水平，而且地理位置优越、战略优势突出。农村经济的发展也走在了全国的前列，人均 GDP、人均收入、生活消费、农民素质、农村的村容村貌等都处于全国领先地位。为此，针对长三角地区的经济特点，构建一套适宜的农村健身体系，对长三角建设社会主义新农村有十分重要的现实意义，对全国千千万万的农民如何提高健康意识，如何在劳动之余和空闲时间把精力化在体育锻炼上有较好的借鉴作用。

一、研究对象与方法

（一）研究对象

长三角地区的杭州、宁波、嘉兴、湖州、绍兴、舟山、张家港、南京、苏州、无锡、常州、扬州等城市下属乡、镇、村，年龄在 25~55 岁之间的部分农村居民。

（二）研究方法

1. 文献资料法

本研究查阅了大量相关农村体育与全民健身等文献资料。

2. 问卷调查法

对长三角主要城市下属的部分镇、乡、村居民随机发放问卷进行抽样调查，本次调查共发放问卷 2400 份，回收有效卷 1986 份，有效回收率 82.75%。

3. 访谈法

针对农村体育与健身相关问题，专访了乡镇领导及村委会有关人员，尽可能从不同侧面、不同角度了解长三角镇、乡、村居民体育健身活动的现状。通过走访，掌握了大量的第一手材料，为本课题的顺利研究提供了充足的依据。

三、研究结果分析

（一）长三角地区农村体育现状

1. 农民对体育的认知程度及价值取向

调查发现，有96%的农民群众赞同在农村中开展群众性体育活动，其中有61.7%的人认为体育锻炼重要，但大多人没有时间参加体育锻炼。18.1%的人认为体育锻炼可有可无，且认为生产劳动可替代体育锻炼。

在对体育的价值取向上，认为体育锻炼可以增进身心健康、增强体质，消遣娱乐、丰富业余文化生活，增加社会交往分别排在第一位、第二位和第三位，也有部分人是为了提高运动能力和延续学生时代形成的体育习惯。

尽管农民对体育的价值取向是正确的，但是从对体育的认知程度可以看出，农民的体育意识比较淡薄，而且对体育重要性的认识程度不够深刻。

2. 经济收入及体育消费状况

最新数据显示，长三角江、浙、沪三省市城乡居民收入增幅差距在明显缩小，欠发达地区经济也出现强劲增长。这种收入增速农村赶超城镇的现象，为农村进行体育消费提供了物质保证。调查发现，农民在体育消费方而，排在第一位、第二位的分别是购买体育服装、鞋子，购买体育彩票、购买体育器材，尤其是到经营性健身场所进行体育锻炼的却很少。

3. 体育活动内容及形式的选择

调查结果显示，农民进行体育活动时选择散步占28.3，快走或慢跑的占，26.3%，选择球类活动的占 16.4%，选择健身器械活动的占 10.9%，选择武术（太极拳、气功等）的 9.7%，选择舞蹈的占 7.2%，其他活动占 1.2%。在活动的形式上 46% 的人选择个人独自活动，34% 的人选择与朋友、邻居一起活动，20% 的人选择与家人一起活动。

4. 活动时间、场所的选择

调查发现，大部分农民主要在冬季、夏季和节假日进行体育锻炼，而春季和秋季体育锻炼的人数较少，这是由农业生产的季节性造成的。在活动场所的选择上，首选是住宅旁边的空地，其次是公路、街道，其它依次是自家庭院、体育场馆、公园、广场等。

5. 体育场地等设施状况及体育辅导站、辅导员状况

调查显示，"长三角"农村体育场地设施资源状况比较宽裕的占 15.2%，基本能满足需求的占 39.3%，紧缺的占 34.7%，根本没有场地资源的占 10.8%。

有 49.7% 的村子拥有篮球场地，但是篮球架大都简易，场地是水泥地，有的甚至没有篮球圈或场地是泥地，没有篮球场地的村子占 50.3%；5.8% 的村子拥有排球场，没有排球场地的占 94.2%；有 16.7% 的村子有乒乓球台，其室内标准的占 30%（大都是陈旧）。

室外自制的占 70%，这些大都坐落在村委会，没有乒乓球台的占 83.30%，仅有 3% 的村子设有单双杠等健身路径。

82.6% 的村子没有辅导站，89.1% 的村子没有体育辅导员，由此看来，我市体育场地资源、辅导人员非常紧缺。

6. 体育经费投入

调查发现，在体育经费投入上，主要是靠乡镇补贴，群众集体出资、社会赞助的很少。

（二）长三角农村体育当前存在的主要问题

1. 体育意识薄弱，对体育重要性认识不够深刻

长三角虽是中国经济发展的重心，经济发展水平高于中国平均经济发展水平。但由于广大农民群众受教育程度相对较低，认为生产劳动可代替体育锻炼等观念的存在，农民的体育意识薄弱。同时，尽管许多农民对体育的价值取向正确，但实际参与体育锻炼的人少之又少，这说明农民对体育重要性认识不够深刻。

2. 城乡间、地区间发展不平衡

城镇社区体育与农村体育相比，一方而由于经济发展的不平衡带来了不同地方体育发展的不平衡，城镇的社区群众体育普遍好于农村体育发展；另一方而，表现在各地区农村体育工作发展不平衡。可见，城乡之间、地区之间的差距是明显的。

3. 场地设施等物质条件较差

从乡镇和村级体育场地设施看，一半还是借助于学校和企事业单位的场地，自身拥有场地的很少，最多是一片篮球场。

此外，部分地区由于当地企业、学校所拥有的体育设施相对封闭，使当地根本没有体育活动场所。更突出的是之前健身路径大多安装在县城，乡镇以下极为罕见，农村体育场地设施严重欠缺。

4. 组织、管理困难，专业人才缺乏

农村幅员辽阔，居住分散，体育活动在时间上更受季节性制约，农忙时根本无暇顾及，又加上很多农民外出打工，这给农村基层政府的组织和管理带来很大的困难。同时，由于专业体育人才匮乏，各种体育活动、比赛以及健身辅导工作更是无法开展。

5. 体育经费来源渠道单一，经费严重不足

调查发现，农村体育经费主要来源乡镇政府拨款和农民群众集体出资。社会或企业赞助的很少。政府因受自身经济实力限制投入的经费不多，群众因自身经济负担重也无力进行大数量的经费投入。这必然会导致农村各种体育活动因经费短缺而无法开展。

（三）新农村体育发展的特殊性

1. 新农村体育发展的机遇

社会主义新农村建设是一个全面、系统的工程，体育事业则是社会主义新农村建设过程中投资最少，见效最快的一个工程。为此，新农村建设中，农村体育是重点，也是难点。二者的关系运用"木桶理论"可以清晰地看出，也就是说，农村体育的发展状况将直接决定新农村建设的成败。然而对生活在农村的人口开展群众性体育活动可以说是机遇与挑战并存。

2. 新农村体育的人群特点

农村幅员辽阔，人口居住分散，生产劳动具有很强的季节性，各地区生产方式、生活方式、风俗习惯有较大差异，又加上农村人口受教育程度普遍较低，经济收入也比社会其他阶层低。这些使得农村体育具有分散性，季节性，地域性，落后性等显著特点。

3. 新农村体育发展的潜力

城乡发展不平衡，体育经费短缺，场地器材等设施资源紧缺，专业体育人才匮乏等问题的存在虽给农村体育的发展带来了很大的困难。但是农村体育的发展也有很多优势：良好的政策环境，浓厚的体育文化积淀，如舞龙、舞狮表演、赛龙舟比赛、武术、气功等传统的体育活动，农村体育活动文化源远流长、博大精深。此外，广大农民群众崇尚健康的观念，追求丰富多彩的文化生活的愿望以及农村广阔的体育消费潜力市场等，又使农村体育的发展具有光明的前景。

（四）农村体育发展的对策与建议

（1）切实贯彻党和国家的法规政策，需成立农村体育工作领导机构。各县、镇政府要认真学习和领会党和国家关于农村改革和发展的方针、政策，贯彻落实各项法规政策，并将农村体育工作纳入各级政府的工作计划中。同时，应成立由镇、乡政府直接领导的、有各村干部、农民体协负责人、中小学领导、乡镇企业负责人参与的领导机构，全面领导和指挥农村体育工作。只有这样，才能在总体上把握农村体育发展的态势，才能开拓出适应农村经济社会发展需求的农村体育改革的新途径、新方法。

（2）利用2008年北京奥运会契机，积极搞好体育知识、保健知识、奥运知识的宣传。2008年北京举办奥运会是举国上下关注的热点问题，各地区可借助这个机会搞好体育知识、保健知识、奥运知识的宣传和普及。如出版一些农民群众买得起、看得懂的通俗读物，在这些读物中简要介绍各种体育健身知识、奥运知识和保健知识。同时，各镇、

乡、村还可通过板报活动来宣传各种体育知识，提高农民对体育的认识。

（3）因地制宜，积极开发乡土体育活动项目。中国幅员辽阔，地理、文化、民族特色各异，乡土体育活动在农村中有广泛的群众基础。传统体育活动项目如舞龙、舞狮表演、赛龙舟比赛、武术、气功等深受群众喜爱，在许多地方已形成特色，其商业价值也是显而易见。在此基础上，各地区可根据当地生产劳动的特点，结合各种体育健身活动的特点，积极开发具有自身特色的乡土文化来开展体育活动项目。

（4）农闲季节或节日期间设置体育活动节，营造体育活动氛围。农村体育具有很强的季节性，在农闲时节，农民的体育活动时间量大且相对集中，如在春节、五一节期间，农民空闲时间较多。因此，各农村基层政府可充分利用节日的欢快气氛设置体育节或运动会，积极调动农民群众参与体育活动的兴趣，培养他们体育锻炼的技能，养成体育锻炼的习惯。

（5）以中小学为基地、乡镇为龙头，村为基础，全面铺开农村中小学在体育场地器材等设施资源方面具有得天独厚的优势，尤其是专业人才方面，中小学体育师资队伍具有较好的业务素质和领导组织能力，能胜任当地社会体育的辅导工作和体育辅导员的培训工作。而且中小学在农村分布比较均匀。因此，各地区应充分利用中小学的有利资源，将中小学建成农村体育工作基地。

乡镇是农村的政治、经济、文化中心，乡镇中的企业和事业单位作为较稳定的活动群体，是农村的精英、且有一定的体育知识和技能基础，很容易组织和开展各种体育活动。同时，乡镇企业、事业单位又具有一定的经济实力，可以进行各种体育赞助。因此，农村体育的开展应以乡镇为龙头，充分发挥乡镇的先进、示范作用。此外，乡镇应把农村体育工作的开展纳入到文化建设体系中去，每年应有计划地开展以村为单位的符合农村特点的各项体育比赛。通过比赛，提高农民对体育活动的兴趣，继而推动体育活动的开展。从而真正建立以镇、乡为龙头，以村委会为基础，建立相应的辅导站，以点带面，全面铺开的全民健身体系。

（6）扩大农村体育经费来源，增加体育经费投入。在体育经费筹集方面可通过以下途径：①镇、乡、村、农民共同出资；②民间集资，现在多数村都有集体或个人企业，一部分钱可以请他们出资解决；③海外人士、社会捐资，如江、浙的海外人士素来热心社会公益事业，利用海外人士的捐资进行场馆建设是一条有效的途径。

第四节　中国东南沿海和内地农村体育的比较研究

中国目前正处在全面建设小康社会的时期，全面建设小康社会要求政治、经济、文化等全面均衡发展，要求城市和乡村均衡发展。由于历史的原因和政策的影响，中国内地和东南沿海的经济发展已经有了一定的差距，并影响到了其他事业的发展。东南沿海的农村地区由于经济比较发达，体育活动开展的也较好。

在全面建设小康社会过程中，各地区的差距正在逐步缩小，东南沿海农村的今天就是内地农村的明天，本研究通过对不同经济发展水平地区的农村体育的比较，试图为内地农村体育的发展提供借鉴，以促进整个全面健身体系的建设。

一、研究对象与方法

（一）研究对象

选取广东、福建两省农村居民400人作为东南沿海农民体育状况调查的样本，选取河南、湖北两省农民400人作为中部地区农民体育状况调查的样本。

（二）研究方法

1. 问卷调查法

根据研究需要设计调查问卷，并进行了信度和效度分析。利用大学生假期回家的时机，请学生采取随机方式向所在农村地区发放问卷。共发放问卷800份，回收有效问卷712份。其中广东200份，回收有效问卷185份；福建200份，回收有效问卷176份；河南200份，回收有效问卷168份；湖北200份，回收有效问卷183份。

2. 文献检索法

通过上网和查阅期刊，检索最近五年的相关研究成果，为本研究提供理论和事实依据。

3. 比较分析法

比较东南沿海与内地农村居民的体育意识、行为和消费，为制订农村体育政策提供依据。

4. 数理统计法

对问卷调查的结果在计算机上作统计分析处理。

二、研究结果

（一）体育意识

体育意识是个体对体育在人们生活中作用的认识和判断，体育意识直接影响着个人对体育的态度和体育的行为。体育意识可以从体育在个人生活中的地位反映出来。从调查结果看，两地农村居民体闲的内容存在较大的差别，见表10-10。

表10-10　沿海与内地农村居民业余活动内容

内容	看电视	聊天	体育活动	下棋打牌	读书看报	其他
沿海/%	77.56	22.99	34.07	19.11	26.87	11.08
内地/%	92.88	41.03	15.10	27.92	11.97	9.12

可见，虽然看电视都是两地农民的主要体闲方式，但在东南沿海，体育活动成为农家的闲暇时间的第2选择，占34.07%，而在内地仅占到第4位（15.10%），而读书看报的比例在沿海多于内地，较少闲聊的情况，这可能与东南沿海生活节奏快的环境有关。

在对体育功能的认识上，两地的情况也不尽相同。沿海地区农民在重视体育的健身功能（75.90%）外，还重视体育的娱乐功能（41.27%）、情绪调节功能（32.13%）和交际功能（16.90%），而内地居民对体育健身功能较重视（92.02%），忽视体育的娱乐（17.95%）、情绪调节（13.11%）和交际功能（7.98%），这也反映出两地农民的体育意识的强弱不同。

（二）体育行为

在调查中，有44.04%的沿海农民报告他们平均每年参加1次以上的体育活动，而内地只有13.11%。在体育活动的参与主体上，沿海是以老年（60.94%）和青年女性（24.10%）为主；而内地农村体育参与主体是少年儿童（56.13%）和老人（23.08%）。出现内地中青年男性体育人口少的原因是与多数农村青壮年劳动力流向城市，只在农忙和春节回家有关。

表 10-11　沿海与内地农村居民健身活动持续时间

时间	沿海地区/%	内地/%
≤0.5 小时	33.24	46.44
0.5~1 小时	51.52	36.18
≥1 小时	15.24	17.38

在沿海农村体育活动参与者中，每周参加1~2次体育锻炼的占46.54%，偶尔参加的占36.01%，每周3次以上的占17.35%，比较有规律；而内地农村体育参与者，多数是偶尔参加（057.55%），每周1~2次的占32.19%，每周3次以上的仅10.26%。在每次锻炼的持续时间上，调查结果见表10-11。

在活动内容的选择上，两地表现出明显的地区差异。在内地农村，按受欢迎程度，体育项目分别是：篮球（47.01%）、散步（41.88%）、台球（31.05%）、乒乓球（27.07%）和武术（15.95%）；沿海分别为散步（54.02%）、登山（42.94%）、游泳（34.90%）、排球（21.05%）和健身操（19.94%）。

这可能是因为两地体育活动的参与主体不同所造成的，还有可能与地方传统、地理特点有关。

从健身场所的选择上（见表10-12），内地农村居民多选择在房前屋后、学校操场、田间地头、街道路边进行锻炼，几乎没有到专门的体育场馆健身；沿海农民健身多是在公路两旁、公园绿化带、住宅周围和体育场馆进行。

表 10-12 沿海与内地农村健身场所的选择

序号	1	2	3	4	5
内地/%	房前屋后 (54.13)	学习操场 (47.86)	街道路边 (41.88)	田间地头 (35.90)	其他 (15.10)
沿海/%	公路两边 (45.98)	公园绿地 (37.12)	住宅周围 (31.02)	体育场馆 (18.01)	其他 (29.92)

同时调查也表明,沿海农村的体育场地设施条件明显好于内地,这主要是经济发展水平和体育意识不同的结果。

组织化程度不高,是中国群众体育的一个共有的不足。在中国广大农村,普遍的存在体育行政部门萎缩,形同虚设甚至被取消的情况,乡镇村一级更是没有专门主管体育的组织和个人。从调查结果看,两地农民参与锻炼的组织化程度都不高,但沿海要略好于内地(见表 10-13)。

表 10-13 沿海与内地农民参与体育锻炼形式

锻炼形式	独自练习	与家人共炼	和朋友练习	参加有组织的活动
沿海/%	47.09	39.06	37.12	13.02
内地/%	56.13	23.93	35.90	5.13

（三）影响因素

影响人们参与体育锻炼的因素主要有客观和主观两类因素,从调查结果看(见表 10-14)看,影响沿海农民的因素主要是"场地"、"时间"和"技术",而内地农村居民更强调"时间"、"兴趣"和"心理"。值得注意的是,虽然内地农民强调不锻炼是因为"没时间",而实际上更深层次的根源在于体育意识的淡漠。

表 10-14 影响农村居民参加体育活动的因素

原因	没时间	没兴趣	没场地	不懂技术	怕人笑话	没钱	没必要	其他
沿海/%	44.88	27.98	45.98	37.95	10.80	14.13	11.91	9.97
内地/%	50.71	47.01	23.93	35.04	45.01	37.89	43.02	7.12

仅从"没时间"这点看,从表 10-10 中可以发现,多数内地农民的时间被用来看电视、聊天和打麻将,"没时间"只是不参加体育锻炼的借口。

（四）体育消费

体育消费是在一定的体育意识指导下,由于体育行为的需要而产生的消费,体育消费内容流向既反映了经济发展水平的高低,也反映出体育意识的强弱。

由表 10-15 可以看出,内地农民的体育消费主要集中在体育服装鞋帽和体育报刊杂志上,很少参加观看需消费的体育比赛和进行体育的培训,并有近 3 成的居民没有体育消费。而沿海农村由于具备一定的条件，体育消费比较均衡。

表 10-15　沿海与内地农村体育消费内容比较

消费内容	服装鞋帽	运动器材	体育门票	体育培训	报刊杂志	无体育消费
沿海/%	45.98	39.06	22.99	16.90	36.01	10.25
内地/%	74.93	27.92	3.13	5.98	33.90	29.06

另外从体育消费量的大小也可以看出两地农村体育的不同（见表 10-16）。

表 10-16　沿海与内地农村体育消费数额比较

消费额	无	1~10 元	10~50 元	50~100 元	100 元以上
内地/%	27.07	33.90	24.79	11.11	3.13
沿海/%	13.02	26.03	35.18	16.90	8.86

这里需要注意的是，由于体育服装设计精美、耐穿耐脏，运动鞋穿着舒适并且价格便宜，所以受到很多农民特别是内地青年农民的欢迎，他们消费的目的实际不是为健身，严格说来不应作为体育消费，那么内地农民的实际体育消费额可能更低。

（五）沿海农村体育对内地农村体育的启示

沿海农村体育与内地相比，发展程度较高，其主要原因有两个：①有一定的经济基础作为支撑；②有较强的体育意识。所以内地农村在发展体育事业的同时，要与小康社会建设结合起来，把体育作为谋求幸福生活的手段，同时进行广泛的宣传教育，培养农民的体育意识。

在重视经济发展的同时，要加大农村体育的投入，加强农村体育场馆设施建设。在乡镇村各级设立体育文化管理部门，完善农村体育的组织管理网络。定期或不定期地开展丰富多样的体育文化活动，丰富农民业余生活，改善生活方式。

三、主要结论

沿海农村居民和内地农村居民相比，具有较强的体育意识。

沿海农民有更多的热情参加体育锻炼，较有规律，以老人和青年女性为锻炼的主体，而内地由于青年劳动力的外流，参与锻炼的主体是少年儿童。

参与主体、地理条件、历史传统的不同造成两地农民体育锻炼项目的差异，同时由于经济条件的不同，健身场所也有所变化。但两地农村体育的组织化程度都有待提高。

影响沿海农民锻炼的因素主要是"场地"、"时间"和"技术"，而内地农村居民则更强调"时间"、"兴趣"和"心理"，根本原因在于缺乏体育意识。

沿海农村居民的体育消费结构优于内地，体育消费量大于内地农民的体育消费量。

第十一章　基于民族地区的农村体育研究

中国是一个拥有 56 个民族的大家庭，在漫长的文明进程中，孕育了具有浓郁民族风格与特色的民族传统体育，现在有据可考的就多达 977 项。民族传统体育是中华民族文化宝库中的瑰宝，也是世界优秀文化的重要遗产。

第一节　民族传统体育论述

作为一种传统文化，民族传统体育与本民族的生产劳动、科学文化、民间艺术、道德风尚、风土人情、保家卫国紧密结合，反映了人们对美好生活、崇高理想的追求，承载着一个民族的价值取向，影响着一个民族的生活方式，体现出一个民族自我认同的凝聚力。作为重要的体育资源，民族传统体育对提高各民族人民的健康水平、增强民族向心力和凝聚力、促进民族团结和社会进步、提升国家文化软实力等都起着重要的作用。

一、民族传统体育的基本概念

民族传统体育的概念是反映其本质属性的思维形式，对民族传统体育及相关概念的界定，也是本教材的逻辑起点和基础。

（一）民族

何谓民族？《中国大百科全书·民族卷》对"民族"这一词条的解释为："氏族、部落是以血缘关系为纽带的人们共同体，而民族则是以地缘关系为基础的人们共同体……种族属于生物学范畴，而民族则属于历史范畴。"

斯大林给民族下了一个著名的定义："人们在历史上形成的一个有共同语言、共同地域、共同经济生活和表现在共同文化上的共同心理素质的稳定的共同体。"

因此，民族是一个地域生活共同体，也是共同种族、共同生活习惯和思想意识的人群生活共同体。不同的历史地理环境和气候特点往往孕育不同的种族、生产和生活方式，进而引申出不同的思想情绪和审美习惯乃至价值观念，这就是民族文化形式产生、发展和延续的一般逻辑。

（二）传统

何谓"传统"？《辞海》对传统的解释为：历史沿传下来的思想、文化、道德、风俗、艺术、制度以及行为方式等，对人们的社会行为有无形的影响和控制作用。

中国现代文化学者张立文认为，传统是人类创造的不同形态的特质经由历史凝聚而沿传着、流变着的诸文化因素构成的有机系统。传统是历史发展继承性的表现，是代代相传的，在有阶级的社会里，传统具有阶级性和民族性。积极的传统对社会发展起促进作用，保守和落后的传统对社会的进步和变革起阻碍作用。

张岱年先生指出，文化发展的一个基本的规律是文化的积累性和变革性。每一代人都会在继承前人文化知识的基础上，增加新的知识内容，这是文化的积累性；同时，文化又会随着社会经济、政治的变革发生变化和更新，这是它的变革性。当考察历史上文化的积累和变革时，会发现一些相对稳定、长期延续的内在因素，它们在文化积累中一再被肯定，在文化变革中也仍然被保留，可以把这样的东西称为"传统"。

（三）民族传统体育

"民族传统体育"一词是最早是在"全国少数民族工作座谈会"上提出的，自从呼和浩特举办的第二届全国少数民族传统体育运动会开始，迄今在体育界广为沿用。后来颁布的《普通高等学校本科专业目录》规定在一级学科体育学下设有四个二级学科，"民族传统体育"名列其中。从此，"民族传统体育"这一称谓，作为国家认定的学科专业被正式确定下来。

但是，对"民族传统体育"的释义，在理论、学术界仍然是比较模糊的，至今尚未统一。在有关民族传统体育的专著、教材和学术论文中对民族传统体育概念的表述都不尽相同，存在不同的理解、定义和多种解释。

有的从时间的角度进行界定，如1989年人民体育出版社出版的体育学院通用教材《体育史》认为，民族传统体育是指近代以前的体育竞技娱乐活动；周伟良认为是"在中国近代之前产生发展，由中华民族世代实践并流传或影响至今的体育"。

有的着重从民族文化的角度进行界定，如熊志冲将民族传统体育定义为"在中华民族大地上历代产生并大多流传至今和在古代历史长河中由外族传人并在中国生根发展的一切体育活动"；胡小明认为"民族体育的概念通常用来表述与世界范围内规范传播的现代体育竞技活动相对的民间传统体育活动。

民族体育往往长期开展于某一族群中，存在着明显的地域性和浓郁的民族传统文化色彩，因此，它与国际流行的现代体育是有差别的"；张选惠认为"民族传统体育就是在中华民族开展的，具有浓厚民族传统特色的各种体育活动的总称"；邱丕相认为"民族传统体育是指某一个或几个特定的民族历代因循传承下来的、在一定范围内开展的，具有浓厚民族文化色彩和特征的竞技娱乐活动"；白晋湘认为"民族传统体育是一个民族或国家独有的、表现于共同文化上的共同心理素质的共同体所创造的，并在历史发展的过程中积淀、保存和延续下来的具有民族特征的体育文化"。

尽管不同的学者对民族传统体育的概念有不同的看法，但大家都注意到了民族传统体育的两个基本特征：①民族传统体育具有鲜明的民族特色；②民族传统体育具有历史继承性。这类体育项目中任何一项都是在特定的民族文化背景下，在一定历史阶段产生的，随着时代的变迁，它或多或少地会受到不同时代的影响，产生顺应社会变革的变化，并在历史发展过程中去其糟粕，取其精华，而逐步发展成熟起来的，具有该民族的民族气派和民族风格，是民族传统文化的重要组成部分。

综上所述，本书对民族传统体育概念作如下界定：民族传统体育是指不同民族在其各自历史发展过程中所创造并传承下来的，具有民族、人文和地域特色的体育活动的总称。

二、民族传统体育的内容体系

在现代民族传统体育蓬勃发展的时期，重视对现代民族传统体育理论体系及实践内容进行科学规划，全面系统地构建民族传统体育在新的历史时期建设与发展模式，使之形成一套完善的理论体系与实践方法，以便更好地传承民族传统体育，是实现民族传统体育走向世界、服务人类的关键所在。正如上面所定义的，民族传统体育终归是各个民族流传下来的各种体育活动的统称，因此，民族传统体育的内容体系概括来说可以包括两个部分，即理论部分和实践部分。

（一）理论部分

构建民族传统体育理论体系既要考虑到它的社会文化背景，又要考虑到它的自然发展规律，可以说是一个复杂而系统的工程。为此，我们以现代民族传统体育理论建设与发展的系统性和整体性为着眼点，构建了民族传统体育理论体系的框架，这个框架由3个部分组成，即民族传统体育社会科学部分、民族传统体育思想观念部分和民族传统体育自然科学部分。

民族传统体育社会科学部分是以社会科学为主体的学科体系内容，它所涉及的是民族传统体育理论体系中最基本的理论体系内容。它反映了"人文素质"在民族传统体育理论体系中的重要性，即人在自身素质中应有的文化素质以及在实践活动中与社会先进文化现象融合在一起而形成和积累的修养。在民族传统体育社会文化的构建中，从民族传统文化、体育史学、民俗学、宗教学等方面来反映中国民族传统体育中所涵盖的政治、经济、文化、历史、宗教、风俗、战事、道德等人文素质中所必备的文化内容，并勾勒出了民族传统体育社会文化在其发展和演变过程中的历史轨迹。

民族传统体育思想及观念内容主要是与本民族约定俗成的习惯和传统有着直接关系。民族传统体育传承到现代，都是以民间群体活动的形式出现的，它有着悠久的历史和深厚的文化背景。因此，中国传统健身养生思想、伦理道德、审美观念以及风俗习惯都蕴涵在民族传统体育理论内容体系中。

民族传统体育自然科学理论的学科包括生物学科基础理论、中医学科基本理论、民族传统体育技法理论及骨伤与按摩学等。构建民族传统体育自然学科的目的，在于探索民族传统体育自然科学属性的奥秘，指导人们对民族传统体育进行改革、开拓、继承、弘扬的实践活动，从而进一步揭示民族传统体育自然发展的规律性，对现象和本质做出科学合理的说明和解释，正确认识自然发展的历史过程。自然学科理论内容的构建为研究民族传统体育提供了实践方法的保障，并为建立民族传统体育理论体系在物质、结构、功能、性质及现象、本质等方面提供了依托。

（二）实践部分

民族传统体育实践内容是一个庞大而繁杂的系统。因为民族传统体育的实践内容是中国多元传统体育文化的体现，是中国 56 个民族经典传统体育的科学汇集，它所凝聚的是中华民族最具代表性的优秀传统文化。民族传统体育的实践部分即为身体技能技艺，由众多的民族传统体育项目活动构成。

纵观历史上出现并流传下来的民族传统体育项目，可谓多种多样。后来经过国家体委组织各省、自治区、直辖市在全国范围内挖掘整理的民族传统体育，从出版的《中华民族传统体育志》看，共搜集到了各少数民族开展的 676 个项目，加上汉族开展的 301 项，总数达 977 项，可谓项目众多，绚丽多彩。其中，主要的民族传统体育项目有武术、健身气功、舞龙舞狮、中国式摔跤、毽球、风筝、象棋、围棋、跳绳、秋千、陀螺、健身秧歌、龙舟、射弩、木球等。

三、民族传统体育的作用

体育项目的形成是一个漫长的历史进程，人们在和大自然相处的过程中不断改变自己和改造社会，以求达到与自然的和谐，实现自身的最大发展，它是人与自然结合的必然产物。民族传统体育深深根植于各民族的文化中，受特定的民族经济、民族文化、民俗生活的制约，以其本质的特点和功能满足个人和社会的需要，它的作用主要表现于健身娱乐，增进健康；文化认同，增强民族凝聚力；人文教育，传承民族文化；文化交流，强化民族形象等方面。

(一) 健身娱乐，增进健康

强度适宜的体育运动能够增强人的身体机能，改善健康状况。中国民族传统体育内容丰富，方法多样，可供不同人群选择的空间较大，能够为不同身体条件的人提供适宜的体育锻炼方式，具有显著的强身健体功效。此外，民族传统体育大多在活泼轻松的氛围下进行，将体育寓于娱乐之中，参与者可以获得身心的全面愉悦。

世界卫生组织提出的健康新概念是：所谓健康，并不仅仅是不患病，还应包括心理健康以及社会交往方面的健康。也就是说，健康是在精神上、身体上和社会交往上保持健全的状态。"中华民族长期形成的清静淡泊、顺乎自然的性格，和谐共处、融合化一、贯通一体的理想以及注重个人修身养性的务实精神，使民族民间体育打上了中华民族特有的烙印——养生保健性"。

不仅如此，民族传统体育技能性的艺术表现形式，极具表现力和观赏性。以中国少数民族运动会的比赛项目为例，竞赛项目表现了队员的拼抢与搏斗，比赛节奏跌宕起伏，高潮频起，观众时而为之欢呼、时而为之叹息，兴奋、焦急、赞叹、沮丧，心潮起伏，情绪激荡，人们从中获得了心理共鸣和精神享受。表演项目则载歌载舞，让观者在轻松愉悦的氛围中体会到了民族的风采、传统的魅力。而每到民族节日时，自娱自乐的消遣性游戏使每一个民族成员都能参与其中；技艺精巧、规则鲜明的竞技性比赛更是增加了节日欢乐的气氛。每一次民族节日，总离不开传统体育的介入；每一次民族传统体育活动，都成为民族的盛会、欢乐的海洋。这样欢快的气氛，对参与者和观赏者而言，都是一次心灵的放松、精神的享受，无疑可以起到消除疲劳、缓解紧张的重要作用。

（二）文化认同，增强民族凝聚力

"民族"一词使用非常广泛，但不同场合，其所表达的含义也有所不同。所谓民族精神，是指一个民族在长期的历史发展过程中逐步形成和培育起来的一种群体意识，是一个民族共同的思想品格、价值取向和道德规范的综合体现，是该民族存在和发展的精神支柱。一定的文化，必然孕育出一定的民族精神，民族精神是从民族文化中升华出来的具有主导性的价值取向和思想品格，是民族文化的核心和灵魂。它贯穿于民族发展的整个历史过程中，指导和推动着民族文化不断前进。

民族传统体育作为民族生活中自然派生的习俗文化，能够强化民族成员之间自我认同，使民族成员凝结为一个精神共同体，对民族文化产生依赖性。民族传统体育活动常常以族群、村寨为单位，男女老少欢聚一堂，参与者为了集体的荣誉而奋力拼搏，旁观者为队员摇旗呐喊，或唏嘘，或欢呼。每一个成员都自然而然地参与到本民族的传统体育活动中。民族传统体育使得每一民族成员都稳定地保持着共同性，任何个人的、例外的做法和想法，都在传统体育文化和习俗的影响下趋同一致，继而激发了每一个民族成员团结向上的民族自尊心，强化了群体之间的凝聚力，也使每一个个体为群体的文化所影响，产生了强烈的文化认同感。这种文化认同感延伸到国家层面，即成为一国自立于世界民族之林的伟大精神力量，使民族在激烈的国际竞争中立于不败之地的内在因素。

武术、龙舟竞渡、舞龙、舞狮等民族传统体育现已成为中华民族的符号，体现着"天人合一"的中国传统哲学思想，保留着龙图腾崇拜的历史遗存，蕴含着中国传统伦理道德典范，反映了民族的意志、品行以及对传统文化的认知。它们以肢体语言向世人展示着中华传统文化的强大向心力和独特魅力，激发着各族人民强烈的民族自豪感和自信心，使华夏儿女不约而同地产生文化认同感。

（三）人文教育，传承民族文化

民族文化是各民族在其历史发展过程中创造和发展起来的具有本民族特点的文化，包括物质文化和精神文化。一个民族的优秀文化凝聚着该民族世世代代的创造和智慧，是该民族赖以生存和发展的精神动力，它沟通和调适着民族群体的关系，维系着民族成员的生存延续，赋予民族独特的世界观和鲜明的个性特征。民族传统体育是各族人民在生产实践、社会活动过程中创造的文化娱乐方式，含有丰富的民族文化内涵，是民族性格、民族精神的行为性表现手段，也是最易被人理解，最生动形象的民族文化表现形式。

民族文化通过民族性格来体现和发展，而民族性格要通过民族文化的教育来塑造。民族传统体育就是进行文化教育的大讲堂。纵观民族传统体育的发展过程，它始终与教育息息相关。在人类历史的早期，人们主要通过口传身授的方式传递劳动与生活技能，譬如赫哲族的"叉草球"，就是为培养孩子们的兴趣和技巧开展的一种集娱乐和提高渔猎生产技能于一体的体育活动。

随着专门学校的设立，传统体育活动也被列为学校的教育内容之一，如西周时期六艺中就含有"射、御"的体育内容；近代学校体育教育中设立了以武术为主体的民族传统体育课程；到了现代社会，民族传统体育更是在大、中、小学体育教学中担任着重要角色。将民族传统体育融入到学校体育教育中，不仅丰富了体育教学内容，给学生提供了更多的可选择的体育锻炼方法，而且有助于培养学生坚强的意志品质、团结协作的集体主义意识，更是学生了解和认识民族文化、增强爱国主义情感的重要途径和有效方式。

此外，民族传统在道德修养和审美情趣的培养方面也发挥着不可替代的作用。在中国流行了几千年的龙舟竞渡活动，赋予了纪念爱国诗人屈原的内涵，歌颂了爱国主义精神，参与者及观赏者都怀着强烈的民族自豪感投入其中，使人们得到了心灵上的净化与升华，潜移默化地接受着道德教化。

（四）文化交流，强化民族形象

新中国成立后，党和政府对民族工作高度重视，民族传统体育也成为联系各个民族的重要文化载体。其中已连续举办了9届的全国少数民族传统体育运动会更是民族的盛会、体育的节日，其比赛规模日益扩大，参赛人数和代表队逐年增多，现已成为各民族传统体育文化交流的重要平台。每到运动会召开的时候，各民族欢聚一堂，通过民族传统体育这种生动的肢体语言彼此了解，互通有无，既了解了不同民族的文化内涵，又增进了不同民族人民的感情。民族传统体育为消除民族隔阂、增进民族团结、强化民族关系做出了重要贡献。

20世纪以来，随着全球化步伐的加快，各国在经济、政治、科技、军事、意识形态、生活方式等各个层面和领域发生着联系及影响，文化交流与融合日趋频繁。在文化融合的背景下，强势与弱势文化不是完全的单向文化渗透，其中也存在双向渗透和相互影响，尤其是强势文化绝不是一个完美无缺的体系，它同样需要不断完善自我，因而客观上需要汲取非西方的民族体育文化弥补其资源、结构、机制等方面存在的缺憾。民族传统体育是联系体育与文化事业的纽带，是弘扬民族文化，推动民族文化走向世界的桥梁。

随着以武术为龙头的民族传统体育的竞技化、国际化发展，越来越多的人试图通过体育了解中国文化，金发碧眼的武当山学员、洋话连篇的少林寺门徒，他们仰慕中国的武术，更为中国文化的渊源深厚所折服。民族传统体育拉近了不同肤色的人们之间的距离，缩小了不同语言的国家之间的文化差异，不仅促进了文化的交流与融合，更展示了中国文化的魅力，强化了中华民族的形象，向世人呈现了一个蓬勃发展、生机勃勃的泱泱大国。

第二节　南方民族地区农村体育的意义

中国南方民族地区农村经济制度的变迁是连续的、动态的、多元的，不仅表现在产业类型和生计方式类型上，而且表现在生产方式及文化类型等方面。自然资源、地理环境和历史原因等方面的因素，造成了南方民族地区农村经济制度和具体生产方式上的不同。其中，自然条件起着决定性的作用，即自然条件决定了民族的生产和生计方式类型，进而决定了民族间的差异性。正如马克思指出的，"不同的公社在各自的自然环境中，找到不同的生产资料和不同的生活资料，因此，他们的生产方式、生活方式和产品，也就各不相同。"

一、中国南方少数民族地区农村农民体育的社会学意义

(一) 中国古代南方少数民族地区的政治结构

在中国历史上，早在秦汉时期就形成了中央集权制的统一多民族国家。而汉代的"初郡政策"开启了中央王朝治理南方民族地区的基本政策，"初郡政策"不仅在汉代治理南方民族地区中发挥了重要作用，而且为三国两晋南北朝、唐宋元明清等各代中央王朝所沿用与发展，成为汉代以后各代中央王朝治理南方民族地区制定基本政策的重要参考依据。

诚然，"初郡政策"是在没有任何借鉴的情况下，由汉王朝首创，开创了中央集权制统治南方少数民族地区政策的先河。因此，我们也可以说，南方少数民族地区也只有从汉代才涉及所谓的政治制度。

(二) 村民自治的意义

村民自治，从开始至今已走过近 30 个年头，从初始的萌芽状态逐步得到加强和完善，逐步法制化、规范化，并发展成了中国农村基层社会的一项基本政治制度。村民自治层次低，范围小，但意义重大，它代表了社会主义民主的发展方向和未来趋势。诚然，村民自治在促进中国农村社会经济发展的同时，也对社会主义的政治建设做出了重要贡献。

1. 推进社会主义民主政治建设的发展进程

中国是一个农业大国，点多面广，人口众多，村民自治在农村的实行，使广大农民自己组织起来管理自己的公共事务，行使自己的民主权利的同时，还可直接表达自己的意愿和要求，这充分表明了我们党扩大农村基层民主，建设社会主义精神文明的决心和信心。国家的一切权利属于人民，全心全意为人民服务，而人民的利益、人民的需要能否得以实现，关键在于推进社会主义民主政治建设。村民自治通过民主选举、民主决策、民主管理和民主监督，体现了一种直接的基层民主形式，一定程度上实现了人民群众当家做主，即自我管理本村事务的实践。

村民自治，走出了一条具有中国特色的基层民主政治建设之路。托克维尔认为，基层民主是民主学校，人们通过对社区公共事务的关注和处理，培养民主意识和学习民主过程，参与区域性的政治事务是参与国家政治事务的前提，它既可以训练民众的参政能力，又可以培养和提高人们的政治热情。因此，村民自治体现了社会主义一切权力属于人民的本质特征，是真正实现人民群众当家做主的重要步骤，是社会主义民主建设的重要组成部分。

2. 促进农村发展，加强和改善党对农村工作的领导

村民自治，增强了人们对影响农村发展重大事项的决策和参与积极性，促进了基层农村中对经济和社会公共事务的互惠和参与。随着市场经济的发展和农村社会主义市场经济新体制的逐步确立，通过社会交往和扩大互惠，遵守共同的公共准则，共同从事社会事业，并在此基础上支持追求个人的自身利益，形成人们在共同同意基础上有益于大家的共同事业。

事实证明，我们党在村民自治的发展过程中，积极推行民主集中制，如民主选举、民

主决策、民主监督、民主管理，把群众拥护的全心全意为人民服务的人选进了乡村领导班子，实现了党的意图和主张与人民群众根本利益的相一致，促进了党风廉政建设，保证了党的路线、方针、政策的贯彻落实，促进了党的自身建设，加强和改善了党对农村工作的领导。

3. 促进农村基层治理方式的变化

村民自治是改革开放以后出现的新生事物，是农村社会新结构生长的标志，使中国农村首次出现了现代法人行动者，改变了乡政府与村级社区、村级社区与村民、村民与村民之间的互动关系。《村组法》第十一条规定，"村民委员会主任、副主任和委员，由村民直接选举产生。人和组织或者个人不得指定、委派或者撤换村民委员会成员。"第 16 条规定，"本村五分之一以上有选举权的村民联名，可以要求罢免村民委员会成员。罢免要求应当提出罢免理由。被提出罢免的村民委员会成员有权提出申辩意见。村民委员会应当及时召开村民会议，投票表决罢免要求。罢免村民委员会成员须经有选举权的村民过半数通过。"第 18 条规定，"村民委员会向村民会议负责并报告工作。村民会议每年审议村民委员会的工作报告，并评议村民委员会成员的工作。"村民自治的自我管理、自我教育、自我服务的基层群众性自治组织，恢复了广大人民群众的主人翁地位，极大地调动了人民群众的参与积极性，鼓励了人民群众对公共事务的参与。

二、中国南方民族地区农村经济发展对体育的影响

经济是社会事业发展的基础，也是南方民族地区农村体育事业发展的基础。南方民族地区农村体育的发展规模、水平和速度，很大程度上取决于经济发展水平，取决于经济发展所能为南方民族地区农村体育发展提供的物质条件，取决于经济发展带来的农民的生活水平、思维观念、消费结构和生活方式的改变。经济对南方民族地区农村体育的影响，主要表现在体育场地、器材、服饰以及农民的体育消费水平等方面。

（一）南方民族地区农村经济发展决定了村民对体育的需要

1. 南方民族地区农村农民的需要是体育发展的原动力

体育是人类自然属性的表达方式，即人的运动需要的外部表现形式。

历史唯物主义认为：任何一种社会现象无不以社会的需要和人的需要作为其存在和发展的依据。显然，体育的产生与发展取决于人们的社会性需要，而南方民族地区农村农民的体育需要，是出于参与体育活动后能给他们带来一定的预期收益，他们对参与体育活动预期目的的不同，决定了体育个人需求动因有所差异。此外，在南方少数民族地区，农村农民体育在现代社会生活条件下，已经不再是一种纯粹的个人需要，而是具有鲜明的群体需要色彩。

在民族地区，体育是农村农民个体与群体的需要，具体而言，这种需要包括生理、心理和社会三个层面的需求。

（1）生理层面。生理需求是体育个人需求的最本质因素，从体育的起源看，人类最初的与现代体育运动项目类似的狩猎、牧渔等活动，是为了起码的生存需要而进行的活动，也可达到强身健体的目的。

体育运动能改善和提高中枢神经系统的工作能力，使人头脑清醒，思维敏捷；促进有

机体的生长发育，提高运动能力；促使人体内脏器官构造的改善和机能的提高；调节人的心理，使人朝气蓬勃，充满活力；提高人体的适应能力；防病治病，推迟衰老，延年益寿等。经常参加体育锻炼，能增强对自然的适应能力和对疾病的抵抗能力，可改善人们的健康素质，使之获得强壮的体魄和持久的耐受力。

通过经常参加体育锻炼，可发展农民的身体运动能力，强健体魄，增强对自然的适应能力和对疾病的抵抗能力，减少疾病的发生，降低发病率。在当代社会，随着社会生产效率的不断提高，农民可以自由支配的时间越来越多。

（2）心理层面。我们从马斯洛的层次心理需求学说可知，体育个人需求在满足了基本的生理需求后，就会追求高层次的需求，于是，通过体育手段对精神享受、自我发展等方面的心理需求就会出现。众所周知，生活节奏的加快，往往带给人们一些抵触、恐惧、怨烦和焦虑等心理状态以及身心紧张、具有攻击性等反应。而现代的竞技体育运动项目，日益向高、难、美、新方向发展，给人们提供的情感体验是复杂多样的。

（3）社会层面。人们在满足生存、安全、健康等需要的前提下，就会有追求社会交往、实现社会价值等方面的需要。毫无疑问，社会交往与实现社会价值是更高层次的需求，体育作为一种社会交往的手段，在当今社会已日益显现。

2. 南方民族地区农村体育的发展最终取决于生产力的发展水平

南方民族地区农村的生产力发展水平，对体育的发展变化起着决定性的作用，制约着南方少数民族地区农村农民体育的健康发展。

中国南方少数民族地区由于历史的原因，大多地处边陲，生产、生活条件相对较差。随着社会的发展，生产力水平有了明显的提高，人们的物质生活得到了极大的满足。因此，人们更多地开始追求更高的精神生活，也由此产生了人类社会最重要的物质生产和精神生产的社会大分工。

十一届三中全会以来，我党在总结以往实行民族区域自治经验的基础上，开创了民族区域自治的新篇章。民族地区经济体制改革带来了农民收入的增加，各行各业的发展进入了大工业生产的时代，有力地促进了各民族自治地方社会主义事业的繁荣发展，机械化、科学化在民族地区得到了一定的普及和提高，生产过程中劳动者的体力劳动比重不断下降。据未来学者托夫勒推算，计算机只需用 4 个多小时就可完成以往一个人毕生（40 年工作年限）所能完成的全部工作。

随着现代化的不断发展，人们的工作量将逐渐降低。在人们工作量不断降低的同时，人们参加户外运动的机会也在逐渐减少。现代病、文明病将会逐渐上升，正所谓此消彼长。在农村，也将随着农业现代化的逐步实现，农民的劳动强度将会逐渐降低，现代病、文明病在农村也会逐渐产生和发展。为了应对这一状况的产生，国家体育主管部门（国家体育局）及各级党和政府在充分认识这一社会发展过程中的必然产物的前提下，采取了一系列有效的应对措施，如开展全民健身运动、建立农村健身工程等，并取得了较好的效果，使得民族地区的农村农民开始对体育有了一些基本的认识，并使部分群众对体育形成了一种自觉参与行为。

随着民族地区生产力水平的不断提高，当地政府也会不断增加对体育的投入，也会更加注重体育的产出效应。在中国南方民族地区，体育得到了人们的普遍接受。不仅是现代体育运动受到人们的欢迎，一些少数民族的传统体育项目也被挖掘、整理、推广、开展，并取得了很好的体育健身效果和社会接纳效果。

南方少数民族地区的生产力发展水平除了对劳动人民的体育意识产生一定的影响和制约外，对体育的场地、器材、方式、方法、时间、空间、经费等方面都有不同程度的影响。随着中国南方民族地区生产力水平的不断提高，那里的体育运动必将得到进一步的发展。

(二) 南方民族地区经济发展制约农村体育运动的规模和水平

南方民族地区农村农民体育作为一种社会文化活动，它的发展速度、规模和水平与社会经济发展有着密切的关系。南方民族地区经济发展对农村农民体育发展的影响，直接反映在对体育事业经费投入、公共体育场地设施建设和人们的体育水平等方面。即南方民族地区农村农民体育离不开经济的支持，依赖于经济的发展。

1. 经济发展为农村体育发展提供了必要的资金和物质条件

一般来说，体育的投入水平由经济发展水平所决定，没有经济作为基础为体育提供一定的物质条件，发展体育运动必将举步维艰。

有统计显示，自新中国成立以来，截至到十年前，中国运动员获得的世界冠军数已达2310个，创超世界纪录达1195次。其中，改革开放以来中国运动员获得的世界冠军数就达2284个，占总数的98.9%。这些成绩的取得，不但是中国体育全面发展和成熟壮大的重要体现，也是中国改革开放和社会主义现代化建设伟大成就的一个缩影，更是"国运盛则体育兴"的最好诠释。没有国家的强盛，没有强大的经济实力做后盾，想取得这样的辉煌成绩是不可能的。

与此相对应，在旧中国，能用来训练和健身的体育运动场地共有4982个，其中体育场馆、游泳池132个，中华民族蒙受了"东亚病夫"的耻辱；新中国成立以来，我们党和政府十分重视体育工作，把"发展体育运动，增强人民体质"作为一项强国强民的重要任务。仅体育场馆的建设就达60多万个，特别是北京奥运会的成功举办，使中华民族实现了百年梦想。中国代表团的运动成绩也取得了历史性的突破，实现了金牌总数第一，使中国成为了一个名副其实的体育大国。这些成绩的取得，是祖国繁荣富强的结果。因此可以说，中国体育的发展，离不开国家的强大，特别是离不开国民经济的不断提高。

后来，国家体育总局、国家发展和改革委员会、财政部又共同制定了《"十一五"农民体育健身工程建设规划》，规划几年后完成10万个行政村农民体育健身场地设施建设，使全国1/6的行政村建有公共体育设施，要使1.5亿农民因此受益，并形成一定规模的农村体育组织网络和体育骨干队伍，从而促进了农民体育健身活动的经常性开展，增加了农村经常参加体育锻炼的人数，提高了农民的健康素质。

农民体育健身工程的实施，为南方民族地区农村农民体育的发展提供了一定的资金投入和物质帮助，对提高农村文化生活水平、塑造新型农民、建立科学文明和健康向上的生活方式、提高农村农民的生活质量起到了不可估量的作用。

2. 经济发展为农民参与体育运动提供了一定的时间保障

随着南方少数民族地区农村改革不断向广度和深度发展，农民的生活节奏也正在逐渐加快。这种变化趋势的积极意义在于，提高了效率，创造了更多的物质财富。然而，生活节奏的加快以及物质财富的增加，虽然给农村农民的精神文化和物质文化生活带来了很大变化，尤其是网络、电视、机械化生产时代的到来，使农民的视野宽了、见识多了、体力劳动少了、生活更充实了、闲暇时间更多了，但是开放也给农民带来了一些负面的影响，如个人主义、现实主义、拜金主义以及追求享乐、追求奢靡等一些不健康的行为和思想在极少数农民中存在，导致酗酒、赌博、吸毒、偷盗等丑恶现象时有出现，危害着民族地区农村农民的身心健康，恶化了社会风气，影响了民族地区正常的社会秩序。引导农民自觉抵制社会丑恶现象，迅速提高农民的文化素质、思想素质，正在成为各级政府的工作方向。体育作为一种文化娱乐形式，对提高农民的文化与思想素质能起到很好的作用，各级政府都把目光集中在加强农村文化体育活动上，希望以此为手段，能迅速提高农民的思想文化素质，让农民过上健康、快乐、稳定的现代生活。

当然，我们也必须看到，中国南方少数民族地区农村，自改革开放以来，虽然在政治、经济和科学技术文化等方面取得了前所未有的成绩，为进一步开展现代化建设创造了有利条件。但是，南方民族地区多是山峦重叠，群山绵延，耕地面积十分有限，使各地存在着较大的区域差异，部分地区的部分农民还在忙于生计，能够用于健身的时间还非常有限。

从总体上来说，目前中国南方民族地区农村的经济状况已有了极大的提高，农民的生产、生活条件正在不断改善，农民的闲暇时间也在不断增多，这为农民积极参加体育运动提供了一定的时间保障。

第三节　南方民族地区农村体育制度的发展框架

农民从事的工作基本上都是以繁重的体力劳动为主，工作之后已很疲惫，加上对体育的认识有偏差，对体育锻炼健身不够积极。为此，要进一步加大对开展农民体育活动的宣传力度，提高农民的健身意识，树立"我运动，我健康"、"多流汗，少吃药"的理念。正确引导，让农民由不动到被动参与，由被动参与向主动参与转化，让农民通过参加融健身性、趣味性、文艺性和民俗性于一体的"娱乐性"体育活动，达到心理放松、心情舒畅、强身健体的效果。

一、建立中国南方民族地区农村农民体育制度的思路和原则

（一）建立中国南方民族地区农村农民体育制度的思路

《中共中央关于构建社会主义和谐社会若干重大问题的决定》中指出："建设服务性政府，强化社会管理和公共服务职能……逐步形成惠及全民的基本公共服务体系。"因此，在制定中国南方民族地区农村农民体育制度的时候，应尽量少一些"管辖"思想，多一些服务意识。

坚持以人为本。把维护人民的体育利益、增强人民的健康素质作为体育工作的出发点和落脚点，强化政府对群众体育事业的社会管理和公共服务职能，按照亲民、便民、利民的原则，不断满足人们日益增长的体育需求，促进人的全面发展。

（1）坚持全面协调，统筹兼顾，积极推进全民健身事业的改革和发展，处理好城乡体育发展、区域体育发展和不同体育利益群体之间的关系，保障广大人民群众享有基本的体育服务。

（2）坚持重在建设，扎扎实实地推进中国特色全民健身体系建设进程，增强基层尤其是农村体育服务能力，提高城乡居民体育生活质量；坚持深化改革，逐步形成政府对群众体育事业负主责，通过公共财政保障公民享有基本体育服务；

（3）全社会共同兴办群众体育事业，通过市场和社会中介组织满足人们多样化体育需求的格局，调动社会各方面参与兴办全民健身事业的积极性，促进社会资源向群众体育转移，促进群众体育资源的合理优化配置；

（4）还必须坚持以群众关心的热点和难点问题为工作重点，高度重视和维护人民群众最现实、最关心、最直接的体育利益，解决好事关人民群众体育利益的突出问题。

制定切实可行的中长期目标。体育公共服务总体目标是：以满足社会成员的基本体育需要为目的，着眼于提高居民身体素质和生活质量，既给居民提供基本的体育文化享受，也提供并保障社会生存与发展所必需的体育环境与条件的体育公共产品和服务。

阶段目标是：体育公共服务近期发展目标侧重于区域体育公共服务建设与发展，与经济发展特区建设模式类似，部分地区优先发展，主要表现为区域内、区域间的体育公共服务水平的差距明显缩小；体育公共服务中期发展目标侧重于城乡体育公共服务差距缩小，主要表现为不仅在区域内而且在各区域城乡之间的体育公共服务水平接近；体育公共服务远期发展目标是实现全民体育公共服务均等化，主要表现为区域之间、城乡之间、居民个人之间的体育公共服务基本形成均等状态。

（二）建立中国南方民族地区农村农民体育制度的原则

应当树立服务行政的理念。服务行政理念包含三个方面的定位：①政府服务过程的责任取向定位；②政府服务评估以绩效为中心的结果取向定位；③服务行政决策中的公民参与取向定位。

具体来说，就是从管制行政到服务行政、从权力行政到权利行政、从全能行政到有限行政、从隐秘行政到透明行政、从政府本位到公民本位。

农村体育制度制定的出发点：以人为本，体现人文关怀。农村体育制度制定的价值基础：诚信与正义。农村体育制度制定的追求目标：团结与凝聚。农村体育制度制定的发展动因：以需求促供给。农村体育制度制定的均衡点：公平与效率之间的大众共享。农村体育制度制定的侧重点：完善的民族地区农村体育公共服务体系。

制度的建立要尽可能地简洁，利于操作、落实及执行，注意制度不执行比没有制度更糟糕。另外，体育公共服务作为市场经济条件下政府组织提供的公共产品，除了具有理论上公共产品的基本属性外，在实践中通常还具有以下几个特征：公共性、福利性、便利性、多样性、增值性、演进性。

二、未来农村经济社会、人口、居住等的变化，对制定农村体育制度的影响

（一）农村体育制度建设应充分考虑农村社会居住形态格局的变化趋势

中国"农村社区"这个概念及农村社区建设在一开始还只是在少数学者中讨论和在少数地方试点，并不为关注三农问题的更多人所熟悉和认知。但此后，中国共产党的十六届六中全会决议中首次正式提出，"全面开展城市社区建设，积极推进农村社区建设，健全新型社区管理和服务体制，把社区建设成为管理有序、服务完善、文明祥和的社会生活共同体"，标志着执政党已经意识到农村社区建设对于加强社会管理、创新社会管理体制和构建和谐社会的作用。

在这里，"社区化"的意义不仅仅表现在社会学意义上，它首先表现在政治学和管理学意义上，即它是一种新型的农村管理模式。它注重的是建立"政府、民间组织与公民（这里就是农民）"对农村公共事务及农村经济发展的"合作管理"，建立一种"政治国家与公民社会的新颖关系"。

可以看出，将传统的农村建设与管理变为农村社区建设与管理，并不是一个简单的名词改变，也不是一种理论上的探讨，而且已经是中国农村地区的一个相当广泛的实践。它表明了中国农村建设与管理正在从理念、体制、模式、途径和目标上，向着现代化与中国国情的结合迈进。

（二）中国未来经济社会发展将引发乡村社会关系变化，农村体育制度应因势而变

"预计'十二五'期间，城镇人口将突破7亿，人口城镇化率超过50%，城乡人口格局将发生重大变化。"这是来自在江苏南京召开的中国人口学会年会上的信息，"十二五"期末，中国人口总量将达到13.9亿左右，城镇人口将首次超过农村人口突破7亿。改革开放30多年来，中国真正走上了城市化的道路，基本实现了由城乡分割向城乡协调共同发展的转变。中国的城市化率由1978年远低于世界平均水平的18%，上升到2007年的45%，年均增长0.9个百分点。城市人口达到5.94亿人，城市数量由1978年的193个，增至2007年的655个，中心聚集效应逐步显现。

从未来农村结构上看，当今的农村人员结构已经发生变化，不再只是传统的农民阶层了，而是包括几个阶层；不再只是从事单纯的农业劳动，而是从事着多种职业或行业。当今农村职业阶层主要有：农业劳动者阶层、农民工阶层、雇工阶层、智力型从业阶层、个体工商户阶层、个体劳动者阶层、私营企业主阶层、乡镇企业管理者阶层和农村社会管理者阶层。因此，村民对文化体育生活的需求也呈现出多元化的状态。在制定农村体育制度的时候，我们必须具有前瞻意识，充分考虑这一人口结构变化趋势。

三、中国南方民族地区农村农民体育制度框架模式设计

全体农村人口体育需求的满足程度，取决于为满足全体农村人口体育需求所提供条件的富裕程度。对全体农村人口体育需求提供的条件的满足程度，就是在农村体育方面实现富裕、公平、民主、进步。具体而言，就是参加体育活动有人管（体育主管机构及社会

团体)、参加体育活动有场所（体育动动场地及设施）、参加体育活动有人教（体育教练及指导者）、进行体育消费有地方（体育商场及服务场所）、获得体育信息有来源（体育媒体）。

（一）积极推进农民参与到体育运动中来

发展农民体育是推动全民健身活动发展的需要。农民作为最大的社会群体，没有他们参与体育运动就无法实现全民健身的目标，提高全民族健康素质就无从谈起，全面建设小康社会的宏伟目标就无法实现。科学、简易、生动、活泼的农民体育活动，对全民健身计划的实施有着重要的促进和保障作用。

贵州农民体协秘书长马友泉介绍说，贵州省委宣传部、省农委、省体育局和农民体协合办全省新农村建设千乡万村篮球赛，从基层打起，男、女篮都有，观者如潮，很是壮观。

决赛由贵阳市乌当区东风镇顺海村承办，经费取自体育彩票公益金。比赛对增进干群关系、邻里关系的作用，是其他形式难以替代的。主办单位打算继续办下去，在遵义等地轮流举行决赛。类似的体育运动竞赛，对推动民族地区农村农民体育的开展有着非常积极的作用。在民族地区，还充分利用一些文艺表演及广泛开展舞蹈健身等活动来推动体育的发展。

（二）加强各级体育人才队伍建设

首先，要建立一支高素质的专职干部队伍。改革现行人事管理办法，由县（市）人事、文化、体育主管部门牵头，县（市）乡（镇）两级政府共同管理农村文体干部，合理定编定岗，落实在岗人员各项待遇，提供必要工作条件。

（1）按照德才兼备、一专多能的标准，在大学生村官中挑选或向全社会公开招聘具有大专以上学历的年轻同志，充实农村文体干部队伍。加强对文体干部业务培训和爱岗敬业教育，造就一支爱岗敬业、乐于奉献、专长突出、素质全面的农村文体干部队伍。

（2）要大力培养社会文体骨干。社会文体骨干是文体专干的得力助手，组织开展群众性文体活动，离不开各文体项目爱好者的参与和组织。要组织文艺、体育等方面的人员进行专业培训，帮助他们提高文艺演出及体育健身指导水准，为他们解决困难、协调矛盾，引导他们发挥各自专长，组织发动群众开展各类活动。

（3）建立农村业余文体团队。要顺应广大农民对精神文化生活的新追求，因势利导，及时组织文艺宣传队、农民艺术队、民间舞蹈队、民歌演唱队、篮球队、乒乓球队、拔河队等各类业余文体团队。帮助他们加强制度建设和活动管理，为他们提供活动阵地、业务指导、经费补助和展示才艺的机会，努力做到队伍常在、活动常搞、节目常新，形成一支支拉得出、打得响、各具特色的文体队伍。

中国农村面积广阔，农业人口众多，经济地理条件、文化传统和思想观念存在差异，这就导致了各地农民体育发展的不平衡。中国农民体协曾抽查了12个省区市76个"亿万农民健身活动"先进乡镇，检查他们在当地发挥示范作用的情况，结果发现在不同的地区先进的示范效应所达到的效果也不一样。

国家体育总局局长助理晓敏提出，要充分发挥乡镇文化站在农村体育中的领导、组织、推动和辐射作用，有效整合资源，提高综合服务功能，不断探索新时期农村体育发展规律，进一步制定和完善农村体育发展规划与政策措施，形成政府主导、部门协同、协会参与、社会支持的农村体育管理体制和运行机制，努力构建并完善农村公共体育服务体系，最大限度地满足亿万农民日益增长的体育健身需求，不断提高广大农民的生活质量和身体素质。

由此可见，进一步推动农村农民体育的发展，除了要有一定的先进示范作用外，还必须加强管理，特别是加强政府的主导作用和体育专干的工作力度。

（三）体育活动的内容要体现多元化

中国农民体协主席危朝安表示，一方面是农村体育基础薄弱，另一方面是农民健身需求越来越迫切，农民体协要坚持改革创新，根据农时、季节、地理和经济实际情况，提倡就近方便、简单易行，大中小型相结合，集中与分散相结合，尽量把不同职业、不同年龄、不同性别、不同体质、不同爱好的农民群众组织和吸引到体育活动中来。

农村体育活动应当坚持与生产劳动、文化活动相结合，坚持业余、自愿、小型、多样以及因人、因时、因地制宜和科学文明的原则。利用传统节日和农闲季节，开展群众喜闻乐见、丰富多彩的体育活动。农村体育竞赛和表演活动，应当突出经常性、普遍性、民族性、多样性、趣味性和科学性。

县、乡镇、居委会应当定期举办全民健身运动会，每年有计划地开展多种形式的体育竞赛和表演活动。县、乡镇、居委会应当注重开展老年人、残疾人和妇女儿童的体育健身活动，为他们参加体育健身活动创造条件，提供方便。县、乡镇、居委会应当宣传和普及体育科学知识，推广简便易行、科学有效的体育健身方法。

中国政府体育公共服务中的制度安排应坚持以下原则：以传统模式为主，以社会化运行为辅；在一定范围内大力推行市场化运行模式；借鉴工商管理的技术方法，转变政府职能，实现服务型政府建设目标。体育公共服务制度安排模式：命令与控制模式；工商管理模式；社会化手段模式；市场化模式。

（四）提高思想认识，将农村体育制度的建立上升到政府工作的高度

各级政府和职能部门要提高认识，将发展农村体育事业、建立符合农村居民及农民切身利益的体育制度作为一项关乎国家长治久安的战略工程来抓。在统筹发展农村政治、经济的同时，努力发展农村的文化体育事业。

改革开放以来，农村经济社会发生了根本改变，农民的物质生活水平空前提高，受教育程度也不断提升，思想观念、生活追求也产生了很大变化。他们接受新事物的能力大大增强，对精神文化生活的追求日益高涨。然而，我们对农村文化体育事业发展的认识却跟不上，少数地方说起来重要，做起来次要，个别地区甚至不要。

应该看到，发展经济的主体是人，社会物质基础是由人来完成的，在发展农村经济的同时，必须高度重视人的全面发展。文体事业正是致力于人的全面发展，在丰富人的精神文化生活的同时，努力提高人的文明素养和综合素质。所以，应当将发展农村农民体育、建立农村农民体育制度提升到政府工作的高度。

建设新农村，必须培育新农民。新农民是新农村建设的主体，也是体育活动的主体。

农民群众开展体育活动，能够提高健康水平和思想道德水平，能够拥有健康的体魄，能够愉悦身心、释放感情、感受体育健身的好处，从而积极投身于新农村建设。因此，积极发展农民体育是培养新农民的一条有效途径。"要脱贫先脱病，身体健康才能奔小康。"把广大农民吸引到健康有益的文体活动中来，对占领农村思想文化阵地、促进精神文明建设有着重要的作用。许多地方的经验说明："多一个球场，就少一个赌场。"有的农民体育运动队就是"抢险救灾突击队"，许多体育先进乡镇村成为"无赌村""无刑事案件村""文明乡镇""文明村"。

目前，广大农民的科学文化素质还不高，对体育的重要性认识还不足。"劳动可代替体育锻炼"、"体育锻炼会影响农业生产"、"体育是有钱人的事，与自己无关"、"部分农民认为求神拜佛能保佑身体健康、家庭平安"，特别是边远山区农民的认同率更高，50岁以上中老年妇女更是如此。因此，建立较为完善的体育制度是改变这种落后观念的重要手段，应该将发展体育上升为各级政府做好农村工作的重要突破口，真抓实干，尽快把新农村建设推向一个更新的阶段。

(五) 民族地区农村农民体育设施的投入方式

从体育公共产品与服务的资金来源的发展趋势来看，今后主要依赖于三种方式，即政府出资、服务收费及非政府公共部门参与投资。大力促进中国体育公共服务供给过程中的公民参与和需求表达，加强制度化建设和公民意识教育，保障公民的参与权力与参与能力；大力培育基层民主与公民社会，进一步发挥扩大民众参与体育投入热情、反映民众诉求方面的积极作用，增强社会自治功能。

各级政府要加大对农村体育工作的投入，在不侵占和影响现有农田的基础上，开辟体育专项用地。每个村至少要建设1个篮排球场、2个羽毛球场、2个乒乓球台、2条健身路径，村子大、人口多、条件好的还可以建1个标准田径场，确保开展体育活动有场地。还要带动社会各界兴办农村体育，做大做强农村体育公益事业。

(六) 政府主导、社团主办、群众参与的不定期农民体育活动

因地制宜，建设既有民族地域特色又具时代先进性的农村体育项目。农村"特色"体育项目建设包括两方面内容：一方面，我们应积极挖掘和开发那些民族地区农村少数民族的体育项目，继承与改造创新相结合，使一些濒临消失的体育活动重新焕发活力，并结合当地优势，形成地方体育品牌；另一方面，我们还应大力"播种"新的体育文化，将现代时尚的体育活动向广大农村渗透。

需要注意的是，无论是"挖掘"还是"播种"，都必须找准各地农村体育与农村地理环境、农村民俗文化的契合点，否则其效果会大打折扣，甚至会造成资源的浪费。因时制宜，农村体育具有很强的季节性，在农闲时节农民的体育活动时间量大且相对集中，如在春节、少数民族节日期间，农民空闲时间较多。因此，各农村基层政府可充分利用节日的欢快气氛设置体育节或运动会，积极调动农民群众参与体育活动的兴趣，培养他们体育锻炼的技能，养成体育锻炼的习惯。

第四节　社会分层对民族地区农村体育的影响

"分层"原为地质学家分析地质结构时使用的名词，是指地质构造的不同层面。社会学家发现，社会上存在着不平等，人与人之间、集团与集团之间，也与地质构造一样，分成高低有序的等级层次。于是，借用地质学的概念来分析社会结构，从而形成了"社会分层"这一社会学基本理论。

所谓"社会分层"，是指按照一定的标准将人们区分为不同的等级序列，其实质是社会资源在社会中的不均等分配。在中国，一般认为，马克思、恩格斯的阶级分层理论和韦伯的多元社会分层理论，是社会分层最基本的理论模式与分析框架。

一、农村社会分层的现状及发展趋势

自改革开放以来，中国在政治、经济及其他各方面的政策上都有了许多重大的调整，整个社会分层也随之发生了极大的变化。从群体分层结构来看，其变化有农民的分化、工人群体的膨胀、个体私营工商层的出现、贫富群体之间差距的拉大等；从制度变迁来看，其变化有城乡结构和城乡关系的变迁、单位制的变迁、多种所有制结构的形成等。结果是造成大量农民从土地上分离出来，从农业产业分化出来而转向非农业产业，人们由原来具有相同身份的农民分化为带有明显阶层特征的群体。

究其原因，一是由于改革开放以后，在农村实行的联产承包家庭经营体制的形成和发展。因为家庭经营体制的推行极大地激发了农民的生产积极性，创造了超出满足劳动者个人需要的农业劳动生产率，为农民的分化创造了一定的经济基础；实行联产承包责任制以后，农民的家庭由原先的生活消费单位变成了独立核算、自主经营、自负盈亏的经济单位，成了具有积累与再生产功能的经济实体；联产承包责任制的发展，使劳动产品占有方式与分配方式产生了新的变化，使多数农民拥有了由自己支配的从事非农业产业生产与经营的初始资金；此外，劳动组织方式由集中变为分散；农业比较利益不高及农业季节性生产、农业机械化生产加强等因素，使众多的农民相对自由地愿意离开土地成为农业的剩余劳动者。

二是由于农业与城镇、市场的发展为农民离开土地提供了新的载体和生存空间。其中，由于小城镇的发展，乡镇企业、私营企业、个体工商业成为农民离开土地的主要载体；由于农业耕种方式的改变及农业产业化的发展，使许多农民出现了隐性失业，于是他们离开土地到经济相对发达地区去寻找新的生存空间。其间，有到经济发达而当地劳动力相对短缺的地区从事农业或非农业生产，有到各类城市务工经商，有到集镇居住务工经商，有到城镇集贸市场经商等。

三是城市的社会经济体制改革促使国内、外独、合资企业的产业结构升级等因素，为农民的分化提供了契机。如开始在珠三角后来又延伸至长三角地区各城市的全面发展，特别是产业的全面升级等，使这些地区都产生了对于农村劳动力的巨大需求。此外，城市劳动力市场的分化、国际产业结构调整等因素，也为农民进城提供了大量的机遇。

我们由此可以看出，农民的职业分化是改革开放的成果之一。在计划经济体制下，社会分层的制度背景主要包括"身份制"、"单位制"和"行政制"，不同社会地位的群体依附于这些制度并形成社会分层。改革开放打破了这一制度模式。在农村，以"家庭联产承包责任制"为突破口，将农村的管理体制彻底颠覆。

在获得自主权后，由于把握市场机会的能力不同，农民获得的社会经济资源大不相同，也慢慢形成了社会和经济地位彼此之间的差异。然而，到目前为止，由于城乡二元分割的户籍制度的限制，这种社会和经济地位的分化仍然受到户籍所凝固的社会分层影响，使农民的社会分层虽然在经济上产生了距离，但在身份上（户籍身份）仍没有发生根本改变，这种身份制客观上仍在影响和制约着农民的进一步分化和流动。

但自 20 世纪 90 年代以来，由于市场化程度的不断加强，农村的社会结构出现了新的较大变化，但还没有发生根本性的改变。因为乡镇企业发展到一定程度，如果要进一步发展，就必然要逐步集中，但由于城乡二元结构的制约，无法往城市集中，只能选择小城镇，所以乡镇企业发展的同时也促进了小城镇的建设。因此，无论是农村的现代化建设，还是国家的城市化、工业化建设，其前提都必须是打破城乡二元结构的制约，特别是城市社会对农民的社会排斥与社会封闭。我们认为，这才是农村社会分化的重要变数。通过对现有文献资料的梳理以及对湖北省部分农村地区的了解，我们看到，到目前为止，城乡二元结构的制约仍然还没有全部消除，农村社会阶层的分化仍然存在着多方面的问题。

（一）农村社会各阶层的发展呈不均衡状态

其主要表现在以下三个方面：

（1）农村的社会阶层总体来说在经济上大都还处于劣势地位，农村内部收入水平的差距有扩大的趋势。陈锡文在《巩固农业基础地位，努力增加农民收入》一文中认为，其内部收入扩大的基尼系数由 1991 年的 0.307 上升到 1995 年的 0.34，而且认为农业劳动者是农村各阶层中收入增长最缓慢的阶层。

（2）农村社会阶层结构存在着区域性的不均衡。这与中国整体的区域性发展不均衡的大背景有着直接的关系，这种不均衡不仅体现在经济发展水平上，还体现在社会分化水平上，这一点在中国南方民族地区的农村反映尤为明显。农村社会分化水平的差别，是区域性发展不均衡的本质特征。

（3）农村的个体劳动者与个体工商户增长相对仍然缓慢。这种增长，除了人（数）与户（数）的数量增长以外，还表现在个体质量的增长上，即个体劳动者与个体工商户的经济实力的增长。由于农村这一阶层的发展在很大程度上能带动农村社会各阶层的分化，也符合农村社会人与经济的具体实际，因此这一阶层的发展也显得尤为重要。

（二）农村社会各阶层分化受到诸多因素的制约

从国家宏观层面与现有法律法规调整的角度来看，农业劳动者阶层仍然是农村社会最为弱小的群体；农民工阶层虽然职业上不再务农，但农民的身份没有改变，其社会阶层地位依然；个体劳动者、个体工商户阶层在农村特定的条件下已占有农村总人口的相当比例，由于它是农民改变经济地位较为便捷的途径，对更多的农民进入这一阶层有强烈的吸引力，但国家到目前为止还没有有效的政策与法律来扶持其进一步快速发展；乡镇企业管理者、私营企业主阶层由于在经营中积累了一定的资本，一般都选择了融入城市的发展方向，事实上他们中的绝大多数已基本成为游离于农村之外的阶层；乡村管理者阶层则随着农村相关改革的推进，虽然仍占有一定的政治资源，但其地位与权威性却受到了前所未有的挑战；农村知识分子阶层虽占有一定的文化资源，但其经济资源与社会资源相对贫乏，所以其劳动价值被严重低估。

（三）农民工问题正面临着机遇与挑战

近几年来，农民工问题受到政府的深切关注，关爱与解决农民工问题的一系列政策也陆续出台。但在此之前，政府有关方面更多地是从维护城镇居民的利益出发，既承认农民工在城市发展中的作用和做出的贡献，也将农民工视为不安定的因素，对农民工主要还是采取管治、限制和防范等措施。用人单位一般都将农民工作为廉价劳动力使用，政府部门一般都没有考虑将农民工纳入市民待遇而建立相应的政策法规，结果导致中国城市化与工业化道路被农民工阶层的市民化和工人阶级化所制约。

然而，社会历史的发展趋势已非常明晰地显示出农民工这一阶层正在发生深刻的变化，特别是新生代农民工在被边缘化的同时，"底层化意识"在不断积累，现在的"民工荒"、"本田罢工"及"富士康10连跳"等事件为我们敲响了警钟。与此同时，也正在加速农民工从亦工亦农向全职非农转变，从城乡流动向融入城市转变，从求生存向求平等转变。因此，国家从政策和制度上采取相应的平衡措施，解决长期累积的分层所造成的上层与底层之间的断裂形态，防止有可能演变出一定的社会风险等，都具有十分重要的现实意义。

二、民族地区农村社会分层对其体育的影响

社会分层指的是一种有等级的社会结构，通过这种结构，财富、权力和声望在不同社会地位者之间被不平等地分配。中国南方民族地区农村社会分层，是指中国南方民族地区农村这一特定范围内的有等级的社会结构。

在市场经济的冲击下，中国南方民族地区农村也不例外地出现了一定的社会结构分化。这种分化，使部分有农民身份的人彻底改变了农民身份而离开了农村，成为城市的一员。而这种分化还在不断地进行，这是一个基本趋势，也是中国城镇化、工业化发展战略实施的大背景下给中国南方民族地区农村带来的社会发展的必然结果。同时，这种分化也缩小了中国南方民族地区农村各阶层之间的距离，使各阶层之间在财富、权力、声望的分配上并没有形成显著的差异。

农村体育所针对的群体，是还在农村生活的人。而还在农村生活的人，除了农村社会管理者阶层和部分农村知识分子阶层外，就是所谓的农业劳动者阶层与一些老、幼、残人群。虽然农村体育面对的群体并非农村体育的积极参与者，但是农村体育却在近几年国家政策的不断倾斜中持续升温。

近几年来，国家对农村体育十分重视，介入力度逐年加大，支持政策与经费投入呈上升趋势，给农民参加体育活动创造了政策与物质前提。如许多村寨都修了篮球场、乒乓球台等运动场所，有的还专门为老年人修建了健身路、健身组合器材等。此外，由于绝大多数农村地区特别是少数民族农村地区到目前为止其农事活动仍然有明显的季节性，所以就

有了农闲时期，这个相对冗长的闲暇时期给农民参加体育活动创造了时间前提。在这种既具备物质条件又具备时间条件的情况下，中国南方民族地区农村的体育运动不仅吸引了一部分青少年参加，还吸引了一部分老年人参加。他们利用国家投资兴建的体育运动场地和器材，进行自己喜爱的体育运动。

由于中国南方民族地区都十分重视民俗节日，在春节、端午节、清明节、重阳节等节日中，有组织娱乐活动的习俗。因此，许多村寨都有自己的舞龙队、舞狮队、腰鼓队和龙舟队等等。每到一些特别的节日，他们就要组织一些相应的表演活动，其场景也是热闹非凡。中国南方民族地区各民族还有一些自己本民族的节日，他们也会组织一些相应的运动队，在自己的民族节日中进行相应的表演，如壮族的三月三拉歌队、侗族的抢花炮队、家族的摆手舞队、苗族的刀梯队等等，给各民族的民族节日增添了无穷的情趣与欢乐。

总之，在国家政策的扶持下，农村体育作为公共服务和社会福利的一部分，正在中国南方民族地区农村广泛展开，也正在被中国南方民族地区农村的广大农民所逐步接受和喜爱。

当然，不可否认，农村体育还远远达不到城市的标准。农村体育除了体育设施、体育氛围等体育环境还无法与城市相比外，人们对体育的主动参与性也远远低于城市，这与城乡居民在文化氛围、受教育程度、经济收入和生活方式等方面都具有显著差异有关。

据我们对中国南方少数民族地区农村各阶层参与体育运动的调查情况来看，农村居民受教育程度和经济收入愈高，愈有参加体育运动的期望。特别是农村知识分子阶层，他们的体育实践要远远高于其他阶层，约有70%以上的受访者每周至少要参加两次以上自己喜欢的体育运动；乡镇企业管理者阶层、农村社会管理者阶层参与体育运动的频度也相对较高，约有45%的受访者每周参加一次以上自己喜欢的体育运动；而农业劳动者阶层、个体工商户与个体劳动者阶层虽有参加体育运动的愿望，但参加的频度较低，大多数只是偶尔参加，约有25%的受访者每周参加一次左右自己喜欢的体育运动；农民工阶层、雇佣工人阶层因其特殊的流动原因，调查组虽作了一些访谈，但极不全面，因此不予采信。

我们在对乡镇及以上管理者的调查中发现，约有65%以上的受访者认为要选择运动对象；其他阶层（含农业劳动者、农民工、雇佣工人、农村知识分子、个体工商户与个体劳动者阶层）虽然大都表示并不介意任何人成为运动伙伴，但仍然有大多数人认为与企业管理者阶层（即他们所谓的"有钱人"）和乡镇以上社会管理者阶层（即他们所谓的"当官的"）一起运动会感觉不自在，约占受访对象的60%以上；私营企业主阶层中，40岁以上的年长者大多数人认为和谁在一起运动都无所谓，而年轻人（特别是第二代）则认为应该有选择。

中国南方民族地区农村社会各阶层在参加体育运动时，在运动项目的选择上也不一致。不同的阶层，在选择运动项目时也有一定的区别。乡镇企业管理者阶层、农村社会管理者阶层依次主要选择羽毛球、乒乓球、网球、篮球、游泳、健美操（女）、舞蹈（女）等项目；私营企业主阶层依次主要选择羽毛球、游泳、跑步、徒步、舞蹈（女）等项目；个体工商户与个体劳动者阶层、农村知识分子阶层依次主要选择羽毛球、跑步、徒步、武术等项目；雇佣工人、农民工阶层依次主要选择篮球、足球、游泳等项目，其中有部分人补充填上了自己喜欢的跆拳道、拳击等个人对抗性较强的项目；农业劳动者阶层依次主要选择棋牌类项目、徒步、徒手操等项目，主要原因是这类人群一般都是农村中年龄较长者

（多为 45 岁以上），他们对剧烈运动普遍认为不适应。

我们对中国南方民族地区农村社会各阶层的体育消费观与实际消费状况也作了一些基本了解。不论是哪一阶层的人员，都有体育消费的偏好与愿望，但主动性都比较差。2010年南非世界杯足球赛期间，城市居民趋之若鹜，许多人坚守观看深夜零点以后的实况转播。农村社会各阶层中，除农业劳动者阶层只有极少数人（约 2%）喜欢世界杯外，其他各阶层都有一定数量的人喜欢并观看世界杯足球赛，如农村社会管理者阶层（约37.5%）、乡镇企业管理者阶层（约 35%）、私营企业主阶层（约 44%）、个体工商户与个体劳动者阶层（约 60%）、农村知识分子阶层（约 33%）、雇佣工阶层（约 20%）、农民工阶层（约 40%），他们或坚持观看现场直播，或观看次日的转播，并表示对世界杯足球赛有兴趣。在世界杯的消费倾向调查中，农村社会各阶层除农业劳动者阶层外，其他各阶层均有部分人表示愿意在自己能力承受的范围内现场观看比赛。其中，农村社会管理者阶层约 24%；乡镇企业管理者阶层约 28%；私营企业主阶层约 39%；个体工商户与个体劳动者阶层约 35%；农村知识分子阶层约 23%；雇佣工阶层约 15%；农民工阶层约 36%。体育物质消费（运动服装鞋帽、运动器具等）的调查结果显示，各阶层的消费倾向与态势也有一定的差异。

从我们调查的情况来看，社会各阶层在体育运动的参与、择伴、选项、消费诸方面都有一些差异。这就反映出"经济能够决定生活方式"，人们参与体育运动，也与其消费行为一样，在相当程度上受经济条件的影响和制约。

同时，随着民族地区农村各阶层的分化，特别是大部分青壮年的实际职业转换，他们已不再是传统意义上的农业生产者——农民。留守者一般都是老人、妇女和孩子，其中除了一部分学龄孩子有兴趣、有机会参加体育活动外，其他人员对参加体育运动的兴趣并不是很大，机会也并不是很多。

随着时间的推移，人口老龄化将成为农村不可避免的发展趋势，其严重程度也将大大超出我们的想象。这部分人的生计问题是一个十分棘手的社会问题，如果连生计都无法解决，就必然会严重影响到民族地区农村农民体育的开展，也将严重制约民族地区农村人口体质的提高。这将是中国南方民族地区全面建设小康社会的瓶颈，必须引起各级政府部门以及社会学、民族学诸学科学者的高度重视，做到未雨绸缪，尽快深入研究，拿出科学解决这一问题的相应对策。

参考文献

[1] 曹士云，白莉.21世纪初中国老年体育发展战略研究［J］.浙江体育科学，2000，(1)：13-15.

[2] 陈彬.我国农村体育基本理论研究现状［J］.河南商业高等专科学校学报，2002，15（5）：96-96.

[3] 陈佳，赵强.浅析中国传统文化与现代文化对农民体育思想意识的影响［J］.齐齐哈尔师范高等专科学校学报，2007，(1)：98-99.

[4] 陈建兵，农村体育文化建设研究——以淮安市楚州区为例［D］.南京：南京农业大学，2007.

[5] 陈宁.论农村体育的新发展［J］.成都体育学院学报，2003，29（1）：1-4.

[6] 丁雪琴，殷恒婵，卢敏，等.中国体操队、举重队备战、参赛北京奥运会的心理训练［J］.天津体育学院学报，2009，24（1）：10-13.

[7] 董海洋.新农村建设中农村体育发展研究——以盐城市射阳县为例［D］.南京：南京农业大学，2009.

[8] 丰俊杰.我国农村存在的问题分析及对策研究，农村观察［J］.山东农业大学学报（社会科学版），2008（2）：51-54.

[9] 冯健.对我国农村体育现状与发展对策的分析研究［J］.山东体育学院学报，2008，24（2）：28-31.

[10] 高美华，等，新形势下农村体育可持续发展对策的研究［J］.体育科技文献通报，2008，16（2）：90-92.

[11] 哈代，琼斯，古尔德.运动员心理准备的理论和实践［M］.宋湘勤，殷恒婵，马强，译.北京：北京体育大学出版社，2011.

[12] 侯斌，陈元欣，雷哲.公共财政视角下新农村体育场地设施投入研究［J］.北京体育大学学报，2011，34（3）：19-22.

[13] 侯广斌.社会上义新农村体育建设问题研究［J］，体育文化导刊，2007，(9)：15-17.

[14] 胡庆山.新农村建设背景下我国村落农民体育的理论与实证研究［M］.北京：北京体育大学出版社，2010.

[15] 胡晓明，虞重千.体育休闲娱乐理论与实践［M］.北京：高等教育出版社，2004.

[16] 黄爱峰.新农村建设下的农村体育发展思考［J］.上海体育学院学报，2006，30（6）：14-19.

[17] 黄爱峰.中国小城镇体育发展之思考［J］.西安体育学院学报，2004，21（1）：23-24.

[18] 孔庆波，崔瑞华，农村体育场地的供需认知与矛盾剖析［J］.成都体育学院学报，

2014，40（2）：35-36.

[19] 冷晓春，张册，张明记．城市农民工体育健身的社会支持研究［J］．南京体育学院学报，2009，23（3）：47-49.

[20] 李玲．农村老年体育现状的分析与对策研究［J］．科技信息，2007（24）：589-599.

[21] 李文川．体育生活方式的概念界定及其范畴结构［J］．上海体育学院学报，2010，34（3）：33-37.

[22] 林清江．构建老年体育服务体系对策的研究［J］．漳州职业技术学院学报，2008，（1）：132-134.

[23] 刘梅英．中国工业化进程中农村体育问题研究［D］．南京：南京师范大学，2011.

[24] 刘世多，建国以来我国体育发展战略的历史演进与未来走向［J］．体育世界，2014（7）．35-36.

[25] 卢峰．休闲体育学［M］．北京：人民体育出版社，2005.

[26] 卢元镇．体育社会学［M］．北京：高等教育出版社，2006.

[27] 吕永安．农村与城市老年体育现状比较研究［J］．福建医科大学学报，2006，7（1）：89-91.

[28] 苗大培．论体育生活方式［M］．北京：北京体育大学出版社，2004.

[29] 苗志文．体育生活方式评价指标体系的研究［J］．体育科学，2006，26（8）：25-28.

[30] 潘玮，张勇，农村体育文化建设的价值及其制约因素分析［J］．搏击体育论坛，2011，3（8）：42-44.

[31] 裴立新．我国老龄化现状分析及老年体育对策研究［J］．体育与科学，2001，22（3）：23-27.

[32] 邱玉婷．城市化进程中的新型农村社区建设［J］．南方农村，2012，28（7）：35-38.

[33] 阮永福，王厚民，郑兴超．新农村建设中农村体育发展的困境与对策［J］．安徽农业大学，2010，38（36）：21101-21103.

[34] 宋秀丽．新农村社区体育研究—以东尉社区为个案［D］．北京：北京体育大学，2009.

[35] 宋秀丽．新型农村社区体育研究：以东尉社区为个案［M］．北京：北京体育大学出版社，2010.

[36] 孙韵，刘建华．我国农村体育发展思考［J］．体育文化导刊，2012（7）：31-34.

[37] 陶冶．发达国家的生活方式类型研究［J］．江汉论坛，2006，（10）：118-120.

[38] 王冬冬，李泽群．新时期农村体育可持续发展战略研究［J］．长沙：湖南农业大学，2009，（3）：92-95.

[39] 王建平．我国休闲体育的现状与对策［J］．哈尔滨体育学院学报，2007（5）：85-87.

[40] 王永．论城镇化对农村体育的影响—来自上海市张江镇农村体育发展的启示［D］．北京：北京体育大学，2005.

[41] 王正男．新乡市新型城镇化进程中新型农村社区建设问题研究［D］．陕西：陕西师范大学，2013.

[42] 熊俊华, 徐国斌, 徐新利. 影响新农村体育发展的因素及对策研究 [J]. 南昌教育学院学报, 2004 (3): 29-31.

[43] 徐颂峰, 欧阳秀雄, 刘烨. 农村体育发展的制约因素及其对策研究 [J]. 沈阳体育学院学报, 2006, 25 (1): 26-28.

[44] 许晓峰, 山东老年体育需求与体育发展战略研究 [D]. 山东: 山东体育学院, 2011.

[45] 姚辉波. 鲁西南小城镇居民体育意识与体育行为的调查研究 [D]. 南宁: 广西师范大学, 2009.

[46] 于文谦, 孔庆波. 中国农村体育发展的质层文化力分析——农民体育思想对农村体育的影响探究 [J]. 南京体育学院学报: 社会科学版. 2009. 23 (6): 10-15.

[47] 于向, 新农村体育发展的制约因素分析与对策研究 [J]. 北京体育大学学报, 2007, 30 (6): 745-747.

[48] 余涛, 张世威, 王永顺, 等. 新农村建设背景下农村体育生活方式理念和构建——以安徽歙县许村为例 [J]. 北京体育大学学报, 2012, 35 (2): 11-15.

[49] 曾燕波. 中国大学生生活方式研究 [J]. 当代青年研究, 2008 (9): 36-49.

[50] 张岚. 我国农民体育消费的现状与对策研究 [J]. 吉林体育学院学报, 2010, 26 (5): 44-46.

[51] 张瑞林, 秦椿林. 体育管理学 [M]. 北京: 高等教育出版社, 2008.

[52] 张文静, 田雨普. 农民体育参与的行为学分析 [J]. 武汉体育学院学报, 2009, 43 (1): 20-23.

[53] 张小林. 我国农村体育公共产品供给制度分析与创新 [M]. 北京: 民族出版社, 2014.

[54] 张渊, 薛龙, 对我国体育发展战略方向及目标的思考——兼论农村体育发展 [J]. 中国成人教育, 2012 (3): 107-109.

[55] 张忠秋. 优秀运动员心理训练实用指南 [M]. 北京: 人民体育出版社, 2007.

[56] 周兵, 等. 休闲体育 [M]. 桂林: 广西师范大学出版社, 2001.

[57] 周登嵩. 新农村体育服务体系研究 [J]. 北京体育大学学报, 2009, 32 (11): 1-7.

[58] 周虹. 山东省农村老年人体闲体育活动现状调查及对策研究 [D]. 北京: 北京体育大学, 2007.

[59] 周文. 体育与休闲 [M]. 长沙: 湖南大学出版社, 2007.

[60] 周西宽. 体育基本理论教程 [M]. 北京: 人民体育出版社, 2004.

[61] 朱海涛, 宋国华, 我国农村体育现状及发展对策研究 [J]. 新乡师范高等专科学校学报, 2005, 19 (5): 88-89.

[62] 朱早林, 新农村建设背景下瑞昌市农村体育开展现状及影响因素的研究, [D]. 西安: 西南交通大学, 2012.